高等职业教育工程造价专业"双证书"教材

工程经济学

付淑芳　任海萍　**主　编**
沈红云　郄彦龙　**副主编**
李爱军[河北省交通运输厅公路管理局]　**主　审**

人民交通出版社股份有限公司
China Communications Press Co.,Ltd.

内 容 提 要

本书是高等职业教育工程造价专业"双证书"教材。本书分为十二章，内容包括绪论、工程经济学原理、工程经济效果评价指标与方法、不确定性分析与风险分析、建设项目可行性研究、建设项目投资估算与融资、建设项目财务评价、建设项目的国民经济评价、价值工程、非工业投资项目经济评价、工程经济学在工程中的应用、建设项目经济评价案例。另外，附录部分提供了与本课程有关的造价工程师考试案例及答案，可供参考学习。

本书既可作为高等职业院校工程造价专业的教学用书，又能满足其他相关专业的教学需要，也可供工程技术人员和管理人员学习参考。

图书在版编目(CIP)数据

工程经济学／付淑芳,任海萍主编. —北京：人民交通出版社股份有限公司，2014.12
 ISBN 978-7-114-11877-7

Ⅰ.①工… Ⅱ.①付…②任… Ⅲ.①工程经济学—高等职业教育—教材 Ⅳ.①F062.4

中国版本图书馆 CIP 数据核字(2014)第 277847 号

高等职业教育工程造价专业"双证书"教材

书　　名：	工程经济学
著 作 者：	付淑芳　任海萍
责任编辑：	刘　倩　尤晓昕
出版发行：	人民交通出版社股份有限公司
地　　址：	(100011)北京市朝阳区安定门外外馆斜街 3 号
网　　址：	http://www.ccpress.com.cn
销售电话：	(010)59757973
总 经 销：	人民交通出版社股份有限公司发行部
经　　销：	各地新华书店
印　　刷：	北京市密东印刷有限公司
开　　本：	787×1092　1/16
印　　张：	15.5
字　　数：	387 千
版　　次：	2014 年 12 月　第 1 版
印　　次：	2020 年 12 月　第 3 次印刷
书　　号：	ISBN 978-7-114-11877-7
定　　价：	40.00 元

(有印刷、装订质量问题的图书由本公司负责调换)

序

　　高等职业教育是培养面向基层生产、服务和管理第一线的技术技能型人才。2013年1月,原交通职业教育教学指导委员会路桥工程专业指导委员会在哈尔滨召开了"2013年工作会议暨'十二五'职业教育国家规划教材选题申报工作会议",由人民交通出版社拟定的高等职业教育工程造价专业"双证书"教材编写计划在会上经过教师们的热烈讨论,最终确定了公路工程和建筑工程两个方向共计17门课程的课程名称、编写计划和主编人员。

　　本套教材是为双证书型工程造价专业而组织编写的,具有以下两个方面的特点:

　　第一,本套教材在编写过程中,主编人员邀请省级交通厅交通工程定额站专家、工程技术人员全程参与并承担主审工作,使得本教材内容和知识结构更符合实际工作岗位的要求,针对性、实用性和可操作性也更强。

　　第二,本套教材的内容以造价人员从业资格考试大纲为主线,力求使公路工程方向的教材覆盖交通运输部公路工程乙级造价人员过渡考试要求的知识点,建筑工程方向的教材覆盖住房和城乡建设部造价员考试的知识点,并附有近年来工程造价人员相关课程考试复习题。学生通过本套教材的学习,除了能够在未来的工作岗位上从事工程造价相关工作外,同时为今后参加造价工程师(造价员)执业资格考试奠定基础。

　　2013年10月8日,交通运输部和教育部联合发布了《交通运输部、教育部关于在职业院校交通运输类专业推行"双证书"制度的实施意见》(交发〔2013〕606号)(简称为《意见》)。《意见》提出的总体目标是:到2020年,职业院校交通运输类专业教学标准与国家职业标准联动机制更加健全,学历证书与职业资格证书相互衔接更加紧密,交通运输应用技术和技能人才培养质量和数量基本满足行业发展需要。《意见》还主要提到了以职业能力为基础,建立健全职业标准评价体系;以职业资格为引领,不断深化职业教育教学改革;以质量评价为核心,积极推进"双证书"制度组织实施。

　　高等职业教育实行双证书制度,即高等职业院校的毕业生取得学历和技术等级或职业资格两种证书,这是高等职业教育自身的特性和社会的需要。人民交通出版社股份有限公司推出的本套高等职业教育工程造价专业"双证书"教材,希望对双证书人才的培养有所裨益。

　　本套教材的出版凝聚了交通、建筑行业专家、教师的集体智慧和辛勤劳动,在此向所有关心、支持本套教材编写出版的各级领导、专家、教师致以真诚的感谢。

人民交通出版社股份有限公司
2014年6月

前　言

本书是高等职业教育工程造价专业"双证书"教材，由全国交通职业教育教学指导委员会组织编写，严格按照交通高职高专院校工程造价专业教学指导方案编写，符合高职高专层次教学特点，各章节紧扣主题，图文并茂，深浅适宜。全书在工程经济原理的基础上对工程项目设计、施工以及设备更新中的经济分析分别进行了介绍，针对交通运输项目和房地产开发项目的经济评价做了详细介绍并配以案例，较好地将理论与应用相结合。

本书分为十二章，内容包括绪论、工程经济学原理、工程经济效果评价指标与方法、不确定性分析与风险分析、建设项目可行性研究、建设项目投资估算与融资、建设项目财务评价、建设项目的国民经济评价、价值工程、非工业投资项目经济评价、工程经济学在工程中的应用、建设项目经济评价案例。另外，附录部分提供了与本课程有关的造价工程师考试案例及答案。

各章编写分工如下：河北交通职业技术学院沈红云编写第一章，河北交通职业技术学院付淑芳编写第二章、第十章、第十一章及附录部分，河北交通职业技术学院王慧聪编写第三章，湖北交通职业技术学院叶文海编写第四章，中国移动通信集团设计院有限公司河北分公司王荣军编写第五章，河北交通职业技术学院任海萍编写第六章、第七章，广西交通职业技术学院冯玮编写第八章，山东交通职业学院王静编写第九章，河北省交通运输厅公路管理局郄彦龙编写第十二章。全书由付淑芳、任海萍主编并统稿，沈红云、郄彦龙任副主编，河北省交通运输厅公路管理局高级工程师李爱军主审。

本书既可作为高等职业院校工程造价专业的教学用书，又能满足其他相关专业的教学需要，也可供工程技术人员和管理人员学习参考。

本教材在编写过程中得到河北交通职业技术学院土木工程系李中秋主任、马彦芹副主任的大力支持，同时还得到人民交通出版社的鼎力相助，在此谨向各位表示衷心的感谢！

限于编者的能力和水平，书中难免有疏漏之处，欢迎各位同仁多提宝贵意见，以使本书更加完善。

编　者

2014 年 10 月

目　　录

第一章　绪论 ………………………………………………………………………… 1
　本章小结 …………………………………………………………………………… 5
　复习思考题 ………………………………………………………………………… 5
第二章　工程经济学原理 …………………………………………………………… 6
　第一节　工程经济要素 …………………………………………………………… 6
　第二节　资金的时间价值 ………………………………………………………… 10
　第三节　资金的等值原理 ………………………………………………………… 13
　本章小结 …………………………………………………………………………… 18
　复习思考题 ………………………………………………………………………… 18
第三章　工程经济效果评价指标与方法 …………………………………………… 20
　第一节　建设项目经济效果评价指标体系 ……………………………………… 20
　第二节　多方案比较与选择 ……………………………………………………… 29
　本章小结 …………………………………………………………………………… 42
　复习思考题 ………………………………………………………………………… 43
第四章　不确定性分析与风险分析 ………………………………………………… 45
　第一节　概述 ……………………………………………………………………… 45
　第二节　盈亏平衡分析 …………………………………………………………… 47
　第三节　敏感性分析 ……………………………………………………………… 53
　第四节　风险分析 ………………………………………………………………… 60
　本章小结 …………………………………………………………………………… 64
　复习思考题 ………………………………………………………………………… 65
第五章　建设项目可行性研究 ……………………………………………………… 67
　第一节　建设项目可行性研究概述 ……………………………………………… 67
　第二节　建设项目可行性研究的内容和步骤 …………………………………… 71
　第三节　建设项目可行性研究报告 ……………………………………………… 74
　本章小结 …………………………………………………………………………… 76
　复习思考题 ………………………………………………………………………… 77
第六章　建设项目投资估算与融资 ………………………………………………… 78
　第一节　建设项目总投资估算 …………………………………………………… 78
　第二节　建设项目投入资金及分年投入计划 …………………………………… 89
　第三节　工程投资估算实例 ……………………………………………………… 91
　第四节　建设项目融资方案 ……………………………………………………… 93
　本章小结 …………………………………………………………………………… 100
　复习思考题 ………………………………………………………………………… 101

第七章 建设项目财务评价 ······ 102
第一节 建设项目财务评价概述 ······ 102
第二节 销售收入与成本费用的估算 ······ 111
第三节 财务评价的指标体系 ······ 117
本章小结 ······ 121
复习思考题 ······ 121

第八章 建设项目的国民经济评价 ······ 124
第一节 国民经济评价的概述 ······ 124
第二节 国民经济评价参数 ······ 127
第三节 国民经济评价报表 ······ 130
第四节 国民经济评价指标 ······ 135
本章小结 ······ 136
复习思考题 ······ 136

第九章 价值工程 ······ 137
第一节 价值工程的原理 ······ 137
第二节 价值工程的基本工作程序 ······ 138
第三节 价值工程的应用示例 ······ 147
本章小结 ······ 149
复习思考题 ······ 149

第十章 非工业投资项目经济评价 ······ 150
第一节 交通运输项目经济评价 ······ 150
第二节 房地产开发项目经济评价 ······ 159
本章小结 ······ 170
复习思考题 ······ 170

第十一章 工程经济学在工程中的应用 ······ 172
第一节 工程设计中的经济分析 ······ 172
第二节 工程施工中的经济分析 ······ 182
第三节 设备的选择与更新 ······ 190
本章小结 ······ 197
复习思考题 ······ 198

第十二章 建设项目经济评价案例 ······ 200
第一节 房地产开发项目财务评价案例 ······ 200
第二节 公路建设项目经济评价案例 ······ 214
本章小结 ······ 223

附录 造价工程师考试相关案例及答案 ······ 224

参考文献 ······ 240

第一章 绪 论

【教学目标】
1. 掌握工程经济学的概念;
2. 熟悉工程经济学的研究对象与研究内容;
3. 了解工程经济学的特点;
4. 熟悉工程经济学分析的基本原则及分析步骤。

一、工程经济学的概念

工程经济学(Engineering Economics)是一门研究工程(技术)领域经济问题和经济规律的科学,即对于在技术上可行的工程方案、生产过程、产品或服务,从经济角度研究计算、分析、比较和论证的方法的科学。

二、工程与经济之间的关系

什么是工程,什么是经济,两者之间又有何关系,这是我们首先要理解的基本内容。

工程一般是指将自然科学的原理应用于工、农业生产而形成的各学科的总称。如化学工程、冶金工程、机电工程、土木工程、水利工程、交通工程等。此外,在习惯上人们将某个具体的工程项目简称为工程,如建设项目的三峡水电工程、青藏铁路工程,企业的技术改造及改扩建工程等,还有生产经营活动中的新产品开发项目、新工艺及设备的研发项目等都具有工程的含义。工程经济学中的工程,既包括工程技术方案、技术措施,又包括工程项目。

经济的概念有以下4个方面的含义:一是指社会生产关系;二是指国民经济的总称;三是指人类的经济活动,即对物质资料的生产、交换、分配和消费活动;四是指节约或节省。工程经济学主要应用了经济学中节约的含义。工程经济学研究的经济不仅是指可以用货币计量的经济效果,还包括不可用货币计量的经济效果,不仅包括工程所直接涉及的经济效果,还包括由此而引起的间接效果。

在人类进行物质生产、交换活动中,工程(技术)和经济是相互联系、相互制约、相互促进的。任何技术的采用或工程建设的实施都是由于经济上的需要而引起的,经济发展是技术进步的动力和方向,而技术进步反过来又会促进经济的发展。同时,新技术的采用不仅取决于经济上的需要和技术本身的可行性,而且还取决于经济上的可能性,所以技术的发展又常常受到经济条件的制约,任何技术实践都离不开经济背景,任何技术方案的选择,都不仅要考虑其技术上的先进性和可行性,而且必须考虑经济上的合理性和可能性。

技术与经济的这种特性,使得它们之间有着紧密而又不可分割的联系,它们之间的这种相互促进、相互制约的联系,使任何工程的实施和技术的应用都不仅是一个技术问题,同时又是一个经济问题。所有成功的工程活动,无一不是在当时条件下较好地处理了技术与经济的关系,使二者在具体的工程活动中得到有机的高度统一。因此,作为一个工程技术人员,即使他从事的是单纯的技术工作,也不仅要精通专业技术,而且应具备较完备的经济知识。只有这样,才能在工作中处理好技术与经济的关系,使自己设计的工程实现使用价值和价值的统一,使自己所做的工程决策科学合理。考虑经济因素是工程技术人员有别于纯科学研究人员的一个重要特征。

三、工程经济学的研究对象

当面对一项工程建设时,工程决策人员一般需要考虑的问题是:

(1)为什么要干这个工程？是否可以执行另一个工程建设方案？现在项目是否应当扩大、缩小或报废？现行标准和生产流程是否应该修改？

(2)为什么要现在干这个工程？现在的生产能力怎样？投资费用和其他条件是否对现在投资有利？

(3)为什么要以这种方式干这个工程？有没有其他可行的方式？这些方式中哪种更经济？

工程经济学研究的对象就是解决这类问题的方案和途径。

传统工程经济学面对的主要是某项工程的建设问题、某企业的技术改造问题、某技术措施的评价问题、多种技术方案的选择问题等。随着社会和经济的发展,现代工程经济学面对的问题越来越广泛,从微观的技术经济问题延伸到宏观技术经济问题,如能源问题、环境问题、资源开发利用问题、国家的经济制度与政策问题。工程经济学着重解决的是如何对这些问题进行经济评价和分析。这是工程经济学区别于其他经济学的一个显著特征。

四、工程经济学的研究内容

工程经济学从技术的可行性和经济的合理性出发,运用经济理论和定量分析方法,研究工程技术投资和经济效益的关系。例如各种技术在使用过程中,如何以最小的投入取得最大的产出；如何用最低的寿命周期成本实现产品、作业或服务的必要功能。工程经济学不研究工程技术原理与应用本身,也不研究影响经济效果的各种因素自身,而是研究这些因素对工程项目产生的影响,研究工程项目的经济效果,具体内容包括对工程项目的资金筹集、经济评价、优化决策,以及风险和不确定性分析等。

五、工程经济学的特点

工程经济学具有以下特点:

(1)综合性。工程经济学横跨自然科学和社会科学两大类。工程技术的经济问题往往是多目标、多因素的。因此工程经济学研究的内容涉及技术、经济、社会与生态等因素。

(2)实用性。工程经济学的研究对象来源于生产建设实际,其分析和研究成果直接用于建设与生产,并通过实践来验证分析结果的正确性。

(3)定量性。工程经济学以定量分析为主,对难以定量的因素,也要予以量化估计。用定量分析结果为定性分析提供科学依据。

(4)比较性。工程经济分析通过经济效果的比较,从许多可行的技术方案中选择最优方案或满意的可行方案。

(5)预测性。工程经济分析是对将要实现的技术政策、技术措施、技术方案进行事先的分析评价。

六、工程经济学的产生和发展

工程经济学的产生至今有 100 多年,其标志是 1887 年美国的土木工程师亚瑟·M. 惠灵顿出版的著作《铁路布局的经济理论》。到了 1930 年,E. L. 格兰特教授出版了《工程经济学原理》教科书,从而奠定了经典工程经济学的基础。1982 年,J. L. 里格斯出版了《工程经济学》,把《工程经济学》的学科水平向前推进了一大步。近代工程经济学的发展侧重于用概率统计进行风险性、不确定性等新方法研究以及非经济因素的研究。我国对工程经济学的研究和应用起步于 20 世纪 70 年代后期。现在,在项目投资决策分析、项目评估和管理中,已经广泛地应用工程经济学的原理和方法。

七、工程经济分析的基本原则

1. 技术与经济相结合的原则

工程经济学研究的目的是根据社会生产的实际以及技术与经济的发展水平,研究、探求、寻找使技术与经济相互促进、协调发展的途径。所以,我们在应用工程经济学的理论来评价工程项目或技术方案时,应当遵循技术与经济相结合的原则,既要评价其技术能力、技术意义,也要评价其经济特性、经济价值,将二者结合起来,寻找既符合国家政策和产业发展方向又能给企业带来发展的项目或方案。

2. 可比性原则

可比性原则是进行方案比较时所应遵循的重要原则之一。在工程经济分析中,我们既要对某方案的各项指标进行研究,以确定其经济效益的大小,又要把该方案与其他方案进行比较评价,以便找出具有最佳经济效果的方案。方案比较可从以下几个方面进行:

(1)满足需要上的可比。任何一个项目或方案实施的主要目的都是为了满足一定的社会需求,不同项目或方案在满足相同的社会需求的前提下也能进行比较。

①产品品种可比。产品品种是指企业在计划期应生产的产品品种的名称、规格和数目,反映企业在计划期内在品种方面满足社会需要的情况。

②产量可比。这里的产量是指项目或技术方案满足社会需要的产品的数量。

③质量可比。质量不同,满足程度也将不同,所以要参加比较的方案必须在质量上可比。所谓质量可比是指不同项目或技术方案的产品质量相同时,直接比较各项相关指标;质量不同时,则需经过修正计算后才能比较。

(2)消耗费用的可比。比较项目或技术方案消耗的费用,应该对从项目建设到产出产品及产品消费的全过程中整个社会的消耗费进行比较,而不是对某个国民经济部门或个别环节的部分消耗进行比较,也就是说要从总的、全部消耗的观点出发来考虑。

(3)时间的可比。对于投资、成本、产品质量、产量相同条件下的两个项目或方案,其投入时间不同,经济效益显然也不同。

(4)价格的可比。每一个项目或技术方案都要产出或提供服务,同时消耗物化劳动,既有产出也有投入。要描述项目或方案产出和投入的大小,以便与其他的项目或技术方案进行比较,就要考虑价格因素。价格的可比性是分析比较项目或技术方案经济效益的一个重要原则。要使价格可比,项目或技术方案所采用的价格指标体系应该相同,这是价格可比的基础。对每个技术方案,无论是消耗品还是产品,均应按其相应的品目价格计算投入和产出。

3. 定性分析和定量分析相结合的原则

定性分析是一种在占有一定资料、掌握相应政策的基础上，根据决策人员的经验、直觉、学识、逻辑推理能力等，以主观判断为基础进行评价的方法，评价尺度往往是给项目打分或确定指数。这是从总体上进行的一种笼统的评价方法，属于经验型决策。

定量分析是以项目各方面的计算结果为依据进行评价的方法。它以对项目进行的客观、具体的分析，而得出的各项经济效益指标为尺度，通过对"成果"与"消耗"、"产出"与"投入"等分析，对项目进行评价。

在实际分析评价中，应善于将定性与定量分析方法结合起来，发挥各自在分析上的优势，互相补充，使分析结果科学、准确，使决策人员对项目总体有一个比较全面的了解。

4. 财务评价与国民经济评价相结合的原则

工程项目财务评价是根据国家现行财税制度和价格体系，从工程项目的角度出发，根据已知及预测的财务数据，分析计算工程项目的财务效益和费用，编制有关报表，计算评价指标，考察工程项目的盈利能力和清偿能力等财务状况，据以判别工程项目的财务可行性。国民经济评价就是从整个国家或社会利益的角度出发，运用影子价格、影子汇率、影子工资和社会折现率等经济参数，对项目的社会经济效果所进行的评价，从社会经济的角度来考察项目的可行性。

一般情况下，项目对整个国民经济的影响不仅仅表现在项目自身的财务效果上，还可能会对国民经济其他部门和单位或是对国家资源、环境等造成很大影响，必须通过项目的国民经济评价来具体考核项目的整体经济效果。特别是对涉及资源、环境保护、进出口等因素的投资项目进行工程经济分析时，必须将项目的财务评价与国民经济评价结合起来考虑，既要符合国家发展的需要，使资源合理配置并充分发挥效能，又尽量使项目能够有较好的经济效益，具有相应的财务生存能力，为今后的进一步发展打下良好的基础。

八、工程经济分析的基本步骤

1. 调查研究、收集资料

调查研究是进行技术经济计算、分析、比较、评价的基础和前提。通过调查研究，收集各种有关的资料和数据，并通过分析与整理，弄清每个技术方案（或课题）的有关技术因素及各有关因素之间的关系。在调查研究的过程中，应注意坚持理论联系实际、坚持系统的观点、善于灵活应用本课程的理论和方法、善于运用相邻学科知识，经常注意关心国内外的经济信息，关心国家的各项方针政策，特别是关于经济方面的政策。

2. 确定目标

明确目标是工作的第一步，是建立方案的基础。目标是指在一定环境条件下，希望达到的某种结果，它不仅可以在工作中指明方向，避免在方向上出现错误，而且也是衡量工作成败的评价标准。目标可分为国家目标、地区或部门目标、项目或企业目标，目标内容可以是项目规模、设备选择或技术改造等。确立一个好的目标应具备三个条件，一是有定量的标准，也就是说能计算其成果；二是可以限定其时间，到何时实现目标；三是可以明确其责任。

总之，目标的确定要明确、具体，在质量、数量、规格、时间、地点等指标上都要有具体的要求和标准。例如，投资一个项目，就要明确项目的性质是生产性的还是服务性的，规模多大，资金来源如何，选择什么地点，最后要达到的效果等。

3. 设计各种可能方案

为达到已经确定的目标,就应千方百计地去制订、征求、搜集和列举出多种可供评价的方案,为对这些方案进行分析、比较和最终选择做好充分准备。方案尽可能要考虑得多,但经过粗选后正式列出的方案要少而精。

4. 方案综合分析评价

列出的方案要经过系统的评价。评价的依据是政策法令与反映决策者意愿的指标体系。对方案进行评价是工程经济分析的一项重要步骤,也是工程经济分析的主要内容,这是一个关键阶段。对方案的评价目的是选优,对各种备选方案进行综合评价,全面估量,总体权衡,互相对比,从中选出一个最佳方案。然后采用定性分析与定量分析相结合的方法,对方案进行综合评价。综合评价的正确与否,关键在于定性分析正确与否以及所引入的数据是否准确可靠。

5. 确定最优方案

决策的核心问题就是通过对不同方案经济效果的衡量和比较,从中选择效果最好的最优方案。根据综合评价的结果,优选出技术上先进、经济上合理的最佳方案,若方案满意,则选中最优方案,若不够满意,则检查方案、指标的合理性。

6. 最终完善方案

根据综合评价及评优的结果,在可能的条件下,进一步对优化方案采取完善措施,使方案具有更大的经济效益。

【本章小结】

工程经济学是一门研究工程(技术)领域经济问题和经济规律的科学。在人类进行物质生产、交换活动中,工程(技术)和经济是相互联系、相互制约、相互促进的。

工程经济学着重解决的是如何对工程方案进行经济评价和分析。工程经济学具有综合性、实用性、定量性、比较性、预测性的特点。在对方案进行经济分析时,应依据工程与技术相结合的原则、可比性原则、定性与定量相结合的原则、财务评价与国民经济评价相结合的原则。

工程经济分析的基本步骤为:调查研究、收集资料,确定目标,设计各种可能方案,方案综合分析评价,确定最优方案,最终完善方案。

【复习思考题】

1. 为什么要学习工程经济学?
2. 工程经济学的研究对象是什么?
3. 工程经济分析的基本原则主要有哪些?
4. 简述工程经济分析的基本步骤。

第二章 工程经济学原理

【教学目标】
1. 了解工程经济要素构成，掌握各要素概念及其相互关系；
2. 掌握现金流量概念及现金流量图的画法；
3. 掌握资金等值概念、原理及计算。

第一节 工程经济要素

一、工程经济要素基本构成

工程经济分析需要首先确定特定环境下工程方案的投资、收入、成本、税金和利润等方面的基本数据，这些构成了工程经济分析的基本经济要素。

1. 一次性投资

一次性投资或初始投资，是指工程技术方案实施初期需要一次性投入的一笔费用。如工程项目方案的投资费用、设备方案和工艺方案的初始购置费或制造费用。工程建设项目的投资费用估算，本书在第六章中介绍。

2. 运营收益

运营收益是指工程技术方案投入运行使用后所产生的成果或收入。如设备生产的产品、半成品或零件，建成的工厂投入生产后销售产品或服务性项目提供服务等所取得的营业收入。

3. 运营费用

运营费用是指工程技术方案投入使用后在运行过程中所发生的现金支出，在投资项目经济分析中，又称为经营成本。如设备方案的人工、燃料、动力、保养、修理等费用；单纯产品制造方案的人工费、原材料费用等；道路、桥梁、房屋等永久性设施方案的维护、经常性修补、定期大修等费用。

4. 税金

项目投资活动和经营活动中需要向国家交纳各项税金。工程经济分析中主要涉及到增值税、营业税、消费税、资源税、城市维护建设税、教育费附加、所得税等。其中，营业税、消费税和资源税统称为营业税金，城市维护建设税和教育费附加统称为附加。

（1）增值税

增值税是以商品生产和流通各环节的新增价值或商品附加值为征税对象的一种流转税，属于价外税。税率分为13%和17%两个档次。

销售或进口下列货物，税率为13%：粮食、食用植物油；自来水、暖气、冷气、热水、石油液化气、天然气、沼气、居民用煤炭制品；图书、报纸、杂志；饲料、化艾药、农机、农膜等。

销售或进口其他货物以及提供加工、修理修配劳务,税率为17%。出口货物税率为零。

增值税包括销项税和进项税。

$$销项税 = 不含税收入 \times 税率$$

$$进项税 = 外购原材料、燃料和动力等的不含税支出 \times 税率$$

$$当期应纳增值税 = 销项税 - 进项税$$

(2) 营业税

营业税是指对不实行增值税的劳务交易征收的一种流转税。按国家税制规定,交通运输、金融保险、邮电通信、文化体育、娱乐、服务、房地产等类项目及相关技术方案经济分析中涉及此项税的计算。计算公式为:

$$营业税 = 营业收入 \times 适用税率$$

(3) 消费税

消费税是国家为了调节消费结构,正确引导消费方向,在普遍征收增值税的基础上,选择部分消费品,再征收一道消费税。消费税实行价内征收,企业交纳的消费税计入营业税金,抵减产品销售收入。

(4) 资源税

资源税是国家对在我国境内开采矿产品或者生产盐的单位和个人征收的税种。资源税按照应税产品的课税数量和规定的单位税额计算。

(5) 城市维护建设税和教育费附加

城市维护建设税和教育费附加属于附加税,是按企业当期实际缴纳的增值税、消费税和营业税三税之和为基数,计提一定比例计算的。计算公式为:

$$城市维护建设税 = (当期应纳增值税 + 营业税 + 消费税) \times 相应税率$$

城市维护建设税税率分为三个档次:市区为7%;县、镇为5%;市区、县、镇以外为1%。

$$教育费附加 = (当期应纳增值税 + 营业税 + 消费税) \times 相应税率$$

其税率一般采用3%。乡(镇)村的工商企业、建筑业、交通运输业(包括个体工商户),按销售收入或营业收入3‰计征;农业户(含林、牧、副、渔)按人均纯收入2%计征,并以上年收入为当年的计算依据。

(6) 所得税

工程经济分析中的所得税以企业的生产、经营所得和其他所得为征税对象。

$$所得税 = 应税所得额 \times 所得税税率$$

$$应税所得额 = 销售收入 - 总成本 - 营业税及附加 - 弥补以前年度亏损$$

5. 利润

(1) 利润总额

利润总额又称税前利润或毛利润。

$$利润总额 = 销售收入 - 总成本 - 营业税金及附加$$

(2) 税后利润

税后利润又称净利润。

$$税后利润 = 利润总额 - 所得税$$

二、成本

成本是工程经济分析中的一个重要因素,并且有多种不同的概念。

1. 总成本

总成本是从企业财务会计角度,核算生产产品的全部资源耗费。包括折旧费、摊销费、维简费、利息支出、外购的原料和燃料及动力费、工资及福利费、修理费以及生产中产生的其他费用。

其中折旧费用、维简费和无形资产的摊销费,是对方案初期投资所形成资产的补偿价值,工程经济分析中,它们并不是现金支出,而只是在方案内部的一种现金转移。由于方案的投资已计入现金流量,所以这几项费用不再计入现金流。

2. 经营成本

经营成本是一种付现成本,是以现金流量实现为依据的成本耗费。包括外购的原料和燃料及动力费、工资及福利费、修理费以及生产中产生的其他费用。

在不考虑资金来源情况下,考察全部投资的经济效果时,贷款利息支出属于全部投资内部的现金转移,所以为方便起见,利息支出也不列入经营成本中,当在分析中需要考虑利息时,则可在经营成本之外,作为现金流出,单独列出。

3. 固定成本与可变成本

按各种费用与产品产量的关系,可将总成本分为固定成本与可变成本两部分。固定成本是指在一定生产规模限度内不随产品产量而变动的费用;可变成本是指产品成本中随产量变动而变动的费用,亦称为变动成本。固定成本包括折旧费、摊销费、维简费、利息支出、修理费、管理人员的工资及福利、办公费、管理费等。可变成本包括外购的原料费、外购燃料及动力费、包装费、生产人员工资及福利费。

4. 平均成本与边际成本

平均成本即单位产品成本,是指产品总成本与产品总产量之比。

边际成本是指在一定产量水平下,增加或减少一个单位产量所引起成本总额的变动数,用以判断增减产量在经济上是否合算。由于固定成本与产量增减无关,在作短期增减产量决策时,不必考虑固定成本因素,所以边际成本实际上就是产品变动成本。

【例 2-1】某混凝土生产厂的最大生产能力是 120 万 m^3/年,已签订了 100 万 m^3 的加工合同,每立方米售价 400 元,单位产品总成本 380 元,其中:固定部分(折旧等)100 元,变动部分(直接材料、人工等)280 元,剩余生产能力无法转移。现有一客户,准备以 320 元/m^3 的价格追加订货 10 万 m^3,追加订货无特殊要求,也不需要投入专属设备,是否能接受此批订货呢?

解:该构件的平均成本为 380 元/m^3,而客户只愿支付 320 元/m^3(边际收益),如果接受订货似乎是亏损的,但是实际上其边际成本只有 280 元/m^3,用边际成本法计算:

增量收益 = 10 万 m^3 × 320 元/m^3 = 3 200 万元

增量成本 = 10 万 m^3 × 280 元/m^3 = 2 800 万元

增量利润 = 3 200 万元 − 2 800 万元 = 400 万元

由计算结果可以看出此订货能产生 400 万元的增量利润(边际利润为 40 元/m^3),如果在没有其他更高价格订货利用完剩余生产能力的情况下,完全可以接受此订货。

从例 2-1 可以看出,短期增减产量经济分析决策的依据,应是边际成本,而不是平均成本,当产量增至边际成本等于边际收益时,即为企业获得其最大利润的产量。

5. 沉没成本

沉没成本是指本方案实施之前已经发生或者按某种凭证而必需的费用。由于沉没成本是在过去发生的,它并不因为采纳或拒绝某个方案(项目)的决策而改变,因此对方案是否采纳的决策不应造成影响。例如,已使用多年的设备,其沉没成本是指设备的账面净值与其现时市场价值之差,它与是否选择新设备进行设备更新的决策无关。沉没成本不计入工程经济分析的现金流中。

6. 机会成本

机会成本是指将一种具有多种用途的稀缺资源用于该方案而放弃的其他用途中的最大收益。当一种有限的资源具有多种用途时,可能有许多投入这种资源获得相应收益的机会,如果将这种资源置于某种特定用途,必然要放弃它在其他用途中的投入机会,同时也放弃了相应的收益。例如,一台施工机械如用于工程施工,就失去了出租或用于其他工程的现金收益。工程经济分析中要计入机会成本。

7. 全寿命周期成本

全寿命周期成本是指技术方案在其寿命周期内发生的全部费用,包括初期的方案研究开发、设计制造,到使用期间运行费和维护费,直至寿命结束时的全部成本支出。

经济分析考虑全寿命周期成本,反映了系统的经济分析思想。

三、工程经济要素之间的关系

1. 投资、资产和成本的关系

项目建设初期需要筹集资金,并将其投入到项目的建设期和生产(运营)期,根据投入的不同方向,形成固定资产、无形资产、其他资产和流动资产等不同的资产,生产(运营)中对资产的消耗形成相应的成本费用。在项目结束时可以回收固定资产余值和流动资金。

2. 营业收入、总成本、税金和利润之间的关系

方案生产运营期各年的营业收入减掉总成本,再减营业税金及附加,即为利润总额或税前利润,利润总额减掉所得税为净利润或税后利润。

四、现金流量与现金流量图

一个建设项目,在某一个时期内各年的现金流入和现金流出统称为现金流量。现金流入与现金流出的代数和为净现金流量。现金流量以"收付实现制"为原则,按实施方案时实际发生的当期现金流为准。在进行经济效果评价时,需要通过现金流量计算经济评价指标。

现金流量可以通过现金流量图清晰地表达出来,方便分析计算。在现金流量图中,可以反映出资金的流入和流出、资金发生的时间和数额大小。现金流量图的形式如图2-1所示。

现金流量图的作图规则如下:

(1)以横轴为时间轴,越向右延伸表示时间越长,将横轴分成相等的时间间隔,间隔的时间单位以计息期为准,通常以年为单位;时间坐标的起点通常取为建设项目开始建设年的年初。

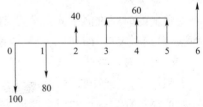

图 2-1 现金流量图

(2)现金流入用向上的箭头表示,现金流出用向下的箭头表示,可按比例画在对应时间坐标处的横轴上方。若数据大小相差较大,按比例无法表现,可忽略比例,但要通过箭头长短显示数据大小,并在箭头顶端标上数字。

现金的流入和流出是针对特定对象而言的。比如企业从银行贷款,对企业来说是现金流入,而对银行来说就是现金流出。反之,企业向银行还款对企业来说是现金流出,而对银行来

说则是现金流入。所以现金的流入与流出应站在分析者一方去判断。

（3）为了计算上的方便和统一，一般假定现金支付都集中在每期期末。

对于建设项目来说，初始投资期（建设期）不足一年的方案，以方案投入运营年为第一年，投资费用现金流记在第一年初（年序 0）；初始投资期一年及以上的方案，以方案开始开工建设为计算期起点，各年投资费用现金流均记在年末；方案运营阶段的现金流均记在年末。

第二节 资金的时间价值

一、资金时间价值的概念

资金的时间价值又称货币的时间价值。货币是用来交换的商品的等价交换物，如果把货币用储藏的手段保存起来，不论经过多长时间仍为同等数量的货币，而不会发生数值的变化；如果把货币作为社会生产资金参与再生产，即会得到增值、带来利润，一般把这种现象称为资金的时间价值。简单地说，就是资金与劳动相结合，随着时间会增值，这一特性就称资金的时间价值。

由以上概念可知，资金具有时间价值并不意味着资金本身能够增值，而是因为资金代表一定量的物化产物，并在生产与流通过程中与劳动相结合，才会产生增值。

在基本建设投资活动过程中，必须充分考虑资金的时间价值，使资金的流向更加合理和易于控制，从而使有限的资金发挥更大的作用，提高建设资金的使用效益。能否正确地确定资金的时间价值，是建设项目投资经济效果评价结论正确与否的关键，也是提高我国建设项目投资经济效果的关键。

同时，要区分资金的时间价值与因通货膨胀而产生的货币贬值是性质不同的概念。通货膨胀是指由于货币发行量超过商品流通实际需要量而引起的货币贬值和物价上涨现象。而资金的时间价值是客观存在的，是商品生产条件下的普遍规律，只要商品生产存在，资金就具有时间价值。但在现实经济活动中，资金的时间价值与通货膨胀因素往往是同时存在的。因此，既要重视资金的时间价值，又要充分考虑通货膨胀和风险价值的影响，以利于正确地投资决策、合理有效地使用资金。

二、资金时间价值的度量

资金的时间价值是社会劳动创造能力的一种表现形式。衡量资金时间价值的尺度有两种：一是绝对尺度，即利息、盈利或净收益；二是相对尺度，即利率、盈利率或收益率。

1. 利息与利率

利息、盈利或净收益，都可视为使用资金的报酬，它是投入资金在一定时间内生产的增值，一般把银行存款获得的资金增值称利息；把资金投入生产建设产生的资金增值，称为盈利或净收益。可见利息或盈利都是资金时间价值的体现，利息或盈利是衡量资金时间价值的绝对尺度。

利率、盈利率或收益率是一定时间（通常为年）的利息或收益占原投入资金的比率，即利息与本金的比值，也称之为使用资金的报酬率。它反映了资金随时间变化的增值率。通常以百分率表示。因此，它是衡量资金时间价值的相对尺度。例如，6% 的应付利率即 0.06 的年利率，这相当于 0.015 的应付季利率，或 0.005 的应付月利率。

在技术经济分析中,利息与盈利、利率与盈利或收益率是不同的概念,一般在研究某项投资的经济效果时,经常使用净收益(或盈利)和收益率(或盈利率)的概念,在计算分析资金信贷时,则使用利息和利率的概念。

2. 单利与复利

利息和利率或净收益和收益率是衡量资金时间因素的尺度。故计算资金时间因素的方法,就是计算利息的方法,利息有单利和复利的区别。计算资金的时间因素有单利法和复利法两类方法。

(1)单利法

单利法是以本金为基数计算资金价值(即利息)的方法。不将利息计入本金之内,也不再生利息。

单利计算式:

$$F = P(1 + ni) \tag{2-1}$$

$$I = P \cdot ni \tag{2-2}$$

式中:i——利率;

n——利息周期数(通常为年);

P——本金;

F——本利和;

I——利息。

【例2-2】某项公路建设投资由建设银行贷款14亿元,年利率8%,10年后一次结清,若以单利计算本利和应为多少?

解:由式(2-1)可知:

$$F = P(1 + ni) = 14 \times (1 + 10 \times 0.08) = 25.2(亿元)$$

单利法在一定程度上考虑了资金的时间价值,但不彻底。因为,以前已经产生的利息,没有累计计算。所以,单利法还是个不够完善的方法。

(2)复利法

复利法是以本金和累计利息之和为基数计算资金时间价值(即利息)的方法,也就是利上加利的计算方法。复利计算式为:

$$F = P(1 + i)^n \tag{2-3}$$

$$I = P[(1 + i)^n - 1] \tag{2-4}$$

某项投资1 000元,年利率为7%,如利息不取出而是继续投资,那么盈利额将会逐年增加,这种重复计算盈利的方法即复利计算法。这项投资的增加过程如表2-1所示。

投资增加过程(单位:元) 表2-1

年 份	年初本金	当年盈利	年末本利和
1	1 000	1 000 × 7% = 70	1 070.00
2	1 070	1 070 × 7% = 74.9	1 144.90
3	1 144.9	1 144.9 × 7% = 80.143	1 225.04
4	1 225.04	1 225.04 × 7% = 85.75	1 310.79
		以下类推	

由表2-1的计算过程和结果看出,复利法不仅本金逐期计息,而且以前累计的利息,亦逐期加利。因此,复利法能够充分地反映资金的时间价值,也更符合客观实际。这是国外普遍采

用的方法,也是国内现行信贷制度正在推行的方法。在后续章节中如无特殊说明,均默认为复利计息。

三、名义利率与有效利率

以上的复利利息计算中,把一年作为一个计息周期。当计息周期不满一年时,就有了名义利率与有效利率的区别。名义利率又称虚利率,一般指银行标明的年利率,它不考虑实际计息周期多长。而有效利率又称实际利率,它是反映一个周期内实际利息额高低的利率。如银行规定的年利率为12%,一个月计息一次,则12%为名义利率,一个月的有效利率为1%,换算为一年的有效年利率又是多少呢?当一年内多次计息时,由于有效年利率反映一年实际利息额的大小,所以应该采用一年的应得利息除以年初本金来计算。下面可通过表2-2内数据作一比较。贷款1 000元,名义利率为12%。

名义利率与有效利率的区别　　　　　　　表2-2

计息周期	一年内计息周期数	计息期有效利率（%）	本利和复利计算公式	实际年利息（元）	有效年利率（%）
年	1	12	$1\,000 \times (1+12\%)$	120	12
半年	2	6	$1\,000 \times (1+6\%)^2$	123.6	12.36
季	4	3	$1\,000 \times (1+3\%)^4$	125.51	12.551
月	12	1	$1\,000 \times (1+1\%)^{12}$	126.82	12.682
周	52	0.231	$1\,000 \times (1+0.231\%)^{52}$	127.38	12.738
天	365	0.033	$1\,000 \times (1+0.033\%)^{365}$	127.47	12.747

由表2-2的数据可知,名义利率与有效年利率的换算公式为:

$$i = \frac{F-P}{P} = \frac{P\left(1+\frac{r}{t}\right)^t - P}{P} = \left(1+\frac{r}{t}\right)^t - 1 \tag{2-5}$$

式中:i——有效年利率;

r——名义利率;

t——一年内的计息周期数。

若计息周期为一年,则名义利率等于有效年利率。若一年中有若干个计息期,则名义利率小于有效年利率。

由于计息的周期长短不同,同一笔资金在占用的总时间相等的情况下,所付的利息会有明显的差别。结算次数越多,给定利率所产生的利息就越高。当利用连续复利时,即每时每刻均计息,则$t \to \infty$时,则有:

$$i = \lim_{t \to \infty}\left[\left(1+\frac{r}{t}\right)^t - 1\right] = \lim_{t \to \infty}\left[\left(1+\frac{r}{t}\right)^{t/r}\right]^r - 1 = e^r - 1 \tag{2-6}$$

因为有效利率是反映实际利息额大小的利率,所以在计算中,应注意有效利率的选取。

在进行工程方案的经济比较时,若按复利计息,而各方案在一年中计算利息的次数不同,就难以直接比较各方案的经济效益的优劣,这时可以将各方案名义利率统一换算成有效年利率再进行比较。

【例2-3】某隧道建设项目,拟向外商订购设备,有两个银行可提供贷款,甲行年利率17%,计息周期为年;乙行年利率16%,但按月复利计息。试比较应向哪家银行贷款?

解:甲行的有效年利率等于名义利率17%,乙行的名义利率为16%,有效年利率$i = (1+$

$0.16/12)^{12} - 1 = 17.227\%$。

乙行的有效年利率高于甲行的有效年利率,故应向甲行贷款。

第三节 资金的等值原理

一、资金等值的概念

"等值"是指在时间因素的作用下,不同时间点上数值不等的资金可以具有相同的经济价值。例如现在的 100 元,与一年后的 104 元,虽然绝对数量不等,但在年利率为 4% 的前提下,这两笔资金是"等值"的。

利用等值概念,我们可以把某一时点上的资金值换算为另一个时点上价值相等但数额不等的资金值,这一换算过程称为资金的等值计算。实际上,复利计算即为等值计算。

二、等值计算中的相关概念

在等值计算过程中会涉及以下相关概念,这些概念应结合现金流量图来灵活掌握。

1. 时点与时值

现金流量图上,时间轴上的某一点称为时点。在某个资金时间节点上的数值称为时值。

2. 现值(P)

发生在(或折算为)某一特定时间序列起点的效益或费用称为现值。时间序列的起点通常是评价时刻的点,即现金流量图的零点处。

3. 终值(F)

发生在(或折算为)某一特定时间序列终点的效益或费用称为终值。终值又称将来值或未来值。

4. 年金(A)

年金是指一定时期内每期有相等金额的收付款项,如折旧、租金、利息、养老金等通常都采取年金形式。年金有普通年金、预付年金和延期年金之分。

每期期末收款、付款的年金称为后付年金,即普通年金。普通年金是每期期末收付的年金,是最常用的年金形式。

每期期初收款、付款的年金称为预付年金或先付年金。

距今若干期以后发生的每期期末收款、付款的年金称为延期年金。

5. 折现和折现率

折现又称贴现。把将来的现金流量折算为现在的时值,称作"贴现"。贴现时所用的利率,称为贴现率或折现率。

贴现是银行的放款业务之一,票据持有者为了取得现金,以未到期的票据向银行融通资金,银行按一定的比例,扣取自贴现日至到期日的利息,然后将票面余额以现金的形式支付给持票人,期票到期时,银行持票据向最初发票的债务人兑取现金。贴现值是票面金额扣除利息后的余额,即资金在某一时点的时值折算到零点的时值。

三、等值计算公式

在方案比较中,由于资金的时间价值作用,使得不同时间点上发生的现金流量无法直接比较,必须把在不同时间点上的现金,按照某一利率折算至某一相同的时间点上,即进行资金的等值计算。常用的等值计算公式有一次支付复利公式和等额支付序列复利公式。

1. 一次支付复利公式

(1) 一次支付终值公式

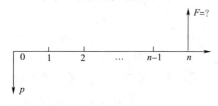

图 2-2　一次支付终值现金流量图

若现在投资 P 元,年利率(收益率)为 i,到 n 年末累计本利和将为多少? 如图 2-2 所示。

假定将货币现值 P 投资一年,年末应当收回初期投资 P 值,连同利息 iP,共计 $P(1+i)$。

假定第一年末不抽回投资,同意延展一年,那么第二年末投资值变成多少了呢? 第一年末的总金额 $P(1+i)$,到第二年末可得到利息 $iP(1+i)$。本金 $P(1+i)$ 加利息 $iP(1+i)$ 意味着第二年末投资总额变成 $P(1+i)+iP(1+i)$,即 $P(1+i)^2$。

如果再继续延展到第三年,第三年末的投资总额将变为 $P(1+i)^3$。n 年后的总金额为 $P(1+i)^n$。整个流程如下:

计息期开始的金额 + 期内获息 = 期末本利和

第一年　　　　　　　　$P+iP=P(1+i)$

第二年　　　　　　$P(1+i)+iP(1+i)=P(1+i)^2$

第三年　　　　　$P(1+i)^2+iP(1+i)^2=P(1+i)^3$

　　　　　　　　　　…

第 n 年　　　　　$P(1+i)^{n-1}+iP(1+i)^{n-1}=P(1+i)^n$

换言之,n 期后 P 增加为 $P(1+i)^n$。因此,现值 P 和它将来的等值 F 之间的关系式为:

$$F=P(1+i)^n \tag{2-7}$$

式中,$(1+i)^n$ 称为一次支付终值系数,其含义是一元资金在 n 年后的本利和,还可表示为 $(F/P,i,n)$,故式(2-7)还可表示为:

$$F=P(F/P,i,n) \tag{2-8}$$

式中,系数 $(F/P,i,n)$ 可理解为已知 P、i、n,求 F 之意。

【例 2-4】假使现在把 50 000 元存入银行,年利率 4%,复利计息,三年以后本利和是多少?

解:首先需验证方程中的各变数:已知现值 $P=50\,000$ 元,$i=4\%$,$n=3$,求 F。由式(2-7)可得:

$$F=P(1+i)^n=50\,000\times(1+0.04)^3=56\,243.20(元)$$

(2) 一次支付现值公式

若已知 F、i、n 求 P,则需用一次支付现值公式,现值函数式由终值公式倒数式求得:

$$P=F\frac{1}{(1+i)^n}=F(1+i)^{-n} \tag{2-9}$$

式中,$\dfrac{1}{(1+i)^n}$ 称为一次支付现值系数,也可以用 $(P/F,i,n)$ 表示,故公式可简化为:

$$P=F(P/F,i,n) \tag{2-10}$$

【例 2-5】假使你希望四年后得到 80 000 元的存款本息,银行按 5% 的年利率复利计息,现在应当存入多少本金?

解:已知 $F=80\,000$ 元,$i=0.05$,$n=4$,求 P。由式(2-9)可得:

$$P = F(1+i)^{-n}$$
$$= 80\,000 \times (1+0.05)^{-4}$$
$$= 80\,000 \times 0.822\,7$$
$$= 65\,816.20(元)$$

四年末要得到 80 000 元的存款本息,现在必须存入 65 816.20 元。

2. 等额支付序列复利公式

根据等值换算时间的不同,等额支付序列复利公式分为等额支付序列终值公式,等额支付序列偿债基金公式,等额支付序列资金回收公式,等额支付序列现值公式等。

(1)等额支付序列终值公式

由一连串的期末等额支付值 A 求 n 年末包括利息在内的累积值 F 的计算公式,就称作等额支付序列终值公式。

若在 n 年内每年末投资 A 元(图 2-3),则第一年末的投资 A 到了 n 年末可得 $n-1$ 年的利息,因此其本利和应为 $F(1+i)^{n-1}$,则第二年末的投资 A 到了 n 年末可得 $n-2$ 年的利息,因此其本利和应为 $F(1+i)^{n-2}$,以此类推,第 n 年末投资 A 的本利和仍为 A。于是总数 F 为:

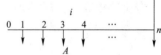

图 2-3 等额支付序列终值与年金关系图

$$F = A(1+i)^{n-1} + A(1+i)^{n-2} + A(1+i)^{n-3} + \cdots + A(1+i)^2 + A(1+i) + A \quad (a)$$

(a)式两端同乘 $(1+i)$ 得:

$$F(1+i) = A(1+i)^n + A(1+i)^{n-1} + A(1+i)^{n-2} + \cdots + A(1+i)^2 + A(1+i) \quad (b)$$

(b)式 - (a)式有:

$$F(1+i) - F = A(1+i)^n - A$$

即

$$F \times i = A[(1+i)^n - 1]$$

$$F = A \frac{(1+i)^n - 1}{i} \quad (2-11)$$

式中,$\frac{(1+i)^n - 1}{i}$ 称为等额支付序列终值系数或称为等额支付序列终值因子,可以用 $(F/A, i, n)$ 表示。故又可表示为:

$$F = A(F/A, i, n) \quad (2-12)$$

【例 2-6】某汽车运输公司为将来的技术改造筹集资金,每年年末用利润留成存入银行 30 万元,欲连续积存 5 年,年利率 8%,问该公司 5 年末能用于技术改造的资金有多少?

解:已知 $A = 30$ 万元,$i = 8\%$,$n = 5$,由式(2-11)可得:

$$F = A \frac{(1+i)^n - 1}{i}$$
$$= 30 \times \frac{(1+0.08)^5 - 1}{0.08} = 175.998(万元)$$

(2)等额支付序列偿债基金公式

当 n 期末要获得的终值 F 为已知值时,以复利计算每年应投入基金(或存储基金)为多少?用投入基金(基金存储)公式进行计算。

等额支付序列偿债基金公式,可直接由下式求解 A:

$$A = F \frac{i}{(1+i)^n - 1} \quad (2-13)$$

式中，$\dfrac{i}{(1+i)^n-1}$ 称为等额支付序列偿债基金系数，可以用 $(A/F,i,n)$ 表示，公式又可表示为：

$$A = F(A/F, i, n) \tag{2-14}$$

【例2-7】某汽车修理厂欲在5年后进行扩建，估计到时需要资金150万元，每年末从利润中提留等额资金存入银行，年利率6%，每年应提留多少资金？

解：已知 $F=150$ 万元，$i=6\%$，$n=5$，求 A。由式(2-13)可得：

$$A = F\dfrac{i}{(1+i)^n-1} = 150 \times \dfrac{0.06}{(1+0.06)^5-1} = 26.61(万元)$$

(3) 等额支付序列资金回收公式

若以年利率 i 投资 P 元，则在 n 年内的每年末等额提取多少元 (A)，就可在 n 年末将初始投资全部提完？此时的现金流量图如图2-4所示。

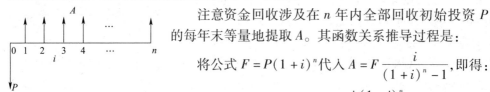

图2-4 等额支付序列现值与年金关系图

注意资金回收涉及在 n 年内全部回收初始投资 P，须在 n 年的每年末等量地提取 A。其函数关系推导过程是：

将公式 $F=P(1+i)^n$ 代入 $A=F\dfrac{i}{(1+i)^n-1}$，即得：

$$A = P\dfrac{i(1+i)^n}{(1+i)^n-1} \tag{2-15}$$

式中，$\dfrac{i(1+i)^n}{(1+i)^n-1}$ 称为等额支付序列资金回收系数，也可用 $(A/P,i,n)$ 表示，故又可表示为：

$$A = P(A/P, i, n) \tag{2-16}$$

【例2-8】某运输公司从银行贷款800万元用于设备更新，年利率为6%，要求10年内按年等额偿还，每年应偿还多少？

解：已知 $P=800$ 万元，$n=10$，$i=6\%$，求 A。由式(2-15)可得：

$$\begin{aligned} A &= P\dfrac{i(1+i)^n}{(1+i)^n-1} \\ &= 800 \times \dfrac{0.06 \times (1+0.06)^{10}}{(1+0.06)^{10}-1} \\ &= 108.69(万元) \end{aligned}$$

(4) 等额支付序列现值公式

如果在收益率为 i 的情况下，希望在今后 n 年内，每年末能取得等额收益 A，现在必须投入多少资金？

现值因子是资金回收因子的倒数。

故由 $A = P\dfrac{i(1+i)^n}{(1+i)^n-1}$，可得：

$$P = A\dfrac{(1+i)^n-1}{i(1+i)^n} \tag{2-17}$$

式中，$\dfrac{(1+i)^n-1}{i(1+i)^n}$ 称为等额支付序列现值系数，也可用 $(P/A,i,n)$ 表示，故又可表示为：

$$P = A(P/A, i, n) \tag{2-18}$$

【例2-9】 某汽车运输公司预计今后5年内,每年净收益85万元,若年收益率按8%计,现在应投资多少?

解:已知 $A=85$ 万元,$i=8\%$,$n=5$,求 P。由式(2-17)可得:

$$P = A\frac{(1+i)^n - 1}{i(1+i)^n}$$

$$= 85 \times \frac{(1+0.08)^5 - 1}{0.08(1+0.08)^5}$$

$$= 339.38(万元)$$

四、普通复利公式及其应用小结

现将用普通复利法计算资金时间因素的各种公式汇总见表2-3。

普通复利公式汇总表　　　　　表2-3

普通复利		已知	求	公	式
一次支付序列	终值公式	P	F	$F = P(1+i)^n$	$F = P(F/P, i, n)$
	现值公式	F	P	$P = F\dfrac{1}{(1+i)^n}$	$P = F(P/F, i, n)$
等额支付序列	终值公式	A	F	$F = A\dfrac{(1+i)^n - 1}{i}$	$F = A(F/A, i, n)$
	偿债基金公式	F	A	$A = F\dfrac{i}{(1+i)^n - 1}$	$A = F(A/F, i, n)$
等额支付序列	资金回收公式	P	A	$A = P\dfrac{i(1+i)^n}{(1+i)^n - 1}$	$A = P(A/P, i, n)$
	现值公式	A	P	$P = A\dfrac{(1+i)^n - 1}{i(1+i)^n}$	$P = A(P/A, i, n)$

五、复利系数表

所谓复利系数表,即根据前面所述复利计算(等值计算)公式中的各系数,按照复利利率 i 和时间 n(时间单位可以是年、月、日等,但必须是与利率 i 的时间单位相一致)的变化而制成的各系数值的表格,如表2-4所示。利用复利系数表可以查出各种复利因子的数值,直接计算如[例2-4]可列式为 $F = P(F/P, i, n) = 50\,000 P(F/P, 4\%, 3) = 50\,000 \times 1.124\,9 = 56\,245$,其中的 1.124 9 根据 $(F/P, 4\%, 3)$ 通过查表得到。表中没有的数值可通过内插法求得。查复利系数表作为一种计算的辅助方法,曾经使烦琐的计算简化,带来不少方便;但在科学数字化、计算程序化的今天,复利系数表渐已退居二线,这里仅作简单介绍。

复利系数($i=4\%$)　　　　　表2-4

n	$(F/P,i,n)$	$(P/F,i,n)$	$(F/A,i,n)$	$(A/F,i,n)$	$(A/P,i,n)$	$(P/A,i,n)$	$(F/G,i,n)$	$(A/G,i,n)$
1	1.040 0	0.961 5	1.000 0	1.000 0	1.040 0	0.961 5	0.000 0	0.000 0
2	1.081 6	0.924 6	2.040 0	0.490 2	0.530 2	1.886 1	1.000 0	0.490 2
3	1.124 9	0.889 0	3.121 6	0.320 3	0.360 3	2.775 1	3.040 0	0.973 9
4	1.169 9	0.854 8	4.246 5	0.235 5	0.275 5	3.629 9	6.161 6	1.451 0

续上表

n	$F(P,i,n)$	$P(F,i,n)$	$F(A,i,n)$	$A(F,i,n)$	$A(P,i,n)$	$P(A,i,n)$	$F(G,i,n)$	$A(G,i,n)$
5	1.216 7	0.821 9	5.416 3	0.184 6	0.224 6	4.451 8	10.408 1	1.921 6
6	1.265 3	0.790 3	6.633 0	0.150 8	0.190 8	5.242 1	15.824 4	2.385 7
7	1.315 9	0.759 9	7.898 3	0.126 6	0.466 6	6.002 1	22.457 4	2.843 3
8	1.368 6	0.730 7	9.214 2	0.108 5	0.148 5	6.732 7	30.355 7	3.294 4
9	1.423 3	0.702 6	10.582 8	0.094 5	0.134 5	7.435 3	39.569 9	3.739 1
10	1.480 2	0.675 6	12.006 1	0.083 3	0.123 3	8.110 9	50.152 7	4.177 3
11	1.539 5	0.659 6	13.486 4	0.074 1	0.114 1	8.760 5	62.158 8	4.609 0
12	1.601 0	0.624 6	15.025 8	0.066 6	0.106 6	9.385 1	75.645 1	5.034 3
13	1.665 1	0.600 6	16.626 8	0.060 1	0.100 1	9.985 6	90.670 9	5.453 3
14	1.731 7	0.577 5	18.291 9	0.054 7	0.094 7	10.563 1	107.297 8	5.865 9
15	1.800 9	0.555 3	20.023 6	0.049 9	0.089 9	11.118 4	125.589 7	6.272 1
16	1.873 0	0.533 9	21.824 5	0.045 8	0.085 8	11.652 3	145.613 3	6.672 0
17	1.947 5	0.513 4	23.697 5	0.042 2	0.082 2	12.165 7	167.437 8	7.065 6
18	2.025 8	0.493 6	25.645 4	0.039 0	0.079 0	12.659 3	191.135 3	7.453 0
19	2.106 8	0.474 6	27.671 2	0.036 1	0.076 1	13.133 9	216.780 7	7.834 2
20	2.191 1	0.456 4	29.778 1	0.033 6	0.073 6	13.590 3	244.452 0	8.209 1

【本章小结】

工程经济分析需要首先确定特定环境下工程方案的投资、成本、收入、利润和税金等方面的基本数据,这些构成了工程经济分析的基本经济要素。在工程经济分析中要正确使用这些数据。

一个建设项目在某一个时期内各年的现金流入和现金流出统称为现金流量,现金流入与现金流出的代数和为净现金流量,表示现金流量的图示称为现金流量图。

资金与劳动相结合,随着时间会增值,这一特性就称为资金的时间价值。资金具有时间价值是因为资金代表一定量的物化产物,在生产与流通过程中与劳动相结合就会产生增值。在基本建设投资活动过程中,必须充分考虑资金的时间价值,使资金的流向更加合理和易于控制,从而使有限的资金发挥更大的作用,提高建设资金的使用效益,并注意与通货膨胀相区别。

衡量资金时间价值的尺度有两种:一是绝对尺度,即利息、盈利或净收益;二是相对尺度,即利率、盈利率或收益率。

"等值"是指在时间因素的作用下,不同时间点上数值不等的资金可以具有相同的经济价值。利用等值概念可以把某一时点上的资金值换算为另一个时点上价值相等但数额不等的资金值,这一换算过程称为资金的等值计算。

在等值计算时,应区分现值、终值和年金的概念,并掌握它们之间的相互换算公式,即等值计算。

【复习思考题】

1. 什么是资金的时间价值?学习资金的时间价值理论有什么意义?
2. 什么是现金流量和现金流量图?

3. 什么是资金等值？常用的资金等值换算公式主要有哪些？

4. 什么是利息、利率？单利分析和复利分析有何区别？

5. 什么是名义利率和有效利率？二者有何关系？

6. 某人向银行借款10万元，借期5年，年利率6%，试用单利法和复利法分别计算借款利息和本利和。

7. 某人购房贷款30万元，按月等额偿还，20年还清，月利率0.5%，每月应还多少？若在偿还了15年以后，要将余下的欠款一次还清，应还多少？若偿还了15年以后，贷款月利率上调为0.52%，以后每月应还多少？

8. 下列等额支付的终值和现值各为多少？

(1) 年利率6%，每年末借款5 000元，连续借款10年；

(2) 年利率6%，每年初借款5 000元，连续借款10年；

(3) 年利率6%，每季度计息一次，每季度末借款5 000元，连续借款10年；

(4) 年利率6%，每季度计息一次，每年末借款5 000元，连续借款10年。

9. 某公司购买一台机器，估计能用12年，每3年大修一次，每次大修费假定为5 000元，现在存入银行多少钱才足以支付12年期间的大修费用？年利率12%，半年计息一次。

第三章 工程经济效果评价指标与方法

【教学目标】
1. 建设项目经济效果评价指标体系的构成；
2. 各经济指标的计算方法、经济含义及判别准则；
3. 掌握不同类型方案的比选方法。

在工程经济研究中，经济评价是在拟定的建设项目方案、投资估算和融资方案的基础上，对工程项目方案计算期内各种相关的技术经济因素，以及方案投入与产出的相关财务、经济资料数据，进行调查、分析和预测，对建设项目方案的经济效果进行计算、评价。

通常，在选择投资机会或决定工程方案取舍之前，投资者首先要确定一个最低盈利目标，即选择特定的投资机会或投资方案必须达到的预期收益率，称为基准投资收益率，简称基准收益率，又称"最小诱人投资收益率"、基准折现率或基准贴现率，通常用 i_0 或 i_c 表示。

基准收益率是投资方案和工程方案的经济评价和比较的前提条件，它的确定受到了资金成本与资金结构、风险报酬、资金机会成本和通货膨胀等因素的影响。基准投资收益率的大小往往会影响评价结果。

第一节 建设项目经济效果评价指标体系

经济评价是工程经济分析的核心内容。其目的在于确保决策的正确性和科学性，避免或最大限度地减小工程项目投资的风险，明确建设项目投资的经济效果水平，最大限度地提高建设项目投资的综合经济效益。为此，正确选择经济评价指标和方法是十分重要的。

如果按照投资项目对资金的回收速度、获利能力和资金的使用效率进行分类，投资项目的经济评价指标可分为时间型指标、价值型指标（即以货币量来表示的）和效率型指标；按是否考虑资金的时间价值，经济效果评价指标分为静态评价指标和动态评价指标。静态、动态的评价指标分别适用于各种不同的方案评价问题，如表3-1所示。本章将分别对这两类指标加以介绍。

一、静态评价指标

不考虑资金时间价值的评价指标称为静态评价指标。静态评价指标主要用于技术经济数据不完备和不精确的项目初选阶段，或对寿命期比较短的项目以及对于逐年收益大致相等的项目进行评价。静态指标的特点是计算简便、直观，因而广泛用来对投资效果进行粗略化估计。它的主要缺点是没有考虑资金的时间价值和不能反映项目整个寿命期间的全面情况，因此在对投资项目进行经济评价时，应以动态分析为主，必要时另加某些静态评价指标进行辅助分析。

评 价 指 标   表3-1

指标类型	具 体 指 标	
时间型指标	投资回收期	静态、动态
	差额投资回收期	静态、动态
	固定资产投资借款偿还期	动态
价值型指标	净现值、净年值、净将来值	动态
效率型指标	总投资收益率,资本金净利润率	静态
	内部收益率	动态
	净现值率	动态
	效率—费用比	动态

1. 静态投资回收期

投资回收期(P_t)是指用方案所产生的净收益补偿初始投资所需要的时间。投资回收期一般从建设开始年算起,也可以从投产年算起,但应予以注明。根据是否考虑资金时间价值,投资回收期可分为静态投资回收期和动态投资回收期。

(1)静态投资回收期的计算

静态投资回收期 P_t 满足下式:

$$\sum_{t=0}^{P_t}(CI-CO)_t = 0 \qquad (3-1)$$

式中: CI——现金流入;

CO——现金流出;

$(CI-CO)_t$——第 t 年的净现金流量;

P_t——静态投资回收期。

一般来说,静态投资回收期不可能正好是某一自然年份数,所以在实际工作中通常采用下述表达式计算:

$$P_t = 累计净现金流量出现正值的年份数 - 1 + \frac{上一年累计净现金流量的绝对值}{当年净现金流量} \qquad (3-2)$$

【例3-1】某投资方案的净现金流量如图3-1所示,计算其静态投资回收期(设 $i_0=10\%$)。

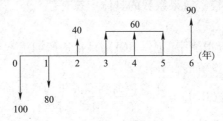

图3-1 方案净现金流量图(现金流单位:万元)

解:列出该投资方案的累计净现金流量情况表,见表3-2。

静态投资回收期计算(单位:万元)   表3-2

年序(年)	0	1	2	3	4	5	6
净现金流量	-100	-80	40	60	60	60	90
累计净现金流量	-100	-180	-140	-80	-20	40	130

根据公式可有:

21

$$P_t = 5 - 1 + \frac{|-20|}{60} = 4.33 \text{ 年}$$

即该方案静态投资回收期为4.33年。

(2) 静态投资回收期的经济含义

静态投资回收期体现了投资方案三个方面的经济含义:一是反映投资回收速度的快慢,静态投资回收期越短,投资回收速度越快;二是反映投资风险的大小,由于越是远期的现金流的预测越具有不确定性,在投资者看来,回收期越短,风险就越小;三是反映了投资收益的高低,在初始投资不变的情况下,回收期长短取决于方案各年的净收益的大小,所以它能考察方案的投资盈利能力。

静态投资回收期指标概念清晰,简单易用,可以反映项目的风险大小,易为投资决策者所理解接受并信赖。但是,它舍弃了回收期之后的收入与支出的数据,故不能全面反映项目在寿命期内的真实效益,难以对不同方案的比较选择做出正确判断,也没有考虑资金的时间价值。一般认为该指标不是全面衡量建设项目的理想指标,它只适用于粗略评价或者作为辅助指标,不能直接作为方案唯一的取舍标准。

(3) 判别准则

用静态投资回收期评价项目时,需要与根据同类项目的历史数据和投资者意愿确定的基准投资回收期相比较。设基准投资回收期为 P_c,判别准则为:若 $P_t \leq P_c$,则项目可以考虑接受;若 $P_t > P_c$,则项目应予以拒绝。

2. 投资效果系数

投资效果系数即简单投资收益率,是项目在正常生产年份的净收益与投资总额的比值。其一般表达式为:

$$R = \frac{NB}{K} \times 100\% \tag{3-3}$$

式中:K——投资总额,全部投资额或投资者的权益投资额;

NB——项目达产后的正常年份的净收益(或平均年净收益),根据不同的分析目的,NB可以是纯利润,可以是利税总额,也可以是年净现金流入等;

R——投资效果系数,根据 R 和 NB 的具体含义,它可以表现为各种不同的具体形态。

项目经济评价中常用的投资效果系数的具体形态有:

(1) 总投资收益率

总投资收益率,又称投资报酬率(记作ROI),是指达产期正常年份的年息税前利润或运营期年均息税前利润占项目总投资的百分比。

$$\text{总投资收益率(ROI)} = \frac{\text{年息税前利润或年均息税前利润}}{\text{项目总投资}} \times 100\% \tag{3-4}$$

总投资收益率高于同行业的收益率参考值,表明用总投资收益率表示的技术方案盈利能力满足要求。

(2) 资本金净利润率(ROE)

资本金净利润率(记作ROE),是指项目经营期内一个正常年份的年税后利润总额或项目经营期内年平均税后利润总额与资本金的比率。计算式记作:

$$\text{资本金净利润率(ROE)} = \frac{\text{年税后利润总额或年平均税后利润总额}}{\text{项目资本金}} \times 100\% \tag{3-5}$$

资本金净利润率高于同行业的净利润率参考值,表明用资本金净利润率表示的技术方案盈利能力满足要求。

【例3-2】某项目经济数据如表3-3所示,假定全部投资中没有借款,现已知基准投资收益率 $R_0 = 15\%$,试以投资效果系数判断项目取舍。

项目的经济数据表(单位:万元) 表3-3

年份(年)		0	1	2	3	4	5	6	7	8	9	10	合计
现金流量	投资	180	240	330									750
	收入				300	400	500	500	500	500	500	500	3 700
	支出				250	300	350	350	350	350	350	350	2 650
	净收入				50	100	150	150	150	150	150	150	1 050

解:由表3-3数据可得:

$$R = \frac{150}{750} \times 100\% = 20\%$$

由于 $R > R_0 = 15\%$,故项目可以考虑接受。

投资效果系数的经济含义明确、直观、计算简便,在一定程度上反映了投资效果的优劣,适用于各种投资规模的方案。其缺点是没有考虑投资收益的时间因素,忽视了资金具有时间价值的重要性,而且正常生产年份的选择比较困难。因此,投资效果系数主要用于计算期较短、不具备综合分析所需详细资料的方案,尤其适用于工程项目方案制订的早期阶段或工艺简单而生产情况变化不大的工程项目建设方案的选择和投资经济效果的评价。

二、动态评价指标

动态评价指标是一种考虑了资金时间价值的技术经济评价指标。它是将项目研究期内不同时期的现金流量等值换算成同一时点的数值作为进行分析比较的依据。这对投资者和决策者合理利用资金、不断提高经济效益具有很重要的意义。动态分析指标主要有净现值、净年值、净现值率、内部收益率和动态投资回收期等。

1. 净现值

(1)净现值的含义与计算

将投资方案各期的净现金流量按既定的折现率(基准收益率)统一折算为现值(计算期起点的值)的代数和,称为净现值。其表达式为:

$$\text{NPV} = \sum_{t=0}^{n} (\text{CI} - \text{CO})_t (1 + i_c)^{-t} \qquad (3\text{-}6)$$

式中: NPV——净现值;
 CI——现金流入;
 CO——现金流出;
 $(\text{CI} - \text{CO})_t$——第 t 年的净现金流量;
 n——方案计算寿命期;
 i_c——基准收益率。

【例3-3】某公司拟投资一新项目,预计初始投资900万元,寿命期为5年,预计该项目每年可带来收入513万元,年运营费用300万元,第5年末的残值为200万元。若基准收益率为10%,试计算该方案的净现值。

解:该投资方案的现金流量如图3-2a)所示,并得出其净现金流量图,如图3-2b)所示。

则该投资方案的净现值为：

$$NPV = -900 + \frac{213}{1+10\%} + \frac{213}{(1+10\%)^2} + \frac{213}{(1+10\%)^3} + \frac{213}{(1+10\%)^4} + \frac{413}{(1+10\%)^5}$$
$$= 31.5(万元)$$

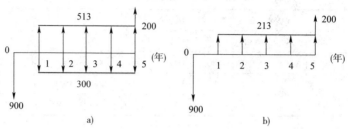

图 3-2 现金流量图（现金流单位：万元）

（2）净现值指标的经济含义

净现值是评价投资方案盈利能力的重要指标，从资金时间价值的理论和基准收益率的概念可以看出：

NPV = 0，表明该方案可以收回投资而且恰好取得既定的收益率（基准收益率）；

NPV > 0，表明该方案不仅收回投资而且取得了比既定收益率更高的收益，其超额部分的现值就是 NPV 值；

NPV < 0，表明该方案不能达到既定的收益率甚至不能收回投资。

（3）判别准则

由净现值的经济含义可知，只有方案的 NPV ≥ 0 时，方案在经济上才可以接受；若方案的 NPV < 0，则认为方案在经济上是不可行的。

净现值指标考虑了资金的时间价值，并全面考虑了项目在整个寿命期内的经济状况，经济意义明确，能够直接以货币额表示项目的盈利水平，评价标准容易确定，判断直观；但该指标不能反映项目投资中单位投资的使用效率，不能直接说明在项目运营期间各年的经营成果。

使用该指标应注意：必须首先确定一个符合经济现实的基准收益率；在多方案比选时，方案的寿命期必须相等。

2. 与净现值等价的其他指标

净现值是将所有的净现金流量折算到计算期的第一年初，除此之外，还可以将净现金流量折算到任何一个时间点上进行工程经济分析。

（1）如果将方案各期的净现金流量按基准收益率统一折算成终值（方案计算期末）后的代数和，则称为净将来值或净终值（NFV）。表达式为：

$$NFV = \sum_{t=0}^{n} (CI - CO)_t (1 + i_c)^{n-t} \tag{3-7}$$

例 3-3 中，该方案的净终值为：

$$NFV = -900 \times (1+10\%)^5 + 213 \times \frac{(1+10\%)^5 - 1}{10\%} + 200 = 50.93(万元)$$

（2）如果将方案各期的净现金流量按基准收益率折算成与其等值的整个寿命期内的等额支付序列，则称为净年值（NAV）。表达式为：

$$NAV = \sum_{t=0}^{n} (CI - CO)_t (1 + i_c)^{-t} \cdot \frac{i_c (1 + i_c)^n}{(1 + i_c)^n - 1} \tag{3-8}$$

例 3-3 中,该方案的净年值为:

$$\text{NAV} = -900 \times \frac{10\%(1+10\%)^5}{(1+10\%)^5-1} + 213 + 200 \times \frac{10\%}{(1+10\%)^5-1} = 8.34(万元)$$

NFV、NAV 与 NPV 具有相同的经济含义,即当方案的 NFV≥0 或 NAV≥0 时,方案在经济上才可以接受;若方案的 NFV<0 或 NAV<0,则认为方案在经济上是不可行的。

用 NFV、NAV 与 NPV 来评价同一方案会得出一致的评价结论,所以一般情况下只选择其中的一个指标即可。在实际工作中,一般设定方案寿命期起点作为考察方案经济状况的时点,所以更多地采用净现值指标来评价方案。但如果设定考察方案的经济状况时点为方案寿命期末,则需要计算净终值指标。而净年值指标则对寿命不等的多方案进行经济比较时特别有用。

3. 净现值率

净现值率是按基准折现率求得的方案寿命期内的净现值与其全部投资现值的比率,它反映了单位投资现值所获得的净现值。净现值不能直接反映资金的利用效率,为了考察资金的利用效率,可采用净现值率作为净现值的补充指标。其表达式为:

$$\text{NPVR} = \frac{\text{NPV}}{K_P} = \frac{\text{NPV}}{\sum_{t=0}^{n} K_t (1+i_c)^{-t}} \tag{3-9}$$

式中:NPVR——净现值率;

K_P——项目总投资现值。

净现值率的判别标准:单一项目方案,若 NPVR≥0,投资方案经济上是可接受的;若 NPVR<0,投资方案是不可行的。对于多方案比选,净现值率大于等于零且最大者为优。

净现值率表示单位投资现值所取得的净现值额,也就是单位投资现值所取得的超额净效益。净现值率的最大化,有利于实现有限投资取得净贡献的最大化。

【例 3-4】某项目有 3 个方案,其具体数据如表 3-4 所示。求净现值率。

方案净现值(单位:万元) 表3-4

方案类型	总投资现值	净现值
A	1 000	15
B	300	6
C	50	3

解:从表 3-4 可知,3 个方案的净现值率 NPVR 分别为:

$$\text{NPVR}_A = \frac{15}{1\,000} \times 100\% = 1.5\%$$

$$\text{NPVR}_B = \frac{6}{300} \times 100\% = 2.0\%$$

$$\text{NPVR}_C = \frac{3}{50} \times 100\% = 6\%$$

C 方案的净现值率最大,即 C 方案的单位投资现值所取得的超额净收益最大,也就是 C 方案的投资效果是最好的。因此,C 方案优于其他两个方案。

4. 费用现值与费用年值

在实际工作中,常常会需要比较一些特殊的方案,多方案之间的效益相同或基本相同而其具体的数值是难以用货币计量的,例如一座人行天桥无论采用钢结构还是钢筋混凝土结构,其功能是一致的。这时,只需要以费用的大小作为比较方案的标准,从而出现了经常使用的:费用现值和费用年值两个指标。

费用现值,就是把不同方案计算期内的年成本按基准投资收益率换算为基准年的现值,再加上方案的建设总投资现值。费用年值是将投资方案的投资及费用,按照基准折现率折算成等值的年成本。其表达式为:

$$PC = \sum_{t=0}^{n} CO_t (1+i_0)^{-t} \tag{3-10}$$

$$AC = PC \times \frac{i_0(1+i_0)^n}{(1+i_0)^n + 1} = \sum_{t=0}^{n} CO_t(1+i_0)^{-t} \times \frac{i_0(1+i_0)^n}{(1+i_0)^n - 1} \tag{3-11}$$

式中:PC——费用现值;

CO_t——年现金流出;

AC——费用年值。

费用现值的判别准则:费用现值可用于多方案比选,但各方案必须具备相同的研究周期,费用现值越小的方案经济性越好。

费用年值的判别准则:费用年值可用于多方案比选,费用年值越小的方案经济性越好。

【例3-5】某项目有3个采暖方案A、B、C,均能满足同样的采暖需要,寿命期均为10年,其费用数据如表3-5所示。在基准折现率为10%的情况下,试用费用现值和费用年值确定最优方案。

3个采暖方案的费用数据(单位:万元)　　表3-5

方　案	初始投资	年运营费用	PC	AC
A	200	60	568	92
B	240	50	547	89
C	300	35	515	83

解:各方案的费用现值计算如下:

$$PC_A = 200 + 60 \times \frac{(1+10\%)^{10} - 1}{10\%(1+10\%)^{10}} = 568.67(万元)$$

$$PC_B = 240 + 50 \times \frac{(1+10\%)^{10} - 1}{10\%(1+10\%)^{10}} = 547.23(万元)$$

$$PC_C = 300 + 35 \times \frac{(1+10\%)^{10} - 1}{10\%(1+10\%)^{10}} = 515.06(万元)$$

比较可知,$PC_C < PC_B < PC_A$,C方案最优。

各方案的费用年值计算如下:

$$AC_A = 200 \times \frac{10\%(1+10\%)^{10}}{(1+10\%)^{10} - 1} + 60 = 92.55(万元)$$

$$AC_B = 240 \times \frac{10\%(1+10\%)^{10}}{(1+10\%)^{10} - 1} + 50 = 89.06(万元)$$

$$AC_C = 300 \times \frac{10\%(1+10\%)^{10}}{(1+10\%)^{10} - 1} + 35 = 83.81(万元)$$

经比较可知,$AC_C < AC_B < AC_A$,C方案最优。

费用现值和费用年值的比较结果是一致的。在费用现值、费用年值的计算过程中,只计算费用,因此费用为正数,所以采用最小化原则进行评价。

5. 动态投资回收期

动态投资回收期是在考虑资金时间价值的条件下,按给定的基准收益率,用方案各年净收益的现值来回收全部投资现值所需的时间,其计算表达式如下:

$$\sum_{t=0}^{P'_t}(CI-CO)_t(1+i_c)^{-t}=0 \quad (3-12)$$

式中: P'_t——动态投资回收期;
             CI——第 t 年现金流入;
             CO——第 t 年现金流出;
    $(CI-CO)_t$——第 t 年的净现金流量;
             i_c——基准收益率。

实际计算时,往往是根据方案的现金流量表,并用下列公式计算:

$$P'_t = 累计净现金流量出现正值的年份数 - 1 + \frac{上年累计净现金流量现值的绝对值}{当年净现金流量现值}$$

(3-13)

【例3-6】方案有关数据同例3-1,计算该方案的动态投资回收期。

解:计算结果见表3-6。

动态投资回收期计算表(单位:万元)   表3-6

年 序	0	1	2	3	4	5	6
净现金流量	-100	-80	40	60	60	60	90
净现金流量现值	-100	-72.7	33.1	45.1	41.0	37.3	50.8
累计净现金流量现值	-100	-172.7	-139.6	-94.5	-53.5	-16.2	34.6

则依据公式有:

$$P'_t = 6 - 1 + \frac{|-16.2|}{50.8} = 5.32(年)$$

动态投资回收期为5.32年,较静态投资回收期4.33年,长了0.99年。

动态投资回收期是反映方案投资实际回收能力的动态评价指标,反映了等值回收全部投资所需时间,计算较为复杂。在回收期不长和基准折现率不大的情况下,两种投资回收期差别不大,在静态投资回收期较长和基准折现率较大的情况下,才在静态投资回收期的基础上进一步计算动态投资回收期。

当计算所得动态投资回收期小于等于方案计算期时,即当 $P'_t \leq n$ 时,NPV ≥ 0,方案可接受;反之,$P'_t > n$ 时,NPV < 0,方案不可接受。

6. 内部收益率(IRR)

(1)内部收益率的含义

内部收益率同净现值一样,是个被广泛使用的经济评价指标。内部收益率是使方案的净现值为零时的折现率。由于它所反映的是方案所能达到的收益率水平,其大小完全取决于方案本身,因而称作内部收益率,简记作 IRR,其计算表达式为:

$$NPV(IRR) = \sum_{t=0}^{n}(CI-CO)_t(1+IRR)^{-t} = 0 \quad (3-14)$$

式中,IRR 为内部收益率,其余符号意义同前。

(2)内部收益率的计算

利用上述公式直接求解 IRR 是比较复杂的,特别是当 n 的值很大时,求解是非常烦琐的。

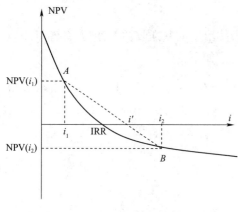

图3-3 IRR计算的近似方法

在实际应用中通常采用"线性内插法"计算IRR的近似解。线性内插法原理如图3-3所示,图中,根据IRR的概念,NPV函数曲线与横轴交点为IRR,如能在IRR的前后各找一个相邻的折现率i_1和i_2,只要i_1和i_2的绝对误差足够小,在(i_1,i_2)区间内,NPV函数曲线可近似地看作直线AB,其与i轴的交点为i',(IRR的近似值),则$\Delta Ai_1i'$和$\Delta Bi_2i'$是相似的,根据相似三角形对应边成比例的原理,可推导出:

$$IRR \approx i' = i_1 + \frac{NPV(i_1)}{NPV(i_1) + |NPV(i_2)|} \cdot (i_2 - i_1)$$

(3-15)

为保证足够的计算精度,通常规定$|i_2 - i_1| \leq 3\%$。

线性内插法的计算步骤如下:

①计算各年的净现金流量。

②在满足下列两个条件的基础上预先估计两个适当的折现率i_1和i_2,满足:$i_1 < i_2$且$(i_2 - i_1 \leq 3\%)$;$NPV(i_1) > 0$和$NPV(i_2) < 0$。

如果预估的i_1、i_2不满足这两个条件,要重新预估,直至满足条件。

③用式(3-15)近似求解IRR。

(3)内部收益率的经济含义

内部收益率是考察方案盈利能力的最主要的效率型指标,它反映了方案所占用资金的盈利率,同时也反映了方案对资金成本的最大承受能力。由于其大小完全取决于方案本身的初始投资规模和计算期内各年的净收益的多少,而没有考虑其他外部影响,因而称作内部收益率。由于内部收益率反映的是投资方案所能达到的收益率水平,因此它可以直接与基准投资收益率进行比较,分析方案的经济性:

$IRR = i_0$,表明方案的投资收益率恰好达到既定的收益率(基准收益率);

$IRR > i_0$,表明方案的投资收益率超过既定的收益率;

$IRR < i_0$,表明方案的投资收益率未能达到既定的收益率。

所以,内部收益指标的判别标准为:当$IRR \geq i_0$时,认为方案在经济上是可接受的;当方案的$IRR < i_0$时,认为方案在经济上是不可行的。

【例3-7】某项目净现金流量如表3-7所示。当基准折现率$i_0 = 10\%$时,试用内部收益率指标判断该项目在经济效果上是否可以接受。

净 现 金 流 量　　　　　　　　表3-7

时点(年)	0	1	2	3	4	5
净现金流量(万元)	-2 000	300	500	500	500	1 200

解:第一步绘制现金流量图,如图3-4所示。

第二步列式试算,用内插法求IRR。

列出方程:

$$NPV(i) = -2\,000 + 300(1+i)^{-1} + 500(1+i)^{-2} + 500(1+i)^{-3} + 500(1+i)^{-4} + 1\,200(1+i)^{-5} = 0$$

试算:

可从零开始间隔10%试算,本题试算 $i=10\%$ 时,得 NPV = 148.22 万元,大于零;试算 $i=20\%$ 时,得 NPV = -390.05 万元,小于零。由此可知内部收益率介于10%和20%之间,并可判断其接近10%,所以下一步可以在10%和20%之间从10%一端开始试算。

$i_1 = 12\%$,代入方程得到:

$$NPV(i_1) = -2\,000 + 300(1+0.12)^{-1} + 500(1+0.12)^{-2}$$
$$+ 500(1+0.12)^{-3} + 500(1+0.12)^{-4}$$
$$+ 1\,200(1+0.12)^{-5} = 21.02(万元) > 0$$

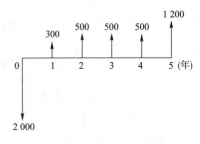

图3-4 现金流量图(现金流单位:万元)

取 $i_2 = 13\%$,代入方程求得:

$$NPV(i_2) = -2\,000 + 300(1+0.13)^{-1} + 500(1+0.13)^{-2} + 500(1+0.13)^{-3} +$$
$$500(1+0.13)^{-4} + 1\,200(1+0.13)^{-5} = -38.44(万元) < 0$$

可见,内部收益率必然在12%~13%之间,代入内插法计算式可求得:

$$IRR = 12\% + 21.02 \times (13\% - 12\%)/(21.02 + 38.44) = 12.35\%$$

第三步:判断方案可行性。

因为 $IRR = 12.35\% > i_0 = 10\%$,所以该方案是可行的。

第二节 多方案比较与选择

一、互斥方案的比较与选择

在一组方案中,只能选择其中的一个方案,则这一组方案称为互斥型多方案,简称互斥方案。

寿命期相等的互斥方案的比较选择方法有:净现值法、净年值法、差额净现值法、差额内部收益率法。

1. 净现值法

净现值法就是对互斥方案的净现值进行比较,以净现值最大的方案为经济上最优方案。用净现值法比较方案,要求每个方案的净现值必须大于或等于零。净现值小于零的方案在经济上是不可行的,让它们参与经济比较是没有意义的。所以用净现值比较互斥方案,首先可将 NPV<0 的方案排除后再比较其余的方案。

【例3-8】有3个互斥方案,寿命期均为10年,$i_0 = 10\%$,各方案的初始投资和年净收益见表3-8,试选出最优方案。

初始投资和年净收益(单位:万元)　　　表3-8

方 案	初始投资	年净收益
A	49	10
B	60	12
C	70	13

解:计算如下:

$$NPV_A = -49 + 10 \times \frac{(1+10\%)^{10} - 1}{10\%(1+10\%)^{10}} = 12.45(万元)$$

$$\mathrm{NPV_B} = -60 + 12 \times \frac{(1+10\%)^{10}-1}{10\%(1+10\%)^{10}} = 13.73(万元)$$

$$\mathrm{NPV_C} = -70 + 13 \times \frac{(1+10\%)^{10}-1}{10\%(1+10\%)^{10}} = 9.88(万元)$$

3个方案的净现值均大于0,B方案的净现值最大,因此B为经济上最优方案,则应选择B方案进行投资。

2. 净年值法

净年值法就是通过计算各个互斥方案的净年值进行比较,净年值法在寿命期不等的互斥方案比较中是很有用的。用净年值法比较方案,同样要求每个方案的净年值必须大于或等于零,以净年值最大的方案为最优方案。

【例3-9】对[例3-8]中的一组互斥方案用净年值法比较。

解:计算如下:

$$\mathrm{NAV_A} = -49 \times \frac{10\%(1+10\%)^{10}}{(1+10\%)^{10}-1} + 10 = 2.03(万元)$$

$$\mathrm{NAV_B} = -60 \times \frac{10\%(1+10\%)^{10}}{(1+10\%)^{10}-1} + 12 = 2.24(万元)$$

$$\mathrm{NAV_C} = -70 \times \frac{10\%(1+10\%)^{10}}{(1+10\%)^{10}-1} + 13 = 1.61(万元)$$

因为 $\mathrm{NAV_B} > \mathrm{NAV_A} > \mathrm{NAV_C} > 0$,所以B方案最优。

3. 差额净现值法

(1)差额现金流量

两个互斥方案之间现金流量之差(通常为投资额较大方案的现金流量减去投资额较小方案的现金流量)构成新的现金流量,称之为差额现金流量。例如,在[例3-8]中,A方案和B方案之间的差额现金流量如图3-5所示。我们可以将A方案与B方案的差额现金流量作为一个新的方案,称之为差额方案(B-A),这一新方案的含义是B方案比A方案多投资11万元,而B方案每年净收益比A方案多2万元。

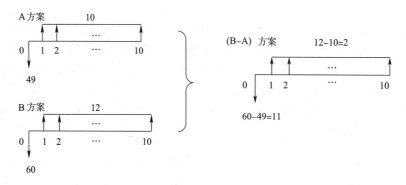

图3-5 差额现金流量与差额方案(现金流单位:万元)

这里将差额现金流量称为差额方案是企图强调差额现金流量并不仅存在于理论的分析计算中,而且更主要的是它具有重要的实用意义。在实际工作中,经常会遇到难以确定每个具体方案的现金流量的情况,但方案之间的差异却是易于了解的,这就形成差额方案。例如,用一台新设备代替生产流程中某一老设备,这时如果要确定各方案各自的现金流量,特别是方案的收益是很难的,但可以较容易地确定用新设备代替老设备而引起现金流量的变化(差额方案)。

(2) 差额净现值及其经济含义

差额净现值就是指两互斥方案构成的差额现金流量的净现值,用符号 ΔNPV 表示。设两个互斥方案 j 和 k,寿命期皆为 n,基准收益率为 i_c,第 t 年的净现金流量分别为 C_t^j、C_t^k($t=0,1,2,\cdots,n$),则有:

$$\Delta NPV_{k-j} = \sum_{t=0}^{n}(C_t^k - C_t^j) \cdot (1+i_c)^{-t}$$

根据 ΔNPV 的概念及净现值所具有的经济含义,ΔNPV 数值大小表明了下面几方面的经济含义:

当 $\Delta NPV = 0$ 时,表明投资大的方案比投资小的方案多投资的资金,可以通过前者比后者多得净收益回收并恰好取得既定的收益率(基准收益率)。

当 $\Delta NPV > 0$ 时,表明投资大的方案比投资小的方案多投资的资金,可以通过前者比后者多得净收益回收并取得超过既定的收益率的收益,其超额收益的现值即为 ΔNPV。

当 $\Delta NPV < 0$ 时,表明投资大的方案比投资小的方案多得的净收益与多投资的资金相比较达不到既定的收益率,甚至不能通过多得收益收回多投资的资金。

所以,可以根据 ΔNPV 数值的大小来比较两个方案在经济上的优劣:

如果 $\Delta NPV = 0$,认为在经济上两个方案等值。但考虑到投资大的方案比投资小的方案多投入的资金所取得的收益达到了基准收益率,因此如果撇开其他因素,就应考虑选择投资大的方案。

如果 $\Delta NPV > 0$,认为在经济上投资大的方案优于投资小的方案。

如果 $\Delta NPV < 0$,认为在经济上投资大的方案劣于投资小的方案。

例如,图 3-4 中 A 方案与 B 方案的差额净现值为:

$$\Delta NPV_{B-A} = -11 + 2 \times \frac{(1+10\%)^{10}-1}{10\%(1+10\%)^{10}} = 1.29(万元) > 0$$

则 B 方案在经济上优于 A 方案。

(3) 用 ΔNPV 法比较多方案

一组互斥方案可按下列程序比较选择最优方案:

①将互斥方案按投资额从小到大的顺序排序。

②增设 0 方案。0 方案又称为不投资方案或基准方案,其投资为 0,净收益也为 0。选择 0 方案的经济含义是指不投资于当前的方案。在一组互斥方案中增设 0 方案可避免选择一个经济上并不可行的方案作为最优方案。

③将顺序第一的方案与 0 方案以 ΔNPV 法进行比较,以两者中的优的方案作为当前最优方案。

④将排列第二的方案再与当前最优方案以 ΔNPV 法比较,以两者中的优的方案替代为当前最优方案。

⑤依此类推,分别将排列于第三、第四……的方案分别与各步的当前最优方案比较,直至所有的方案比较完毕。

⑥最后保留的当前最优方案即为一组互斥方案中在经济上最优的方案。

【例 3-10】用 ΔNPV 法比较确定[例 3-8]中的互斥方案的最优方案。

解:(1) 增设 0 方案,投资为 0,收益也为 0。将方案按投资额从小到大的顺序排列为:0、

A、B、C。

(2) 将 A 方案与 0 方案进行比较,有:
$$\Delta NPV_{A-0} = NPV_A = 12.44(万元) > 0$$

则 A 为当前最优方案。

(3) 将 B 方案与当前最优方案比较,有:
$$\Delta NPV_{B-A} = -11 + 2 \times \frac{(1+10\%)^{10}-1}{10\%(1+10\%)^{10}} = 1.29(万元) > 0$$

则 B 为当前最优方案。

(4) C 方案与当前最优方案比较,有:
$$\Delta NPVK_{C-B} = -(70-60) + (13-12) \times \frac{(1+10\%)^{10}-1}{10\%(1+10\%)} = -3.86(万元) < 0$$

则 B 仍然为当前最优方案,而所有的方案已比较完毕,所以 B 为当前最优方案。

4. 差额内部收益率法

(1) 差额内部收益率及其经济含义

与差额净现值相对应的是差额内部收益率。所谓差额内部收益率,就是指使得两个互斥方案形成的差额现金流量的差额净现值为零时的折现率,用符号 ΔIRR 表示。即满足下式的折现率:

$$\sum_{t=0}^{n}(C_t^k - C_t^j) \cdot (1+\Delta IRR_{k-j})^{-t} = 0$$

根据 ΔIRR 的概念及差额现金流量和 IRR 所具有的经济含义,ΔIRR 数值大小表明了下面几方面的经济含义:

当 $\Delta IRR = i_c$ 时,表明投资大的方案比投资小的方案多投资的资金所取得的收益恰好等于既定的收益率(基准收益率)。

当 $\Delta IRR > i_c$ 时,表明投资大的方案比投资小的方案多投资的资金所取得的收益大于既定的收益率。

当 $\Delta IRR < i_c$ 时,表明投资大的方案比投资小的方案多投入的资金的收益率未能达到既定的收益率。

所以,可以根据 ΔIRR 数值的大小来比较两个方案在经济上的优劣:

如果 $\Delta IRR = i_c$,认为在经济上两个方案等值,一般应考虑选择投资大的方案。

如果 $\Delta IRR > i_c$,认为在经济上投资大的方案优于投资小的方案。

如果 $\Delta IRR < i_c$,认为在经济上投资大的方案劣于投资小的方案。

例如,图 3-4 中 A 方案与 B 方案的差额内部收益率 ΔIRR_{B-A} 满足:

$$-11 + 2 \times \frac{(1+\Delta IRR_{B-A})^{10}-1}{\Delta IRR_{B-A}(1+\Delta IRR_{B-A})^{10}} = 0$$

则用试差法求得,$\Delta IRR_{B-A} = 12.7\% > i_c = 10\%$。故 B 方案在经济上优于 A 方案。

(2) 用 ΔIRR 法比较多方案

用 ΔIRR 法比较互斥多方案和用 ΔNPV 法的过程相同,只是在比较和淘汰方案时使用 ΔIRR 作为衡量标准。

【例 3-11】用 ΔIRR 法比较[例 3-8]中的互斥方案。

解:(1) 增设 0 方案,投资为 0,收益也为 0。将方案按投资额从小到大的顺序排列:0、A、B、C。

(2)将 A 方案与 0 方案进行比较,差额内部收益率 ΔIRR_{A-0} 满足:

$$-49 + 10 \times \frac{(1 + \Delta IRR_{A-0})^{10} - 1}{\Delta IRR_{A-0}(1 + \Delta IRR_{A-0})^{10}} = 0$$

求得 $\Delta IRR_{A-0} = 15.63\% > i_c = 10\%$,则 A 为当前最优方案。

(3)将 B 方案与当前最优方案比较,差额内部收益率 ΔIRR_{B-A} 满足:

$$-(60 - 49) + (12 - 10) \times \frac{(1 + \Delta IRR_{B-A})^{10} - 1}{\Delta IRR_{B-A}(1 + \Delta IRR_{B-A})^{10}} = 0$$

求得 $\Delta IRR_{B-A} = 12.6\% > i_c = 10\%$,则 B 为当前最优方案。

(4)C 方案与当前最优方案比较,差额内部收益率 ΔIRR_{C-B} 满足

$$-(70 - 60) + (13 - 12) \times \frac{(1 + \Delta IRR_{C-B})^{10} - 1}{\Delta IRR_{C-B}(1 + \Delta IRR_{C-B})^{10}} = 0$$

求得 $\Delta IRR_{C-B} = 0.1\% < i_c = 10\%$,所以 B 仍然是当前最优方案。

(5)因所有的方案已比较完毕,所以 B 方案为最优方案。

二、独立型方案和混合方案的比较与选择

1. 独立型方案的比较选择

在一组方案中,选择其中的一个方案并不排斥接受其他方案,则称这一组方案为独立型多方案,简称独立方案。

独立方案分为无资源限制和有资源限制两种情况。如果独立方案之间共享的资源足够多,则任何一个方案只要是可行的(经济上可接受的),就可采纳并实施;如果独立方案之间共享的资源是有限的,不能满足所有方案的需要,则在这种不超出资源限额的条件下,独立方案的选择有两种方法:一是方案组合法;二是净现值率或内部收益率排序法。

(1)方案组合法

方案组合法的原理是:列出独立方案所有可能的组合,每个组合形成一个组合方案(其现金流量为被组合方案现金流量的叠加),由于是所有可能的组合,则最终的选择只可能是其中一种组合方案,因此所有可能的组合方案形成互斥关系,可按互斥方案的比较方法确定最优的组合方案,最优的组合方案即为独立方案的最佳选择。具体步骤如下:

①列出独立方案的所有可能组合,形成若干个新的组合方案(其中包括 0 方案,其投资为 0,收益也为 0),则所有可能组合方案(包括 0 方案)形成互斥组合方案(m 个独立方案则有 2^m 个组合方案)。

②每个组合方案的现金流量为被组合的各独立方案的现金流量的叠加。

③将所有的组合方案按初始投资额从小到大的顺序排列。

④排除总投资额超过投资资金限额的组合方案。

⑤对所剩的所有组合方案按互斥方案的比较方法确定最优的组合方案。

⑥最优组合方案所包含的独立方案即为该组独立方案的最佳选择。

【例 3-12】有 3 个独立的方案 A、B 和 C,寿命期皆为 10 年,现金流量如表 3-9 所示。基准收益率为 8%,投资资金限额为 12 000 万元。要求选择最优方案。

解:(1)列出所有可能的组合方案。以 1 代表方案被接受,以 0 代表方案被拒绝,则所有可能的组合方案(包括 0 方案)组成过程见表 3-10。

(2)对每个组合方案内的各独立方案的现金流量进行叠加,作为组合方案的现金流量,并

按叠加的投资额从小到大的顺序对组合方案进行排列,排除投资额超过资金限制的组合方案(A+B+C)。

现 金 流 量　　　　　　　　　表 3-9

方案	初始投资(万元)	年净收益(万元)	寿命(年)
A	3 000	600	10
B	5 000	850	10
C	7 000	1 200	10

(3)按组合方案的现金流量计算各组合方案的净现值。
(4)(A+C)方案净现值最大,所以(A+C)为最优组合方案,故应选择方案 A 和方案 C。

方案组合及组合方案数据　　　　　　　　表 3-10

序号	方案组合 A	方案组合 B	方案组合 C	组合方案	初始投资(万元)	年净收益(万元)	寿命(年)	净现值(万元)
1	0	0	0	0	0	0	10	0
2	1	0	0	A	3 000	600	10	1 026
3	0	1	0	B	5 000	850	10	704
4	0	0	1	C	7 000	1 200	10	1 052
5	1	1	0	A+B	8 000	1 450	10	1 730
6	1	0	1	A+C	10 000	1 800	10	2 078
7	0	1	1	B+C	12 000	2 050	10	1 756
8	1	1	1	A+B+C	15 000	—	—	—

(2)净现值率排序法

所谓净现值率排序法,就是在计算各方案的净现值率的基础上,将各方案按净现值率从大到小排列,然后依次序选取方案,直至所选取的方案的投资总额最大限度地接近或等于投资限额,同时各方案的净现值之和最大为止。此法的目的是:在一定的投资限额约束下,如何使得所选取的项目或方案的净现值和最大。

【例 3-13】某地区投资预算总额为 800 万元,有 A~J 共 10 个方案可供选择。各方案的净现值和投资额见表 3-11。若基准折现率为 12%,请选择方案。

各方案的净现值和投资额(单位:万元)　　　　表 3-11

方案	A	B	C	D	E	F	G	H	I	J
投资额	100	150	100	120	140	80	120	80	120	110
NPV	13	8.2	1.7	15.6	1.25	27.35	21.25	16.05	4.3	14.3
NPVR	0.130	0.055	0.017	0.130	0.009	0.342	0.177	0.200	0.036	0.130

解:先计算各方案的净现值率。

本例只有期初有投资发生,因此,净现值率直接等于净现值除以投资额。净现值率的计算结果见表 3-11 最后一行。

现在对各方案的净现值率进行排序,并按排序计算累加的投资额和累加的净现值,见表 3-12。

由于资金限额是 800 万元,因此,可以从表 3-12 看出,应选 F、H、G、A、D、J、B 7 个方案,这些选择的方案的累加投资额为 760 万元,小于限额投资 8 000 万元。它们的净现值之和为 115.75 万元。

计算累加投资额和累加净现值(单位:万元)　　　　表 3-12

方案	F	H	G	A	D	J	B	I	C	E
NPVR	0.342	0.200	0.177	0.130	0.130	0.130	0.055	0.036	0.017	0.009
投资额	80	80	120	100	120	110	150	120	100	140
NPV	27.35	16.05	21.25	13	15.6	14.3	8.2	4.3	1.7	1.25
∑投资额	80	160	280	380	500	610	760	880	980	1 120
∑NPV	27.35	43.4	64.65	77.65	93.25	107.55	115.75	120.05	121.75	123

(3) 内部收益率排序法

内部收益率排序法,就是在计算各方案内部收益率的基础上,将内部收益率大于或等于基准内部收益率的方案按内部收益率大小排序,并依此次序选取项目方案,直至所选取方案的投资总额最大限度地接近或等于投资限额为止。

用内部收益率排序法进行方案优选,其原理与净现值率排序法相同。

【例 3-14】现有 6 个相互独立的投资方案,经济寿命均为 10 年,投资限额为 5 000 万元,其他资料可见表 3-13,试在基准收益率为 10% 的条件下进行投资方案的选择。

初始投资和净现金流量(单位:万元)　　　　表 3-13

项目＼方案	A	B	C	D	E	F
初始投资	1 000	1 500	2 000	2 500	1 600	2 400
净现金流量	180	240	400	440	300	420

解:(1) 计算各独立方案的内部收益率。

通过计算得: $IRR_A = 12.4\%$　　$IRR_B = 9.6\%$　　$IRR_C = 15.1\%$
　　　　　　$IRR_D = 11.9\%$　　$IRR_E = 13.3\%$　　$IRR_F = 11.7\%$

(2) 对未达到基准收益率水平的方案予以剔除,即剔除方案 B,其余方案按 IRR 从大到小进行排序,$IRR_C > IRR_E > IRR_A > IRR_D > IRR_F$。

(3) 从 IRR 最大的方案开始,依次进行方案投资的累计额计算,再依资金限制额进行方案的评选。在资金限额为 5 000 万元的条件下,应取 C、E、A 三个方案进行投资。

从例题来看,选取 C、E、A 三个方案进行投资,而此时尚有剩余资金 400 万元,对于 400 万元剩余资金,要么留作他用或存入银行,要么设法借入 2 100 万元,将 D 方案入选。究竟如何选择,要看能否借得 2100 万元贷款以及所借贷款利率的高低而定。

2. 混合方案的比较选择

在一组独立多方案中,每个独立方案下又有若干个互斥方案,或在一组互斥多方案中,每个互斥方案下又有若干个独立方案,则称这一组方案为混合方案。

(1) 在一组独立多方案中,每个独立方案下又有若干个互斥方案的情形。

例如:A、B 两方案是相互独立的,A 方案下有 3 个互斥方案 A_1、A_2、A_3,B 方案下有 2 个互斥方案 B_1、B_2,如何选择最佳方案呢?

这种结构类型的混合方案也是采用方案组合法进行比较选择,基本方法与过程和独立方案是相同的,不同的是在方案组合构成上,其组合方案数目也比独立方案的组合方案数目少。如果 m 代表相互独立的方案数目,n_j 代表第 j 个独立方案下互斥方案的数目,则这一组混合方案可以组合成互斥的组合方案数目为:

$$N = \prod_{j=1}^{m}(n_j+1) = (n_1+1)(n_2+1)(n_3+1)\cdots(n_m+1) \qquad (3\text{-}16)$$

上例的一组混合方案形成的所有可能组合方案见表 3-14。表中各组合方案的现金流量为被组合方案的现金流量的叠加,所有组合方案形成互斥关系,按互斥方案的比较方法,确定最优组合方案,最优组合方案中被组合的方案即为该混合方案的最佳选择。具体方法和过程同独立方案。

混合方案组合示例(情形 1)　　　　　　　　　　　表 3-14

序 号	方案组合 A			方案组合 B		组合方案
	A_1	A_2	A_3	B_1	B_2	
1	0	0	0	0	0	0
2	1	0	0	0	0	A_1
3	0	1	0	0	0	A_2
4	0	0	1	0	0	A_3
5	0	0	0	1	0	B_1
6	0	0	0	0	1	B_2
7	1	0	0	1	0	A_1+B_1
8	1	0	0	0	1	A_1+B_2
9	0	1	0	1	0	A_2+B_1
10	0	1	0	0	1	A_2+B_2
11	0	0	1	1	0	A_3+B_1
12	0	0	1	0	1	A_3+B_2

(2) 在一组互斥多方案中,每个互斥方案下又有若干个独立方案的情形。

例如:C、D 是互斥方案,C 方案下有 C_1、C_2、C_3 3 个独立方案,D 方案下有 D_1、D_2、D_3、D_4 4 个独立方案,如何确定最优方案?

分析一下方案之间的关系,就可以找到确定最优方案的方法。由于 C、D 是互斥的,最终的选择将只会是其中之一,所以 C_1、C_2、C_3 选择与 D_1、D_2、D_3、D_4 选择互相没有制约,可分别对这两组独立方案按独立方案选择方法确定最优组合方案,然后再按互斥方案的方法确定选择哪一个组合方案。具体过程是:

对 C_1、C_2、C_3 3 个独立方案,按独立方案的选择方法确定最优的组合方案(表 3-15)。假设最优的组合方案是第 5 个组合方案,即 C_1+C_2、以此作为方案 C。

C 下独立方案组合(情形 2)　　　　　　　　　　　表 3-15

序 号	方案组合			组合方案
	C_1	C_2	C_3	
1	0	0	0	0
2	1	0	0	C_1
3	0	1	0	C_2
4	0	0	1	C_3
5	1	1	0	C_1+C_2
6	1	0	1	C_1+C_3
7	0	1	1	C_2+C_3
8	1	1	1	$C_1+C_2+C_3$

对 D_1、D_2、D_3、D_4 4 个独立方案,也按独立方案选择方法确定最优组合方案(表 3-16)。假设最优组合方案为第 13 方案,即 $D_1 + D_2 + D_4$,以此作为 D 方案。

将由最优组合方案构成的 C、D 两方案按互斥方案的比较方法确定最优的方案。假设最优方案为 D 方案,则该组混合方案的最佳选择应是 D_1、D_2 和 D_4。

D 下独立方案组合(情形 2)　　　　　　　　　　　表 3-16

序　号	方案组合				组合方案
	D_1	D_2	D_3	D_4	
1	0	0	0	0	0
2	1	0	0	0	D_1
3	0	1	0	0	D_2
4	0	0	1	0	D_3
5	0	0	0	1	D_4
6	1	1	0	0	$D_1 + D_2$
7	1	0	1	0	$D_1 + D_3$
8	1	0	0	1	$D_1 + D_4$
9	0	1	1	0	$D_2 + D_3$
10	0	1	0	1	$D_2 + D_4$
11	0	0	1	1	$D_3 + D_4$
12	1	1	1	0	$D_1 + D_2 + D_3$
13	1	1	0	1	$D_1 + D_2 + D_4$
14	0	1	1	1	$D_2 + D_3 + D_4$
15	1	0	1	1	$D_1 + D_3 + D_4$
16	1	1	1	1	$D_1 + D_2 + D_3 + D_4$

三、收益未知的互斥方案比选

1. 收益相同且未知的互斥方案比较

在实际工作中,常常会需要比较一些特殊的方案,方案之间的收益相同或能满足相同需要,但收益的具体数值无法确定。这时只需要比较费用的大小即可,以费用最小的方案为最优方案,包括费用现值法、费用年值法。

【例 3-15】某工厂准备购买一种设备,有 A、B 两种型号供选择,两种型号的设备寿命期都是 5 年,每年生产产品的数量和质量相同(即年收益相同),但购置费和年运营成本不同(表 3-17)。$i_c = 8\%$,试对设备进行比选。

购置费与年运营成本　　　　　　　　　　　表 3-17

型号(方案)	购置费(元)	年运营成本(元)	残值(元)
A	16 000	5 000	1 500
B	12 000	6 500	2 000

解:(1)费用现值法

A、B 方案的现金流量图如图 3-6 所示,分别计算两方案的费用现值为:

$$PC_A = 16\ 000 + 5\ 000 \times \frac{(1+8\%)^5 - 1}{8\%(1+8\%)^5} - \frac{1\ 500}{(1+8\%)^5} = 34\ 942.68(元)$$

$$PC_B = 12\,000 + 6\,500 \times \frac{(1+8\%)^5 - 1}{8\%(1+8\%)^5} - \frac{2\,000}{(1+8\%)^5} = 36\,591.45(元)$$

由于 $PC_A < PC_B$,所以 A 型号最经济。

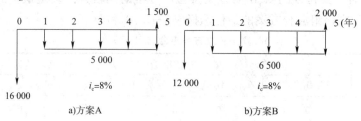

图 3-6 A、B 方案的现金流量图(现金流单位:元)

(2)费用年值法

$$AC_A = 5\,000 + 16\,000 \times \frac{8\%(1+8\%)^5}{(1+8\%)^5 - 1} - \frac{1\,500 \times 8\%}{(1+8\%)^5 - 1} = 8\,750.80(元)$$

$$AC_B = 6\,500 + 12\,000 \times \frac{8\%(1+8\%)^5}{(1+8\%)^5 - 1} - \frac{2\,000 \times 8\%}{(1+8\%)^5 - 1} = 9\,164.56(元)$$

由于 $AC_A < AC_B$,所以 A 型号最经济。

在参加比选的方案寿命期相同时,费用现值和费用年值的分析结果是一致的,可以根据计算难度的大小决定采用其中任何一种方法。在参加比选的方案寿命期不同时,应用费用年值法进行比选。

2. 收益不同且未知的互斥方案比较

某些方案,虽然能够预测其未来的产量或产出的大小,但因为价格变化等原因,无法确定其未来的收益。可采用最低价格法来进行比较。计算公式为:

$$P_{\min} = \frac{\sum_{t=0}^{n}(I_t + C_t - L_t)(1 + i_c)^{-t}}{\sum_{t=0}^{n} Q_t (1 + i_c)^{-t}} \tag{3-17}$$

式中:I_t——第 t 年的投资;

C_t——第 t 年的运营费用;

L_t——第 t 年的残值;

Q_t——第 t 年的产品(服务)量。

最低价格的计算可简单理解为产品的费用现值与产品的产量现值之比,即考虑资金时间价值的情况下计算的单位产品费用。

【例 3-16】假设[例 3-15]中两种型号的加工零件的质量相同,但 A 型号的年产量为 10 000 件,B 型号为 9 000 件,且 A 型号和 B 型号的剩余生产能力均能被利用,试比较两型号。

解:A 与 B 的年产量不相同,应采用最低价格法。

$$P_{\min}^{A} = \frac{16\,000 + 5\,000(P/A, 8\%, 5) - 1\,500(P/F, 8\%, 5)}{10\,000(P/A, 8\%, 5)} = 0.88(元/件)$$

$$P_{\min}^{B} = \frac{12\,000 + 6\,500(P/A, 8\%, 5) - 2\,000(P/F, 8\%, 5)}{9\,000(P/A, 8\%, 5)} = 1.02(元/件)$$

由于 $P_{\min}^{A} < P_{\min}^{B}$,因此 A 型号优于 B 型号。

四、寿命期无限和寿命期不等的互斥方案比选

1. 寿命期无限的互斥方案比选

按照资金的等值原理,已知:

$$P = A \times \frac{(1+i)^n - 1}{i(1+i)^n} = A \times \frac{1}{i}\left[1 - \frac{1}{(1+i)^n}\right]$$

当 $n \to \infty$ 时:

$$P = \lim_{n \to \infty}\left\{A \times \frac{1}{i}\left[1 - \frac{1}{(1+i)^n}\right]\right\} = \frac{A}{i} \tag{3-18}$$

应用上面两式可以方便地解决无限寿命期互斥方案的比较。

一些公共事业工程项目方案(如铁路、桥梁)可以通过大修或反复更新使其寿命延长至很长的年限直到无限,这时其现金流量大致也是周期性地重复出现。这类问题可用式(3-18)来解决。

【例3-17】某桥梁工程,初步拟定2个结构类型方案供备选。A方案为钢筋混凝土结构,初始投资15 000万元,年维护费为100万元,每5年大修一次费用为1 000万元;B方案为钢结构,初始投资20 000万元,年维护费为50万元,每10年大修一次费用为1 000万元。折现率为5%。试问哪一个方案最经济?

解:(1)现值

A方案的费用现值为:

$$PC_A = 15\ 000 + \frac{100}{5\%} + 1\ 000 \times \frac{5\%}{(1+5\%)^5 - 1} / 5\% = 20\ 619.50(万元)$$

B方案的费用现值为:

$$PC_B = 20\ 000 + \frac{50}{5\%} + 1\ 000 \times \frac{5\%}{(1+5\%)^{10} - 1} / 5\% = 22\ 590.09(万元)$$

由于 $PC_A < PC_B$,故A方案最经济。

(2)年值法

A方案的费用年值为:

$$AC_A = 100 + 1\ 000 \times \frac{5\%}{(1+5\%)^5 - 1} + 15\ 000 \times 5\% = 1\ 030.97(万元)$$

B方案的费用年值为:

$$AC_B = 50 + 1\ 000 \times \frac{5\%}{(1+5\%)^{10} - 1} + 20\ 000 \times 5\% = 1\ 129.50(万元)$$

由于 $AC_A < AC_B$,故A方案最经济。

2. 寿命期不等的互斥方案比选

寿命期不等的互斥方案比较,主要采用年值法或最小公倍数法。

(1)年值法

年值法是进行寿命期不相等的互斥方案分析的最适宜的方法。

年值法分为净年值法和费用年值法。净年值法的判别准则为净年值大于或等于零且最大的方案是最优可行方案。费用年值法的判别准则为费用年值最小的方案为最优方案。

【例3-18】试对表3-18中3项寿命不等的互斥投资方案做出取舍决策。基准收益率 $i_c = 15\%$。

3 项寿命不等的互斥投资方案（单位：万元）　　　　　表 3-18

方　案	A	B	C
初始投资	6 000	7 000	9 000
残值	0	200	300
年度支出	1 000	1 000	1 500
年度收入	3 000	4 000	4 500
寿命(年)	3	4	6

解：计算如下：

$$NAV_A = -6\,000 \times \frac{15\%(1+15\%)^3}{(1+15\%)^3 - 1} - 1\,000 + 3\,000 = -627.86(万元) < 0,不参加比选$$

$$NAV_B = -7\,000 \times \frac{15\%(1+15\%)^4}{(1+15\%)^4 - 1} - 1\,000 + 4\,000 + 200 \times \frac{15\%}{(1+15\%)^4 - 1}$$
$$= 588.20(万元)$$

$$NAV_C = -9\,000 \times \frac{15\%(1+15\%)^6}{(1+15\%)^6 - 1} - 1\,500 + 4\,500 + 300 \times \frac{15\%}{(1+15\%)^6 - 1}$$
$$= 656.14(万元)$$

由于 $NAV_A < 0$，方案 A 无比选资格；而 $NAV_C > NAV_B > 0$，故方案 C 为最优。

（2）最小公倍数法

取各备选方案寿命期的最小公倍数作为方案比选时共同的分析期，即将寿命期短于最小公倍数的方案按原方案重复实施，直到其寿命期等于最小公倍数为止。然后就可以按照现值法进行比较了。

【例 3-19】有 C、D 两个互斥方案，方案 C 的初始投资为 15 000 万元，寿命期为 5 年，每年的净收益为 5 000 万元；方案 D 的初期投资为 20 000 万元，寿命期为 3 年，每年的净收益为 10 000 万元。若基准收益率为 8%，应选择哪个方案？

解：两个方案寿命期的最小公倍数为 3×5＝15 年。为了计算方便，画出两个方案在最小公倍数内重复实施的现金流量图，如图 3-7 和图 3-8 所示。

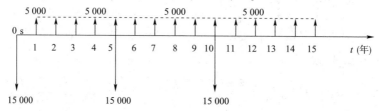

图 3-7　方案 C 重复实施的现金流量图（现金流单位：万元）

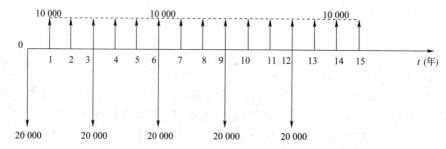

图 3-8　方案 D 重复实施的现金流量图（现金流单位：万元）

现在计算两个方案在最小公倍数内的净现值：

$$NPV_C = 5\,000 \times \frac{(1+8\%)^{15}-1}{8\%(1+8\%)^{15}} - 15\,000 \times \frac{1}{(1+8\%)} - 15\,000 \frac{1}{(1+8\%)^5} - 15\,000$$
$$= 10\,640.74(万元)$$

$$NPV_D = 10\,000 \times \frac{(1+8\%)^{15}-1}{8\%(1+8\%)^{15}} - 20\,000 \times \frac{1}{(1+8\%)^{12}} - 20\,000 \frac{1}{(1+8\%)^9}$$
$$- 20\,000 \times \frac{1}{(1+8\%)^6} - 20\,000 \frac{1}{(1+8\%)^3} - 20\,000 = 19\,167.50(万元)$$

由于 $NPV_D > NPV_C > 0$，所以方案 D 优于方案 C，应选择方案 D。

五、短期多方案比选

短期方案是指寿命为一年或一年以内的方案，这类方案因寿命期较短，在决策时通常不必考虑资金的时间价值，而采用静态分析方法进行比较。

1. 可确定收益的互斥短期多方案

可确定收益的互斥短期方案采用追加投资收益率法进行比较。追加投资收益率法与长期方案的差额内部收益率法基本原理是相同的。

【例 3-20】某公司拟租入某种设备。已知每台设备的月租金为 3 600 元，租入设备的数量带来的收入及费用变化如表 3-19，公司的月基准收益率为 4%，问租入多少设备适宜？

收入及费用变化　　　　　　　　　　　　　　　　表 3-19

设备租入数量（台）	1	2	3
比未租入设备以前收入增加（元/月）	5 960	11 280	16 300
租入设备增加的运营费用（元/月）	2 000	3 500	4 800

解：(1) 增设 0 方案，租入设备为 0，收益增加也为 0。各方案的投资及净收益，如表 3-20 所示。

各方案的投资及净收益　　　　　　　　　　　　　表 3-20

方案 (1)	租入设备数量（台）(2)	投资额（租金）（元/月）(3)	运营费用增加（元/月）(4)	收入增加（元/月）(5)	净收益（元/月）(6)=(5)-(4)-(3)
A	0	0	0	0	0
B	1	3 600	2 000	5 960	360
C	2	7 200	3 500	11 280	580
D	3	10 800	4 800	16 300	700

(2) B 方案与 A 方案比较，追加投资收益率为：

$$(360-0) \div (3\,600-0) = 10\% > i_c = 4\%$$

则 B 方案为当前最优方案。

(3) C 方案与当前最优方案比较，追加投资收益率为：

$$(580-360) \div (7\,200-3\,600) = 6.11\% > i_c = 4\%$$

则 C 方案为当前最优方案。

(4) D 方案与当前最优方案比较，追加投资收益率为：

$$(700-580) \div (10\ 800 - 7\ 200) = 3.33\% < i_c = 4\%$$

则 C 方案仍为当前最优方案。

(5)因所有方案比较完毕,所以 C 方案为最优方案,则最优选择应是租入 2 台设备。

2. 收益相同或未知的互斥短期多方案

与长期方案的情形一样,收益相同或未知的短期方案也采用最小费用法进行比较,即直接计算出各方案的成本,然后进行比较。

【例3-21】某施工单位承担某工程施工任务,该工程混凝土总需要量为 4 500m^3,工期为 9 个月。对该工程的混凝土供应提出了两个方案。

A 方案:现场搅拌混凝土方案。

(1)现场建一个搅拌站,初期一次性建设费用包括地坑基础、集料仓库、设备的运输及装拆等费用,总共 100 000 元。

(2)搅拌设备的租金与维修费为 22 000 元/月。

(3)每立方米混凝土的制作费用,包括水泥、集料、添加剂、水电及工资等总共为 270 元。

B 方案:商品混凝土方案。由某构件厂供应商品混凝土,送到施工现场的价格为 350 元/m^3。

问:采用那个方案有利?

解:方案 A 的成本为:$100\ 000 + 22\ 000 \times 9 + 270 \times 4\ 500 = 1\ 512\ 900$(元)

方案 B 的成本为:$350 \times 4\ 500 = 1\ 575\ 000$(元)

比较可知,方案 A 的成本低于方案 B 的成本,采用方案 A 有利。

3. 独立和混合的短期多方案比较

独立和混合的短期多方案的比较选择与长期的同类方案一样,也采用方案组合法。首先列出所有的可能组合方案,再按互斥短期方案的追加投资收益率法确定最优的组合方案,构成最优组合方案的各方案,即为所选择的方案。

【本章小结】

按是否考虑资金的时间价值,经济效果评价指标分为静态评价指标和动态评价指标。静态评价指标,包括静态投资回收期、投资效果系数;动态评价指标包括净现值、净现值率、费用年值、费用现值、动态投资回收期和内部收益率等。

按多方案之间的经济关系类型,一组多方案可划分为互斥型多方案、独立型多方案、混合型多方案和其他类型方案。

互斥方案的评价分为寿命期相等、寿命期不等、寿命无限三种情况进行评价。对于寿命期相等的互斥方案,其比较选择方法有:净现值法、净年值法、差额净现值法、差额内部收益率法;对于寿命期不等的互斥方案,主要采用现值法和年值法。其中,若采用现值法(净现值或费用现值),需对各备选方案的寿命期做统一处理(即设定一个共同的分析期),使方案满足可比性的要求。对于寿命无限长的互斥方案,可利用 $P = A/i$ 这一关系式采用现值法或年值法。

收益未知的互斥方案比选分两种:收益相同且未知的互斥方案比较;收益不同且未知的互斥方案比较。前一种以最小费用法进行比较;后一种采用最低价格法来进行比较。

独立方案的比较选择有两种情况:一是无资源限制的情况,如果独立方案之间共享的资源足够多,则任何一个方案只要是可行的,就可采纳并实施;二是有资源限制的情况,独立方案之间共享的资源是有限的,不能满足所有方案的需要,此时方案的选择有两种方法,一是方案组合法,二是净现值率或内部收益率排序法。

混合方案的选择分两种情形:一是在一组独立多方案中,每个独立方案下又有若干个互斥方案的情形;二是在一组互斥多方案中,每个互斥方案下又有若干个独立方案的情形。需要将方案组合后,根据组合方案之间的互斥关系选择相应的互斥方案比选法。

【复习思考题】

一、思考题
1. 简述动态投资回收期、静态投资回收期的定义、定义式、经济含义和适用范围。
2. 简述净现值、净年值的定义、定义式、经济含义和特点。
3. 简述内部收益率的定义、定义式、经济含义和特点。
4. 简述差额内部收益率的定义、定义式、经济含义和特点。
5. 投资方案有哪几种类型?试举例说明。
6. 简述方案间的不同关系及相应的评价方法。
7. 在进行方案比较分析时,哪些评价指标需取相同的分析期?

二、案例分析
1. 方案 A、B 计算期内各年的净现金流量如表 3-21 所示,基准投资收益率为 10%,计算两个方案的净现值、净终值和净年值。

净现金流量(单位:万元)　　　　　　　　　　　　　　　　表 3-21

年 末	0	1	2	3	4	5
方案 A	-100	50	50	50	50	50
方案 B	-100	30	45	55	60	70

2. 某项目初始投资 100 万元,年净收益为 25 万元,基准投资收益率为 12%,寿命期 8 年,分别计算该项目的静态投资回收期、动态投资回收期和内部收益率。

3. 某项目有 3 个采暖方案 A、B、C,均能满足同样的需要,寿命期均为 10 年,其费用数据如表 3-22 所示。在基准折现率为 10% 的情况下,试用费用现值法和费用年值法确定最优方案。

初始投资和年运营费用(单位:万元)　　　　　　　　　　表 3-22

方 案	初始投资	年运营费用
A	210	80
B	230	70
C	320	55

4. 某项目有 3 个互斥型投资方案,如表 3-23 所示,基准折现率为 10%,分别用差额净现值法、差额内部收益率法选择最佳方案。

互斥型投资方案　　　　　　　　　　　　　　　　　　　表 3-23

方案	A	B	C
投资(万元)	2 000	3 000	4 000
年收益(万元)	580	780	920
寿命(年)	10	10	10

5. 有两个互斥方案 A 和 B,两方案的投资和每年的净收入见表 3-24。方案 A 的寿命为 10 年,方案 B 的寿命为 6 年。若基准折现率为 5%,分别用最小公倍数法和净年值法比选方案。

两方案的投资和年净收入(单位:万元)　　　　　　　　　　　　　　表 3-24

方案 \ 年份	投资		年净收入	
	0	1	2~6	7~10
A	-200	-100	60	50
B	-300	-200	150	

6. 有 6 个投资方案,各方案的初始投资额和年净收益如表 3-25 所示,寿命期均为 10 年,基准投资收益率为 12%。若这些方案是互斥的,应选哪一个?若方案之间是独立关系,且无资源限制,应如何选择?若方案之间为独立关系,而投资总限额为 23 万元,又应该如何选择?

各方案的初始投资和年净收益(单位:万元)　　　　　　　　　　　　表 3-25

方案	初始投资	年净收益
A	5.0	1.71
B	7.0	2.28
C	4.0	1.50
D	7.5	1.67
E	9.0	2.35
F	8.5	1.59

7. 某河上建大桥,有 A、B 两处选点方案,如表 3-26 所示。若基准折现率为 10%,试选出最优方案。

选点方案(单位:万元)　　　　　　　　　　　　　　　　　　　表 3-26

方案	A	B
一次投资	3 080	2 230
年收入	500	350
大修	300(每10年1次)	100(每5年1次)

第四章 不确定性分析与风险分析

【教学目标】
1. 掌握线性盈亏平衡分析思路与方法；
2. 掌握敏感性分析的思路及单因素敏感性分析的方法；
3. 掌握风险分析的思路与方法。

第一节 概 述

一、不确定性分析与风险分析的概念

建设项目的经济效果会受到总投资、建设期、年销售收入、年经营成本、年利率等经济要素变化的影响。在前面章节中假定这些要素不发生变化(为确定值)，所做的经济分析属于确定性分析。但是，因为对新建、扩建、改建项目进行经济分析时用的这些数据都是预测得来的，实际发生时，多多少少都会发生变化，而它们未来的变化带有不确定性，使得方案经济效果评价指标值也会带有不确定性。从而使得按评价值做出的决策带有风险，甚至造成决策的失误。为了提高经济效果评价的可靠性和经济决策的科学性，就需要在确定性评价的基础上，进一步分析各种外部条件的变化或预测数据的误差对方案经济效果的影响程度，以及方案本身对各种风险的承受能力，这就是不确定性分析。

不确定性的结果可能高于预期目标，也可能低于预期目标，通常将结果低于预期目标的不确定性称为风险。所以风险也是一种不确定性，是实际结果和预期目标相比，潜在的损失或损害。虽不知道确切的实际结果，但知道各种结果发生的可能性，称为风险；连实际结果发生的可能性都不知道的，称为不确定性。

二、不确定性因素产生的原因

产生不确定性因素的原因很多，一般情况下，产生不确定性的主要原因有以下几点：

(1)基础数据不足或者统计偏差。这是指由于原始统计上的误差，统计样本点的不足，公式或模型的套用不合理等所造成的误差。比如说技术方案建设投资和流动资金是技术方案经济效果评价中重要的基础数据，但在实际中，往往会由于各种原因而高估或低估了它的数额，从而影响了技术方案经济效果评价的结果。

(2)未来经济形势的变化。由于有通货膨胀的存在，会产生物价的波动，从而会影响技术方案经济效果评价中所用的价格，进而导致诸如年营业收入、年经营成本等数据与实际发生偏差。同样，由于市场供求结构的变化，会影响到产品的市场供求状况，进而对某些指标值产生影响。

(3)技术进步。技术进步会引起产品和工艺的更新替代,这样根据原有技术条件和生产水平所估计出的年营业收入、年经营成本等指标就会与实际值发生偏差。

(4)生产能力的变化。在评价项目时,我们一般采用设计生产能力进行计算。而在实际生产中,达不到设计生产能力或者超过设计生产能力是经常存在的。如果建设项目的生产能力达不到预期水平,则产品的成本必然升高,销售收入必然下降,其他各种经济效益当然也就随之改变或达不到预期效果。

(5)建设资金和工期的变化。在进行可行性研究和评估项目的过程中,对建设资金的估算以及对工期的预测,都会和实际有差别,由此也会造成经济效益的不确定性。

(6)其他外部影响因素,如政府政策的变化,新的法律、法规的颁布,国际政治经济形势的变化等,均会对技术方案的经济效果产生一定的甚至是难以预料的影响。

在评价中,如果我们想全面分析这些因素的变化对技术方案经济效果的影响是十分困难的。因此,在实际工作中,我们往往要着重分析和把握那些对技术方案影响大的关键因素,以期取得较好的效果。

三、不确定性分析与风险分析的分析方法

不确定性分析的方法有盈亏平衡分析、敏感性分析。一般来讲,盈亏平衡分析只适用于项目的财务评价,而敏感性分析则可同时用于财务评价和国民经济评价。

1. 盈亏平衡分析

盈亏平衡分析也称量本利分析,就是将技术方案投产后的产销量作为不确定因素,通过计算技术方案的盈亏平衡点的产销量,据此分析判断不确定性因素对技术方案经济效果的影响程度,说明技术方案实施的风险大小及技术方案承担风险的能力,为决策提供科学依据。根据生产成本及销售收入与产销量之间是否呈线性关系,盈亏平衡分析又可分为线性盈亏平衡分析和非线性盈亏平衡分析。

2. 敏感性分析

敏感性分析则是分析各种不确定性因素发生增减变化时,对技术方案经济效果评价指标的影响,并计算敏感度系数和临界点,找出敏感因素。

四、不确定性分析的一般步骤

1. 鉴别主要不确定性因素

不同的不确定性因素,对投资项目的影响程度是不同的。因此,首先要找出不确定程度较大的关键变量或因素,它们是不确定性分析的重点。常见的主要不确定性因素,有销售收入、生产成本、投资支出和建设工期等。引起它们变化的原因,一般为物价上涨,工艺技术改变导致产品数量和质量变化,达不到设计生产能力,投资超出计划,建设期延长等。

2. 估计不确定性因素的变化范围,进行初步分析

找出主要的不确定性因素,估计其变化范围,确定其边界值或变化率,也可先进行盈亏平衡分析。

3. 进行敏感性分析

对不确定性因素进行敏感性分析,即分析其对投资项目的影响程度。

五、风险分析

风险分析是通过对风险因素的识别,采用定性或定量分析方法估计各风险因素发生的可

能性及其对项目的影响程度,揭示影响项目成败的关键风险因素,提出项目风险的预警、预报和相应的对策,为投资决策服务的一种分析方法。

风险分析,一般包括识别风险因素、估计风险概率、评价风险影响、制订风险对策和风险应对几个过程。通过研究各种不确定因素发生不同幅度变动的概率分布及其对方案经济效果的影响,对方案的净现金流量及经济效果指标做出某种概率描述,从而对方案的风险情况做出比较准确的判断。风险分析的结果有助于在可行性研究的过程中,通过信息反馈改进或优化方案,直接起到降低风险的作用,避免在决策中忽视风险的存在而蒙受损失;利用风险分析结果建立风险管理系统,有助于为项目全过程风险管理打下基础,防范实施和经营过程中的风险。风险分析应贯穿于项目分析的各个环节和全过程。

风险分析是一种系统分析,主要方法有概率树分析、蒙特卡洛模拟等。

第二节 盈亏平衡分析

盈亏平衡分析,主要考查当影响方案的各种不确定因素的变化达到某一临界值(即处于盈亏平衡点)时,对项目取舍的影响。盈亏平衡分析的目的,就是要找到盈亏平衡点,以判断项目对不确定性因素变化的适应能力和抗风险能力。盈亏平衡分析只适宜在财务分析中应用。

盈亏平衡点(Break-even Point,简称BEP)是指随着影响项目的各种不确定因素(如投资额、生产成本、产品价格、销售量等)的变化,项目的盈利与亏损会有一个转折点,这一点称为盈亏平衡点。在这一点上,项目销售(营业、服务)收入等于总成本费用,正好盈亏平衡。

按照不确定因素间的函数关系,盈亏平衡分析可分为线性盈亏平衡分析和非线性盈亏平衡分析。

一、线性盈亏平衡分析

1. 线性盈亏平衡分析的基本假设

(1)产量等于销售量,即当年生产的产品(或提供的服务,下同)当年销售出去。

(2)产量变化,单位可变成本不变,从而总成本费用是产量的线性函数。

(3)产量变化,产品售价不变,从而销售收入是销售量的线性函数。

(4)按单一产品计算,当生产多种产品,可以换算成单一产品,不同产品的生产负荷率的变化应一致。

2. 总成本与固定成本、可变成本

根据成本费用与产量(或工程量)的关系,可以将技术方案总成本费用分解为固定成本和可变成本。关于固定成本与可变成本的概念在第二章中已经作了介绍,这里不再赘述。另外还有一种介于固定成本和可变成本之间的半可变(或半固定)成本,随技术方案产量增长而增长,但不成正比例变化,如与生产批量有关的某些消耗性材料费用、工模具费及运输费等,这部分可变成本随产量变动一般是呈阶梯形曲线。由于半可变(或半固定)成本通常在总成本中所占比例很小,在技术方案经济效果分析中,为便于计算和分析,可以根据行业特点情况将产品半可变(或半固定)成本进一步分解成固定成本和可变成本。长期借款利息应视为固定成本;流动资金借款和短期借款利息可能部分与产品产量相关,其利息可视为半可变(或半固定)成本,为简化计算,一般也将其作为固定成本。

综上所述,技术方案总成本是固定成本与可变成本之和,它与产品产量的关系也可以近似地认为是线性关系,即:

$$C = C_F + C_u Q \tag{4-1}$$

式中:C——总成本;

C_F——固定成本;

C_u——单位产品变动成本;

Q——产量(或工程量)。

3. 销售收入与营业税金及附加

(1)销售收入

技术方案的销售收入与产品销量的关系有两种情况:

①该技术方案的生产销售活动不会明显地影响市场供求状况,假定其他市场条件不变,产品价格不会随该技术方案的销量的变化而变化,可以看作一个常数,销售收入与销量呈线性关系。

②该技术方案的生产销售活动将明显地影响市场供求状况,随着该技术方案产品销量的增加,产品价格有所下降,这时销售收入与销量之间不再是线性关系。

为简化计算,本节仅考虑销售收入与销量呈线性关系这种情况。

(2)营业税金及附加

由于单位产品的营业税金及附加是随产品的销售单价变化而变化的,为便于分析,将销售收入与营业税金及附加合并考虑。

经简化后,技术方案的销售收入是销量的线性函数,即:

$$S = p \times Q - T_u \times Q \tag{4-2}$$

式中:S——销售收入;

p——单位产品售价;

T_u——单位产品营业税金及附加(当投入产出都按不含税价格时,T_u不包括增值税);

Q——销量。

4. 量本利模型

(1)量本利模型

企业的经营活动,通常以生产数量为起点,而以利润为目标。在一定期间把成本总额分解简化成固定成本和变动成本两部分后,再同时考虑收入和利润,使成本、产销量和利润的关系统一于一个数学模型。这个数学模型的表达形式为:

$$B = S - C \tag{4-3}$$

式中:B——利润;

其他符号意义同前。

将式(4-1)、式(4-2)代入式(4-3),可得:

$$B = p \times Q - C_u \times Q - C_F - T_u \times Q \tag{4-4}$$

式中:Q——产销量(即生产量等于销售量)。

式(4-4)明确表达了量本利之间的数量关系,是基本的损益方程式。它含有相互联系的6个变量,给定其中5个,便可求出另一个变量的值。

(2)基本的量本利图

将式(4-4)的关系反映在直角坐标系中,即成为基本的量本利图,如图4-1所示。

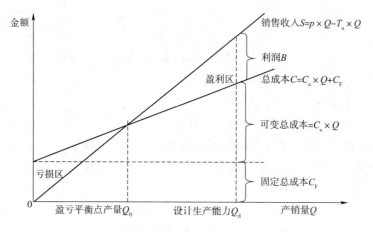

图 4-1 基本的量本利图

图 4-1 中的横坐标为产销量,纵坐标为金额(成本和销售收入)。假定在一定时期内,产品价格不变时,销售收入 S 随产销量的增加而增加,呈线性函数关系,在图形上就是以零为起点的斜线。产品总成本 C 是固定总成本和变动总成本之和,当单位产品的变动成本不变时,总成本也呈线性变化。

从图 4-1 可知,销售收入线与总成本线的交点是盈亏平衡点(BEP),也称保本点。表明技术方案在此产销量下总收入与总成本相等,既没有利润,也不发生亏损。在此基础上,增加产销量,销售收入超过总成本,收入线与成本线之间的距离为利润值,形成盈利区;反之,形成亏损区。这种用图示表达量本利的相互关系,不仅形象直观,一目了然,而且容易理解。

盈亏平衡分析是通过计算技术方案达产年盈亏平衡点(BEP),分析技术方案成本与收入的平衡关系,判断技术方案对不确定性因素导致产销量变化的适应能力和抗风险能力。技术方案盈亏平衡点(BEP)的表达形式有多种。可以用绝对值表示,如以实物产销量、单位产品售价、单位产品的可变成本、年固定总成本以及年营业收入等表示的盈亏平衡点;也可以用相对值表示,如以生产能力利用率表示的盈亏平衡点。其中以产销量和生产能力利用率表示的盈亏平衡点应用最为广泛。盈亏平衡点一般采用公式计算,也可利用盈亏平衡图求得。

5. 盈亏平衡点的计算

(1)用产销量(工程量)表示

从图 4-1 可见,当企业在小于 Q_0 的产销量下组织生产,则技术方案亏损;在大于 Q_0 的产销量下组织生产,则技术方案盈利。显然产销量 Q_0 是盈亏平衡点(BEP)的一个重要表达。就单一产品技术方案来说,盈亏平衡点的计算并不困难,一般是从销售收入等于总成本费用即盈亏平衡方程式中导出。由式(4-4)中利润 $B=0$,即可导出以产销量表示的盈亏平衡点 $\mathrm{BEP}(Q)$,其计算式如下:

$$\mathrm{BEP}(Q) = \frac{C_\mathrm{F}}{p - C_\mathrm{u} - T_\mathrm{u}} \tag{4-5}$$

式中:$\mathrm{BEP}(Q)$——盈亏平衡点时的产销量;
C_F——固定成本;
C_u——单位产品变动成本;
p——单位产品销售价格;
T_u——单位产品营业税金及附加。

由于单位产品营业税金及附加常常是单位产品销售价格与营业税金及附加税率的乘积,

故式(4-5)又可表示为：

$$\mathrm{BEP}(Q) = \frac{C_\mathrm{F}}{p(1-r) - C_\mathrm{u}} \quad (4\text{-}6)$$

式中：r——营业税金及附加的税率；

其他符号意义同前。

用产销量(工程量)表示的盈亏平衡点，指出了项目不发生亏损时所必须达到的产量，此产量越小，表明项目适应市场需求变化的能力越大，抗风险能力越强。

对技术方案运用盈亏平衡点分析时应注意：盈亏平衡点要按技术方案投产达到设计生产能力后正常年份的产销量、变动成本、固定成本、产品价格、营业税金及附加等数据来计算，而不能按计算期内的平均值计算。正常年份一般选择还款期间的第一个达产年和还款后的年份分别计算，以便分别给出最高和最低的盈亏平衡点区间范围。

(2) 用生产能力利用率表示

生产能力利用率表示的盈亏平衡点 $\mathrm{BEP}(f)$，是指盈亏平衡点产销量占技术方案正常产销量的比重。所谓正常产销量，是指正常市场和正常开工情况下，技术方案的产销数量。在技术方案评价中，一般用设计生产能力表示正常产销量。

$$\mathrm{BEP}(f) = \frac{\mathrm{BEP}(Q)}{Q_\mathrm{d}} \times 100\% \quad (4\text{-}7)$$

式中：Q_d——正常产销量或技术方案设计生产能力。

进行技术方案评价时，生产能力利用率表示的盈亏平衡点常常根据正常年份的产品产销量、变动成本、固定成本、产品价格和营业税金及附加等数据来计算。即：

$$\mathrm{BEP}(f) = \frac{C_\mathrm{F}}{S_\mathrm{n} - C_\mathrm{v} - T} \times 100\% \quad (4\text{-}8)$$

式中：$\mathrm{BEP}(f)$——盈亏平衡点时的生产能力利用率；

S_n——年营业收入；

C_F——固定成本；

C_v——年可变成本；

T——年营业税金及附加。

通过式(4-7)可得：

$$\mathrm{BEP}(Q) = \mathrm{BEP}(f) \times Q_\mathrm{d} \quad (4\text{-}9)$$

可见式(4-5)与式(4-8)是可以相互换算的，即产销量(工程量)表示的盈亏平衡点等于生产能力利用率表示的盈亏平衡点乘以设计生产能力。

用生产能力利用率表示的盈亏平衡点，指出了项目不发生亏损时所必须达到最低生产能力。此值越小，表明项目适应市场需求变化的能力越大，抗风险能力越强。

(3) 用销售价格表示

用销售价格表示的盈亏平衡点 $\mathrm{BEP}(p)$，是指项目不发生亏损时所必须达到的最低销售价格。此值越小，表明项目适应销售价格变化的能力越大，抗风险能力越强。

$$\mathrm{BEP}(p) = C_\mathrm{u} + T_\mathrm{u} + \frac{C_\mathrm{F}}{Q_\mathrm{d}} \quad (4\text{-}10)$$

式中：$\mathrm{BEP}(p)$——盈亏平衡点时的销售价格；

其他符号意义同前。

(4)用销售收入表示

用销售收入表示的盈亏平衡点 BEP(S),是指项目不发生亏损时所必须达到的最低销售收入,此值越小,表明项目适应销售收入变化的能力越大,抗风险能力越强。

$$\mathrm{BEP}(S) = p \times \mathrm{BEP}(Q) = \frac{p \cdot C_\mathrm{F}}{p - C_\mathrm{u} - T_\mathrm{u}} \tag{4-11}$$

式中:BEP(S)——盈亏平衡点时的销售收入;

其他符号意义同前。

(5)用单位产品变动成本表示

用单位产品变动成本表示的盈亏平衡点 BEP(C_u),是指项目不发生亏损时能够承担的单位产品可变成本的最高值,此最高值越低,表明项目适应生产技术进步的能力越大,抗风险能力越强。

$$\mathrm{BEP}(C_\mathrm{u}) = p - T_\mathrm{u} - \frac{C_\mathrm{F}}{Q_\mathrm{d}} \tag{4-12}$$

式中:BEP(C_u)——盈亏平衡点时的单位产品变动成本;

其他符号意义同前。

【例4-1】某项目设计生产能力为年产50万件产品,根据资料分析,估计单位产品价格为100元,单位产品变动成本为80元,固定成本为300万元,试用产销量、生产能力利用率、销售价格、销售收入、单位产品变动成本分别表示项目的盈亏平衡点。已知该产品营业税金及附加的合并税率为5%。

解:根据已知条件可得单位产品营业税金及附加为:

$$T_\mathrm{u} = P \times 5\% = 100 \times 5\% = 5(元/件)$$

根据式(4-5)可得:

$$\mathrm{BEP}(Q) = \frac{C_\mathrm{F}}{p - C_\mathrm{u} - T_\mathrm{u}} = \frac{3\,000\,000}{100 - 80 - 5} = 200\,000(件)$$

计算结果表明,当产销量低于200 000台时,该项目亏损;当产销量大于200 000台时,该项目盈利。

根据式(4-7)可得:

$$\mathrm{BEP}(f) = \frac{\mathrm{BEP}(Q)}{Q_\mathrm{d}} \times 100\% = \frac{200\,000}{500\,000} \times 100\% = 40\%$$

计算结果表明,当生产能力利用率低于40%时,该项目亏损;当生产能力利用率高于40%时,该项目盈利。

根据式(4-10)可得:

$$\mathrm{BEP}(p) = C_\mathrm{u} + T_\mathrm{u} + \frac{C_\mathrm{F}}{Q_\mathrm{d}} = 80 + 5 + \frac{3\,000\,000}{500\,000} = 91(元/件)$$

计算结果表明,当销售价格低于91元/件时,该项目亏损;当销售价格高于91元/件时,该项目盈利。

根据式(4-11)可得:

$$\mathrm{BEP}(S) = p \times \mathrm{BEP}(Q) = \frac{p \cdot C_\mathrm{F}}{p - C_\mathrm{u} - T_\mathrm{u}} = \frac{100 \times 3\,000\,000}{100 - 80 - 5} = 2\,000(万元)$$

计算结果表明,当销售收入低于2 000万元时,该项目亏损;当销售收入高于2 000万元时,该项目盈利。

根据式(4-12)可得:

$$\mathrm{BEP}(C_\mathrm{u}) = p - T_\mathrm{u} - \frac{C_\mathrm{F}}{Q_\mathrm{d}} = 100 - 5 - \frac{3\,000\,000}{500\,000} = 89(元)$$

计算结果表明,当单位产品变动成本高于89元时,该项目亏损;当单位产品变动成本低于89元时,该项目盈利。

二、非线性盈亏平衡分析

1. 产生原因

在垄断竞争条件下,当项目产量达到一定数额时,市场趋于饱和,产品可能会滞销或降价,这时呈非线性变化;而当产量增加到超出已有的正常生产能力时,可能会增加设备,要加班时还需要加班费和照明费,此时可变费用呈上弯趋势,这种情况下,销售收入、产品总成本应看作是产量的非线性函数,即 $S = S(Q)$、$C = C(Q)$。

2. 非线性量本利图

如图4-2所示,横坐标为产销量,纵坐标为金额(成本和销售收入)。由于产品价格不再固定不变时,销售收入 S 随产销量的增加而呈非线性函数关系,在图形上就是以零为起点的曲线。产品总成本 C 是固定总成本和变动总成本之和,当单位产品的变动成本呈非线性变化时,总成本也呈非线性变化。

从图4-2可知,收入线与成本线的交点为盈亏平衡点(BEP),两条非线性变化的曲线相交形成两个盈亏平衡点 $\mathrm{BEP}(Q_1)$、$\mathrm{BEP}(Q_2)$。$\mathrm{BEP}(Q_1)$ 到 $\mathrm{BEP}(Q_2)$ 内的产销量即为盈利区的产销量范围,之外为亏损区的产销量范围,在项目的两个盈亏平衡点之间,存在最大利润点 $B_{\max}$,对应于最大利润点的产量为最大利润产销量 $Q_{\max}$,企业按此产量组织生产会取得最大效益 $B_{\max}$。

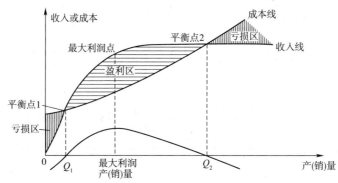

图4-2 非线性量本利图

3. 非线性盈亏平衡点的计算

销售收入、产品总成本与产量的非线性函数,通常可表示为一元二次函数:

$$B = S - C = aQ^2 + bQ + c$$

令利润 $B = 0$,根据一元二次方程求根公式:

$$x = \frac{-b \pm \sqrt{b^2 - 4ac}}{2a}$$

即可求出盈亏平衡点 $\mathrm{BEP}(Q_1)$、$\mathrm{BEP}(Q_2)$。

令 $\dfrac{\mathrm{d}B}{\mathrm{d}Q} = 0$ 即可求得最大利润产销量 $Q_{\max}$。

【例4-2】 某企业投产以后,它的年固定成本为66 000元,单位变动成本为28元,销售价格为55元,每多生产一件产品,单位变动成本下降0.001元,售价下降0.003 5元,求盈亏平衡点及最大利润时的产销量。

解:根据已知条件可得:

单位产品变动成本为:$28 - 0.001Q$

单位产品销售价格为:$55 - 0.003\,5Q$

产品总成本为:$C = 66\,000 + (28 - 0.001Q)Q = 66\,000 + 28Q - 0.001Q^2$

销售收入为:$S = (55 - 0.003\,5Q)Q = 55Q - 0.003\,5Q^2$

令 $B = S - C = 0$ 得:$55Q - 0.003\,5Q^2 - (66\,000 + 28Q - 0.001Q^2) = 0$

$$27Q - 0.002\,5Q^2 - 66\,000 = 0$$
$$0.002\,5Q^2 - 27Q + 66\,000 = 0$$

解一元二次方程即可求出盈亏平衡点 $\text{BEP}(Q_1)$、$\text{BEP}(Q_2)$:

$$\begin{matrix}\text{BEP}(Q_1)\\ \text{BEP}(Q_2)\end{matrix} = \frac{27 \pm \sqrt{27^2 - 4 \times 0.002\,5 \times 66\,000}}{2 \times 0.002\,5} = \begin{matrix}3\,740\\ 7\,060\end{matrix}(件)$$

令 $\dfrac{dB}{dQ} = 0$ 即可求得最大利润产销量 $Q_{\max}$:

$$\frac{dB}{dQ} = 0.005Q - 27 = 0 \quad \text{即} \quad Q_{\max} = 5\,400(件)$$

盈亏平衡点,反映了技术方案对市场变化的适应能力和抗风险能力。从图4-1中可以看到,盈亏平衡点越低,达到此点的盈亏平衡产销量就越少,技术方案投产后盈利的可能性越大,适应市场变化的能力越强,抗风险能力也越强。

盈亏平衡分析,虽然能够从市场适应性方面说明技术方案风险的大小,但并不能揭示产生技术方案风险的根源。因此,还需要采用其他方法来予以解决。

第三节　敏感性分析

在技术方案经济效果评价中,各类因素的变化对经济指标的影响程度是不相同的。有些因素可能仅发生较小幅度的变化,就能引起经济效果评价指标发生大的变动;而另一些因素即使发生了较大幅度的变化,对经济效果评价指标的影响也不是太大。我们将前一类因素称为敏感性因素,后一类因素称为非敏感性因素。决策者有必要把握敏感性因素,分析方案的风险大小。

技术方案评价中的敏感性分析,就是在技术方案确定性分析的基础上,通过进一步分析、预测技术方案主要不确定因素的变化对技术方案经济效果评价指标(如财务内部收益率、财务净现值等)的影响,从中找出敏感因素,确定评价指标对该因素的敏感程度和技术方案对其变化的承受能力。敏感性分析有单因素敏感性分析和多因素敏感性分析两种。

一、单因素敏感性分析

单因素敏感性分析是对单一不确定因素变化对技术方案经济效果的影响进行分析,即假设各个不确定性因素之间相互独立,每次只考察一个因素变动,其他因素保持不变,以分析这个可变因素对经济效果评价指标的影响程度和敏感程度。为了找出关键的敏感性因素,通常只进行单因素敏感性分析。

敏感性分析一般按以下几个步骤进行。

1. 确定分析指标

技术方案评价的各种经济效果指标,如财务净现值、财务内部收益率、静态投资回收期等,都可以作为敏感性分析的指标。

分析指标的确定与进行分析的目标和任务有关,一般是根据技术方案的特点、实际需求情况和指标的重要程度来选择。

如果主要分析技术方案状态和参数变化对技术方案投资回收快慢的影响,则可选用静态投资回收期作为分析指标;如果主要分析产品价格波动对技术方案超额净收益的影响,则可选用财务净现值作为分析指标;如果主要分析投资大小对技术方案资金回收能力的影响,则可选用财务内部收益率指标等。

由于敏感性分析是在确定性经济效果分析的基础上进行的,一般而言,敏感性分析的指标应与确定性经济效果评价指标一致,不应超出确定性经济效果评价指标范围而另立新的分析指标。当确定性经济效果评价指标比较多时,敏感性分析可以围绕其中一个或若干个最重要的指标进行。

2. 选定不确定性因素

影响技术方案经济效果评价指标的不确定性因素很多,但事实上没有必要对所有的不确定因素都进行敏感性分析,而只需选择一些主要的影响因素。在选择需要分析的不确定性因素时主要考虑以下两条原则:

第一,预计这些因素在其可能变动的范围内对经济效果评价指标的影响较大。

第二,对在确定性经济效果分析中采用该因素的数据的准确性把握不大。

选定不确定性因素时,应当把这两条原则结合起来进行。对于一般技术方案来说,通常从以下几个方面选择敏感性分析中的影响因素。

(1)从收益方面来看,主要包括产销量与销售价格、汇率。许多产品,其生产和销售受国内外市场供求关系变化的影响较大,市场供求难以预测,价格波动也较大,而这种变化不是技术方案本身所能控制的,因此产销量与销售价格、汇率是主要的不确定性因素。

(2)从费用方面来看,包括成本(特别是与人工费、原材料、燃料、动力费及技术水平有关的变动成本)、建设投资、流动资金占用、折现率、汇率等。

(3)从时间方面来看,包括技术方案建设期、生产期,生产期又可考虑投产期和正常生产期。

此外,选择的因素要与选定的分析指标相联系。否则,当不确定性因素变化一定幅度时,并不能反映评价指标的相应变化,达不到敏感性分析的目的。比如折现率因素对静态评价指标不起作用。

3. 计算分析各个不确定性因素的变动对经济评价指标的影响

首先,对所选定的不确定性因素,应根据实际情况设定这些因素的变动幅度,其他因素固定不变。因素的变动可以按照一定的变化幅度(如 ±5%、±10%、±15%、±20% 等;对于建设工期可采用延长或压缩一段时间表示)改变它的数值。

其次,计算不确定性因素每次变动对技术方案经济效果评价指标的影响。

对每一因素的每一变动,均重复以上计算,然后,把因素变动及相应指标变动结果用敏感性分析表(见表4-1)和敏感性分析图(见图4-3)的形式表示出来,以便于测定敏感因素。

单因素变化对×××评价指标的影响(单位:万元) 表4-1

变化幅度 项目	-20%	-10%	0	10%	20%	平均+1%	平均-1%
投资额							
产品价格							
经营成本							
…							

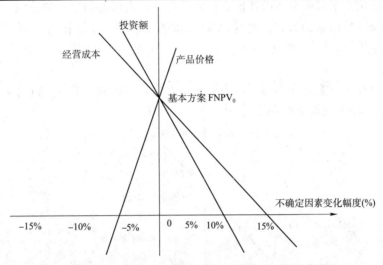

图4-3 单因素敏感性分析示意图

4. 确定敏感性因素

确定敏感性因素大小的方法,有相对测定法和绝对测定法两种。

相对测定法假定需分析的因素均从基准值开始变动,各种因素每次变动幅度相同,比较每次变动对经济指标的影响效果。

绝对测定法假定某特定因素向降低投资效果的方向变动,并设该因素达到可能的悲观(最坏)值,然后计算方案的经济评价指标,看其是否已达到使项目在经济上不可行的程度。如果达到使该方案在经济上不可行的程度,则表明该因素为此方案的敏感因素。具体处理一般是令经济效果指标为零,求各因素的变动范围。

敏感性分析的目的在于寻求敏感因素,这可以通过计算敏感度系数和临界点来判断。

(1)敏感度系数(S_{AF})

敏感度系数表示技术方案经济效果评价指标对不确定因素的敏感程度。计算公式为:

$$S_{AF} = \frac{\Delta A/A}{\Delta F/F} \quad (4-13)$$

式中:S_{AF}——敏感度系数;

$\Delta F/F$——不确定性因素F的变化率(%);

$\Delta A/A$——不确定性因素F发生ΔF变化时,评价指标A的相应变化率(%)。

计算敏感度系数判别敏感性因素的方法是一种相对测定法,$S_{AF}>0$,表示评价指标与不确定性因素同方向变化;$S_{AF}<0$,表示评价指标与不确定性因素反方向变化。

$|S_{AF}|$越大,表明评价指标A对于不确定性因素F越敏感;反之,则不敏感。据此可以找

出哪些因素是最关键的因素。

敏感度系数提供了各不确定性因素变动率与评价指标变动率之间的比例,但不能直接显示变化后评价指标的值。为了弥补这种不足,有时需要编制敏感性分析表,列示各因素变动率及相应的评价指标值,如表4-2所示。

敏感性分析表的缺点是不能连续表示变量之间的关系,为此人们又设计了敏感分析图,见图4-3。图中横轴代表各不确定因素变动百分比,纵轴代表评价指标(以财务净现值为例)。根据原来的评价指标值和不确定性因素变动后的评价指标值,画出直线。这条直线反映不确定性因素不同变化水平时所对应的评价指标值。每一条直线的斜率反映技术方案经济效果评价指标对该不确定性因素的敏感程度,斜率越大敏感度越高。一张图可以同时反映多个因素的敏感性分析结果。

(2)临界点

临界点是指技术方案允许不确定性因素向不利方向变化的极限值,如图4-4所示。超过极限,技术方案的经济效果指标将不可行。

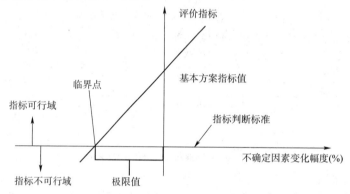

图4-4 单因素敏感性分析临界点示意图

例如当产品价格下降到某一值时,财务内部收益率将刚好等于基准收益率,此点称为产品价格下降的临界点。临界点可用临界点百分比或者临界值分别表示某一变量的变化达到一定的百分比或者一定数值时,技术方案的经济效果指标将从可行转变为不可行。临界点可用专用软件的财务函数计算,也可由敏感性分析图直接求得近似值。采用图解法时,每条直线与判断基准线的相交点所对应的横坐标上不确定因素变化率即为该因素的临界点。利用临界点判别敏感性因素的方法是一种绝对测定法,技术方案能否接受的判据是各经济效果评价指标能否达到临界值。如果某因素可能出现的变动幅度超过最大允许变动幅度,则表明该因素是技术方案的敏感性因素。把临界点与未来实际可能发生的变化幅度相比较,就可大致分析该技术方案的风险情况。

在实践中常常把敏感度系数和临界点两种方法结合起来确定敏感性因素。

【例4-3】某投资方案设计年生产能力为10万台,计划项目投产时总投资为1 200万元,到期固定资产余值为50万元;预计产品价格为39元/台;营业税金及附加为销售收入的10%;年经营费用为140万元;方案寿命期为10年,基准折现率为10%。试就投资额、单位产品价格、经营成本等影响因素对该投资方案做敏感性分析。

解:根据已知条件画出现金流量图,如图4-5所示。

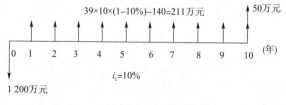

图4-5 现金流量图

以财务净现值作为项目评价指标,计算出项目在确定性条件下的财务净现值。

$$FNPV = -1\,200 + 211\frac{(1+10\%)^{10}-1}{(1+10\%)^{10} \times 10\%} + \frac{50}{(1+10\%)^{10}}$$
$$= 115.79(万元)$$

由于该项目确定性分析的结果 FNPV>0,初步评价该项目在经济效果上可以接受。

取定三个因素:投资额、产品价格和经营成本,然后令其逐一在初始值的基础上按±10%、±20%的变化幅度变动进行单因素敏感性分析,结果如敏感性分析表4-2和敏感性分析如图4-6所示。

单因素变化对财务净现值(FNPV)的影响(单位:万元)　　　表4-2

变化幅度 项目	-20%	-10%	0	10%	20%	平均+1%	平均-1%
投资额	355.79	235.79	115.79	-4.21	-124.21	-10.36%	10.36%
产品价格	-315.57	-99.89	115.79	331.46	547.14	18.63%	-18.63%
经营成本	287.83	201.81	115.79	29.76	-56.26	-7.43%	7.43%

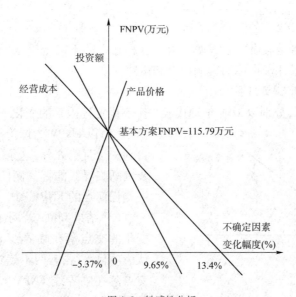

图4-6　敏感性分析

令财务净现值 FNPV=0,设投资额的变化率为 x,产品价格和经营成本的变化率保持不变,即可求得投资额的临界点:

$$FNPV = -1\,200(1+x) + 211\frac{(1+10\%)^{10}-1}{(1+10\%)^{10} \times 10\%} + \frac{50}{(1+10\%)^{10}} = 0$$

解得　$x = 9.65\%$

同理,可得产品价格和经营成本的临界点分别为 -5.37% 和 13.4%。

由敏感性分析表和敏感性分析图可以看出,在各个变量因素变化率相同的情况下,首先,产品价格的变动对 FNPV 的影响最大,当其他因素不发生变化时,产品价格每变化1%,FNPV 变化18.63%,当产品价格下降幅度超过5.37%时,财务净现值 FNPV 将由正变为负,项目由可行变为不可行;其次,对 FNPV 影响较大的因素是投资额,在其他因素不发生变化时,投资额每变动1%,FNPV 将变动10.36%,当投资额增加幅度超过9.65%时,项目由可行变为不可行;最后,对 FNPV 影响较小的因素是经营成本,在其他因素不发生变化的情况下经营成本上下浮动1%,FNPV 上下浮动7.43%,当经营成本增加幅度超过13.4%时,项目由可行变为不可行。

由此可知,按财务净现值对各因素的敏感程度进行排序,依次是:产品价格、投资额和经营成本,最敏感的因素是产品价格。

5. 方案决策

通过敏感性分析对不同的技术方案进行选择,一般应选择敏感程度小、承受风险能力强、可靠性大的技术方案。

需要说明的是,单因素敏感性分析,虽然对于技术方案分析中不确定性因素的处理是一种简便易行、具有实用价值的方法;但它以假定其他因素不变为前提,这种假定条件,在实际经济活动中是很难实现的。因为各种因素的变动都存在着相关性,一个因素的变动往往引起其他因素也随之变动。比如产品价格的变化可能引起需求量的变化,从而引起市场销售量的变化。所以,在分析技术方案经济效果受多种因素同时变化的影响时,要用多因素敏感性分析,使之更接近于实际过程。多因素敏感性分析由于要考虑可能发生的各种因素不同变动情况的多种组合,因此计算起来要比单因素敏感性分析复杂得多。

二、多因素敏感性分析

多因素敏感性分析是假设两个或两个以上互相独立的不确定因素同时变化时,分析这些变化的因素对经济效果评价指标的影响程度和敏感程度。

多因素敏感性分析步骤如下:

(1)作直角坐标图,分别以 x 轴、y 轴代表一个不确定性因素的变化率(图 4-7)。

(2)以 FNPV 为评价指标,令 FNPV = 0,可得到一个直线方程,这条线称为临界线。进一步判断临界线的哪一侧任何点的 FNPV > 0,哪一侧任何点的 FNPV < 0。

(3)结果判断:若两个不确定性因素同时变化的交点落在临界线 FNPV > 0 的一侧,则认为项目可行;若两不确定性因素同时变化的交点落在临界线 FNPV < 0 的一侧,则认为项目不可行。

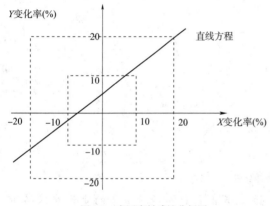

图 4-7 多因素敏感性分析图

如果两个不确定性因素变化范围是设定好的,那么以这两个因素的变化范围所形成的区域为总区域,FNPV > 0 所占的区域和总区域的比值,即为这两个因素同时在设定范围内变动时项目可行的概率。

【例 4-4】某项目固定资产投资 K 为 170 000 元,年收入 R 为 35 000 元,年经营费用 C 为 3 000 元,该项目的寿命期为 10 年,回收固定资产残值 S 为 20 000 元,若基准收益率为 13%,试就最关键的两个因素:投资和年收入,对项目的财务净现值 FNPV 指标进行双因素的敏感性分析。

解:根据已知条件可得:

$$FNPV = -K + (R-C)\frac{(1+13\%)^{10}-1}{(1+13\%)^{10} \times 13\%} + \frac{S}{(1+13\%)^{10}}$$

$$= -170\,000 + (35\,000 - 3\,000)\frac{(1+13\%)^{10}-1}{(1+13\%)^{10}\times 13\%} + \frac{20\,000}{(1+13\%)^{10}}$$

设投资变化率为 X,同时改变的年收入变化率为 Y,X、Y 均在 ±20% 范围内变化,计算 FNPV = 0 时的临界线。

$$\text{FNPV} = -170\,000(1+X) + [35\,000(1+Y) - 3\,000]\frac{(1+13\%)^{10}-1}{(1+13\%)^{10}\times 13\%} + \frac{20\,000}{(1+13\%)^{10}}$$

如果 FNPV ≥ 0,则该项目的盈利在 13% 以上。

令 FNPV ≥ 0 即 $9\,531.6 - 170\,000X + 189\,918.5Y \geq 0$

$$Y \geq 0.895\,1X - 0.050\,2$$

作双因素敏感性分析图,如图 4-8 所示。

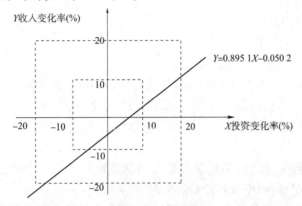

图 4-8 双因素敏感性分析

从上图可以看出 $Y = 0.895\,1X - 0.050\,2$ 为 FNPV = 0 时的临界线,当投资与收入同时变动时,所影响的 FNPV 值落在临界线的右上方区域,投资方案可行;若落在临界线右下方的区域表示 FNPV < 0,投资方案不可行;若落在临界线上,FNPV = 0,方案勉强可行。

在各个正方形内财务净现值小于零的面积所占整个正方形面积的比例反映了因素在此范围内变动时方案风险的大小。例如在 ±10% 的区域内,财务净现值小于零的面积约占整个正方形面积的 20%,这就表明当投资额和收入在 ±10% 的范围内同时变化时,方案盈利的可能性为 80%,出现亏损的可能性为 20%。

当同时变化的因素很多(3 个或 3 个以上)时,构成的状态组合数目就多,这给计算带来很多麻烦。对多个因素进行敏感性分析一般采用降维的方法进行,所谓降维,就是把几个因素中的某一个因素依次取定值,来求其他因素相应于这些定值的临界线。

综上所述,敏感性分析在一定程度上对不确定性因素的变动对技术方案经济效果的影响作了定量的描述,有助于弄清技术方案对不确定性因素的不利变动所能容许的风险程度,有助于鉴别何者是敏感性因素,从而能够及早排除对那些无足轻重的变动因素的注意力,把进一步深入调查研究的重点集中在那些敏感性因素上,或者针对敏感性因素制定出管理和应变对策,以达到尽量减少风险、增加决策可靠性的目的。但敏感性分析也有其局限性,它主要依靠分析人员凭借主观经验来分析判断,难免存在片面性。在技术方案的计算期内,各不确定性因素相应发生变动幅度的概率不会相同,这意味着技术方案承受风险的大小不同。而敏感性分析在分析某一因素的变动时,并不能说明不确定性因素发生变动的可能性是大还是小。对于此类问题,还要借助于概率分析等方法。

第四节 风险分析

一、风险分析的程序

1. 风险识别

风险识别是风险分析的基础工作,是运用系统论的方法对项目进行全面的考察和综合分析,找出潜在的风险因素,并对各种风险因素进行比较、分类,确定各因素间相关性和独立性,判断其发生的可能性及对项目的影响程度,按其重要性进行排队或赋予权重的过程。

风险识别的一般步骤为:

(1)明确所要实现的目标;

(2)找出影响目标值的全部因素;

(3)分析各因素对目标的相对影响程度;

(4)根据各因素向不利方向变化的可能性进行分析、判断,并确定主要风险因素。

风险识别常用的方法有问卷调查法、专家调查法、层次分析法等,一般情况下可以编制项目风险因素调查表,通过问卷调查或专家调查法完成,复杂情况下可以使用层次分析法。

2. 风险估计

风险估计是在风险识别之后用定量分析方法测度风险发生的可能性及对项目的影响程度,即估算风险事件发生的概率及其严重后果。

概率分为主观概率和客观概率,主观概率由决策人自己或借助于咨询机构或专家凭经验进行估计而得出;客观概率是用科学的数理统计方法,推断、计算随机事件发生的可能性大小,是对大量历史先例进行统计分析得到的。

根据概率分类,风险估计也分为主观概率估计和客观概率估计。

风险估计的一个重要方面是确定风险事件的概率分布以及期望值、方差等参数。常用的概率分布类型有离散型概率分布和连续型概率分布。

3. 风险评价与决策

风险评价是在风险识别和估计的基础上,通过建立项目风险的系统评价指标体系和评价标准,对风险程度进行划分,以找出影响项目的关键风险因素,确定项目的整体风险水平。

风险评价的判别准则可采用两种类型:

(1)以经济指标的累积概率、标准差为判别准则

①财务内部收益率大于等于基准收益率的累计概率值越大,风险越小;标准差越小,风险越小。

②财务净现值大于等于零的累计概率值越大,风险越小;标准差越小,风险越小。

(2)以综合风险等级作为判别准则

①将风险因素发生的可能性划分为4个等级:高、较高、适度、低。

②将风险因素的影响程度也划分为4级:严重、较大、适度、低。

③建立风险评价矩阵(图4-9所示)。以风险因素发生的概率为横坐标,风险因素发生后对项目影响

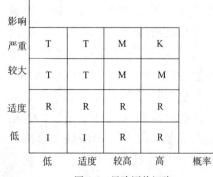

图4-9 风险评价矩阵

的大小为纵坐标。

④综合风险等级分为5个等级：

K:风险很强,出现这类风险就要放弃项目。

M:风险较强,需要修正拟议中的方案,改变设计或采取补偿措施等。

T:风险较强,设定某些临界值,指标一旦达到临界值,就要变更设计或对负面影响采取措施。

R:表示风险适度(较小),适当采取措施后不影响项目。

I:表示风险弱,可忽略。

根据风险评价的结果,决策者即可做出相应决策。由于人是决策的主体,在风险条件下决策行为取决于决策者的风险态度,对同一风险决策问题,风险态度不同的人决策的结果通常有较大的差异。典型的风险态度有三种表现形式:风险厌恶、风险中性和风险偏爱。

风险决策准则主要有:满意度准则、最小方差准则、期望值准则和期望方差准则。

a. 满意度准则。在实际工作中,决策者往往把目标定在满意的标准上,再选择能达到这一目标的最大概率方案,即相对最优方案。当选择最优方案花费过高或在没有得到其他方案的有关资料之前就必须决策的情况下应采用满意度准则决策。

b. 期望值准则。把每个策略方案的损益值视为离散型随机变量,求出它的期望值,并以此作为方案比较选优的依据。

c. 最小方差准则。一般而言,方案指标值的方差越大则方案的风险就越大。所以,风险厌恶型的决策人有时倾向于用这一原则选择风险较小的方案。这是一种避免最大损失而不是追求最大收益的准则,具有过于保守的特点。

d. 期望值方差准则。把各策略方案损益值的期望值和方差通过风险厌恶系数转化为一个标准(即期望值方差)来进行决策。

4. 风险应对

风险应对,是指根据风险决策的结果,研究规避、控制与防范风险的措施,为项目全过程风险管理提供依据。风险应对有4种基本方法:风险回避、损失控制、风险转移和风险保留。

(1)风险回避

风险回避是指投资主体有意识放弃风险的行为,该方法适用于某种风险可能造成相当大的损失或风险应对防范代价昂贵,得不偿失的情形。

(2)损失控制

当特定的风险不能避免时,可以采取行动降低与风险有关的损失,这种处理风险的方法就是损失控制。显然损失控制不是放弃风险行为,而是制订计划和采取措施降低损失的可能性或者是减少实际损失。

损失控制在安全生产过程中很常用,控制的阶段包括事前、事中和事后三个阶段。事前控制的目的主要是为了降低损失的概率,事中和事后的控制主要是为了减少实际发生的损失。

(3)风险转移

风险转移是指通过契约将让渡人的风险转移给受让人承担的行为,分为合同转移和保险转移两种主要形式。

合同转移即通过签订合同,经济主体可以将一部分或全部风险转移给一个或多个其他参与者。

保险转移即凡是属于保险公司可保的险种,都可以通过投保把风险全部或部分转移给保险公司。

(4) 风险保留

风险保留即风险承担,也就是说如果损失发生,经济主体将以当时可利用的任何资金进行支付,有无计划自留和有计划自我保险两种主要形式。

无计划自留是指风险损失发生后从收入中支付,即不是在损失前做出资金安排。

有计划自我保险是指可能的损失发生前,通过做出各种资金安排以确保损失出现后能及时获得资金以补偿损失。

二、风险分析的主要方法

1. 概率树分析法

概率树由不同的节点和分枝组成,符号"□"表示的节点称决策点,从决策点引出的每一分枝表示一个可供选择的方案;符号"○"表示的节点称状态点,从状态点引出的每一分枝表示一种可能发生的状态,如图4-10所示。

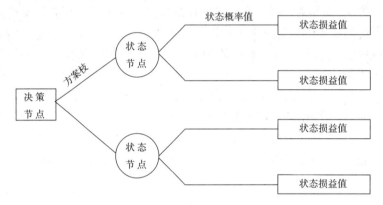

图4-10 概率树分析图

概率树分析的一般步骤如下:

(1) 列出要考虑的各种风险因素,如投资、经营成本、销售价格等。

(2) 设想各种风险因素可能发生的状态,即确定其数值发生变化个数。

(3) 分别确定各种状态可能出现的概率,并使可能发生状态概率之和等于1。

(4) 分别求出各种风险因素发生变化时,方案净现金流量各状态发生的概率和相应状态下的财务净现值 $\text{FNPV}(j)$。

(5) 求方案财务净现值的期望值(均值)$E(\text{FNPV})$。

$$E(\text{FNPV}) = \sum_{j=1}^{k} \text{FNPV}(j) \times P_j \qquad (4\text{-}14)$$

式中:P_j——第 j 种状态出现的概率;

k——可能出现的状态数。

(6) 求出方案财务净现值非负的累计概率。

(7) 对概率分析结果作说明。

【例4-5】某商品住宅小区开发项目现金流量的估计值如表4-3所示,根据经验推断,销售收入和开发成本为离散型随机变量,其值在估计值的基础上可能发生的变化及其概率见表4-3、表4-4。试确定该项目财务净现值大于等于零的概率。基准收益率 $i_c = 12\%$。

基本方案的参数估计(单位:万元)　　　　　　　　　　　　　　表4-3

年 份	1	2	3
销售收入	857	7 143	12 863
开发成本	5 888	4 873	3 900
其他税费	56	464	1 196
净现金流量	-5 087	1 806	7 767

不确定性因素的变化范围　　　　　　　　　　　　　　　　表4-4

因素	变幅 概率	-20%	0	+20%
销售收入		0.2	0.6	0.2
开发成本		0.1	0.3	0.6

解:(1)项目净现金流量未来可能发生的9种状态,如图4-11所示。

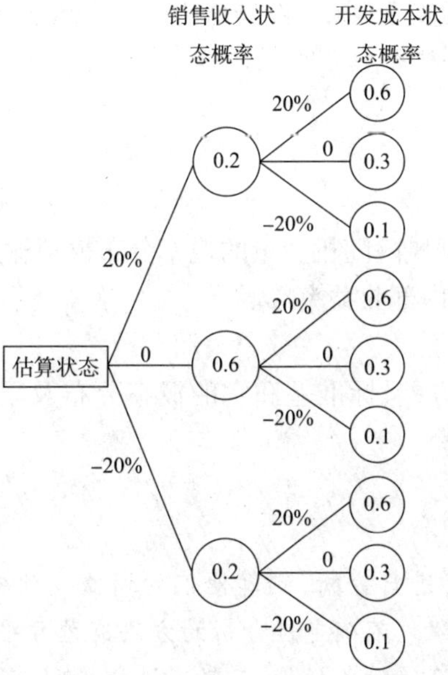

可能状态(j)	状态概率(P_j)	FNPV(j)	$P_j \cdot$FNPV(j)
1	0.12	3 165.6	379.9
2	0.06	5 549.2	333.0
3	0.02	7 933.6	158.7
4	0.36	42.6	15.3
5	0.18	2 426.2	436.7
6	0.06	4 809.7	288.6
7	0.12	-3 080.4	-369.6
8	0.06	-696.9	-41.8
9	0.02	1 686.7	33.7
合计	1.00		1 234.5

图4-11　净现金流量未来状态

(2)分别计算项目净现金流量各种状态的概率 $P_j(j=1,2,\cdots,9)$

$P_1 = 0.2 \times 0.6 = 0.12$

$P_2 = 0.2 \times 0.3 = 0.06$

$P_3 = 0.2 \times 0.1 = 0.02$

余类推。结果如图4-11所示。

(3)分别计算项目各状态下的财务净现值 FNPV(j)($j=1,2,\cdots,9$)

$$\text{FNPV}_1 = \frac{(857-5\ 888)(1+20\%)-56}{(1+12\%)} + \frac{(7\ 143-4\ 873)(1+20\%)-464}{(1+12\%)^2} + \frac{(12\ 863-3\ 900)(1+20\%)-1\ 196}{(1+12\%)^3} = 3\ 165.6(\text{万元})$$

余类推,结果如图4-11所示。

(4) 计算项目财务净现值的期望值

$E(\text{FNPV}) = 0.12 \times 3\ 165.6 + 0.06 \times 5\ 549.2 + 0.02 \times 7\ 933.6 + 0.36 \times 42.6 + 0.18 \times 2\ 426.2 + 0.06 \times 4\ 809.7 + 0.12 \times (-3\ 080.4) + 0.06 \times (-696.9) + 0.02 \times 1\ 686.7 = 1\ 234.5(万元)$

(5) 计算财务净现值大于等于零的累计概率

$$P(\text{FNPV} \geq 0) = 1 - 0.12 - 0.06 = 0.82$$

结论:该项目财务净现值的期望值大于零,是可行的。财务净现值大于零的概率不小,说明该项目的风险不大。

2. 蒙特卡洛模拟法

不确定性因素是不可避免地存在着的,但它们的变化有一定规律,并且是可以预见的。通过计算机对其进行模拟,通过大量统计试验,可以使之尽可能接近并反映出实际变化的情况。

蒙特卡洛(Monte-Carlo)模拟法是以概率统计原理为基础,能够随机模拟各种变量间的动态关系,模拟事物的形成过程,以达到认识事物特征及其变化规律的方法。

蒙特卡洛模拟法能解决某些具有不确定性的复杂问题,被公认为是一种经济而有效的方法。这种方法的前提假设是不确定性参数可以用概率分布来描述。

蒙特卡洛模拟法实施步骤如下:

(1) 通过敏感性分析,确定风险随机变量。
(2) 确定风险随机变量的概率分布。
(3) 通过随机数表或计算机求出随机数,根据风险随机变量的概率分布模拟输入变量。
(4) 选取经济评价指标,如财务净现值、财务内部收益率等。
(5) 根据基础数据计算评价指标值。
(6) 整理模拟结果所得评价指标的期望值、方差、标准差和它的概率分布及累积概率,绘制累计概率分布图,计算项目可行或不可行的概率。

【本章小结】

不确定性分析是对影响项目的不确定性因素进行分析,测算他们的增减变化对项目效益的影响,找出最主要的敏感因素及其临界点的过程。不确定性分析的方法有盈亏平衡分析、敏感性分析。一般来讲,盈亏平衡分析只适用于项目的财务评价,而敏感性分析则可同时用于财务评价和国民经济评价。

风险分析是通过对风险因素的识别,采用定性或定量分析方法估计各风险因素发生的可能性及其对项目的影响程度,揭示影响项目成败的关键风险因素,提出项目风险的预警、预报和相应的对策,为投资决策服务。风险分析是一种系统分析,主要方法有概率树分析、蒙特卡洛模拟等。

盈亏平衡分析主要考查当影响方案的各种不确定因素的变化达到某一临界值(即处于盈亏平衡点)时,对项目取舍的影响。盈亏平衡分析的目的,就是要找到盈亏平衡点,以判断项目对不确定性因素变化的适应能力和抗风险能力。按照不确定因素间的函数关系,盈亏平衡分析可分为线性盈亏平衡分析和非线性盈亏平衡分析。

盈亏平衡点(BEP)的表达形式有多种。可以用绝对值表示,如以实物产销量、单位产品售价、单位产品的可变成本、年固定总成本以及年营业收入等表示的盈亏平衡点;也可以用相对值表示,如以生产能力利用率表示的盈亏平衡点。其中以产销量和生产能力利用率表示的盈亏平衡点应用最为广泛。盈亏平衡点一般采用公式计算,也可利用盈亏平衡图求得。

敏感性分析,就是在确定性分析的基础上,通过进一步分析、预测技术方案主要不确定因素的变化对技术方案经济效果评价指标(如财务内部收益率、财务净现值等)的影响,从中找出敏感因素,确定评价指标对该因素的敏感程度和技术方案对其变化的承受能力。敏感性分析有单因素敏感性分析和多因素敏感性分析两种。单因素敏感性分析是对单一不确定因素变化对技术方案经济效果的影响进行分析,即假设各个不确定性因素之间相互独立,每次只考察一个因素变动,其他因素保持不变,以分析这个可变因素对经济效果评价指标的影响程度和敏感程度。为了找出关键的敏感性因素,通常只进行单因素敏感性分析。多因素敏感性分析是假设两个或两个以上互相独立的不确定因素同时变化时,分析这些变化的因素对经济效果评价指标的影响程度和敏感程度。

风险分析的程序包括风险识别、风险估计、风险评价与决策、风险应对。

【复习思考题】

1. 不确定性与风险有何区别?
2. 简述不确定性分析的方法。
3. 简述不确定性分析的一般步骤。
4. 试画出基本的量本利图。
5. 盈亏平衡点的表示方法主要有哪几种?
6. 简述敏感性分析的一般步骤。
7. 简述风险分析的程序。
8. 如何进行风险应对?
9. 简述风险分析的主要方法。
10. 某技术方案年设计生产能力为10万台,年固定成本为1 200万元,产品单台销售价格为900元,单台产品可变成本为560元,单台产品营业税金及附加为120元。试求盈亏平衡点的产销量、生产能力利用率、销售价格、销售收入、单位产品变动成本。
11. 某项目,初始投资为1 000万元,当年建成并投产,预计可使用10年,每年销售收入700万元,年经营费用400万元,设基准折现率为10%。试分别对初始投资和年销售收入、经营成本3个不确定因素,针对财务净现值指标作敏感性分析。
12. 某项目初始投资140万元,建设期10年,基准收益率为10%。经预测在生产经营期每年销售收入为80万元的概率为0.5,在此基础上年销售收入增加或减少20%的概率分别为0.3、0.2;每年经营成本为50万元的概率为0.5,增加或减少20%的概率分别为0.3和0.2。假设投资额不变,其他因素的影响忽略不计,试分析该项目的经济效果。
13. 某企业生产的某种产品在市场上供不应求,因此该企业决定投资扩建新厂。据研究分析,该产品10年后将升级换代,目前的主要竞争对手也可能扩大生产规模,故提出以下3个扩建方案:

(1)大规模扩建新厂,需投资3亿元。据估计,该产品销路好时,每年的净现金流量为9 000万元;销路差时,每年的净现金流量为3 000万元。

(2)小规模扩建新厂,需投资1.4亿元。据估计,该产品销路好时,每年的净现金流量为4 000万元;销路差时,每年的净现金流量为3 000万元。

(3)先小规模扩建新厂,3年后,若该产品销路好再决定是否再次扩建,需投资2亿元,其生产能力与方案(1)相同。

据预测,在今后10年内,该产品销路好的概率为0.7,销路差的概率为0.3。

基准折现率 $i_c = 10\%$,不考虑建设期所持续的时间。现值系数见表4-5。

现 值 系 数　　　　　　表4-5

n	1	3	7	10
$(P/A, 10\%, n)$	0.909	2.487	4.868	6.145
$(P/F, 10\%, n)$	0.909	0.751	0.513	0.386

问题:

(1)画出决策树。

(2)试决定采用哪个方案扩建。

第五章　建设项目可行性研究

【教学目标】
1. 熟悉建设项目可行性研究的概念、作用及编制原则；
2. 了解建设项目可行性研究的发展过程；
3. 熟悉建设项目可行性研究的工作阶段划分；
4. 熟悉建设项目可行性研究的内容和步骤；
5. 了解建设项目可行性研究报告的内容与格式要求以及编制依据。

第一节　建设项目可行性研究概述

一、建设项目可行性研究的概念

建设项目可行性研究是指在投资决策之前，对拟建项目进行全面的技术经济分析论证，并对其做出可行或不可行评价的一种科学方法。它是项目管理工作的重要内容，是项目管理程序的重要环节，是项目的投资决策中必不可少的一个工作程序。在投资项目管理中，可行性研究是指在项目投资决策之前，调查、研究与拟建项目有关的自然、社会、经济、技术资料，分析、比较可能的投资建设方案，预测、评价项目建成后的社会经济效益，并在此基础上，综合论证项目投资建设的必要性，财务上的盈利性和经济上的合理性，技术上的先进性和适用性以及建设条件上的可能性和可行性，从而为投资决策提供科学依据的工作。

建设项目可行性研究的任务主要是通过对拟建项目进行投资方案规划、工程技术论证、经济效益的预测和分析，经过多个方案的比较和评价，为项目决策提供可靠的依据和可行的建议，并应该明确回答项目是否应该投资和怎样投资。因此，建设项目可行性研究是保证项目以一定的投资耗费取得最佳经济效果的科学手段。通过项目的可行性研究，可以避免和减少项目投资决策的失误、强化投资决策的科学性和客观性，提高项目的综合效益。

二、建设项目可行性研究的作用

对投资项目进行可行性研究的主要目的在于为投资决策从技术经济多方面提供科学依据，以提高项目投资决策的水平，提高项目的投资经济效益。具体来说，项目的可行性研究具有以下作用：

（1）作为项目投资决策的依据。

一个项目的成功与否及效益如何，会受到社会的、自然的、经济的、技术的诸多不确定因素的影响，而项目的可行性研究，有助于分析和认识这些因素，并依据分析论证的结果提出可靠的、合理的建议，从而为项目的决策提供强有力的依据。

(2)作为向银行等金融机构或金融组织申请贷款、筹集资金的依据。

银行是否给一个项目贷款融资,其依据是这个项目是否能按期足额归还贷款本息。银行只有在对贷款项目的可行性研究进行全面细致的分析评价之后,才能确认是否给予贷款。例如,世界银行等国际金融组织都视项目的可行性研究报告为项目申请贷款的先决条件。

(3)作为编制设计和进行建设工作的依据。

在可行性研究报告中,对项目的建设方案、产品方案、建设规模、厂址、工艺流程、主要设备和总图布置等作了较为详细的说明,因此,在项目的可行性研究得到审批后,即可以作为项目编制设计和进行建设工作的依据。

(4)作为签订有关合同、协议的依据。

项目的可行性研究是项目投资者与其他单位进行谈判,签订承包合同、设备订货合同、原材料供应合同、销售合同及技术引进合同等的重要依据。

(5)作为项目进行后评价的依据。

要对建设项目进行投资建设活动全过程的事后评价,就必须以项目的可行性研究作为参照物,并将其作为项目后评价的对照标准,尤其是项目可行性研究中有关效益分析的指标,无疑是项目后评价的重要依据。

(6)作为项目组织管理、机构设置、劳动定员的依据。

在项目的可行性研究报告中,一般都须对项目组织机构的设置、项目的组织管理、劳动定员的配备及其培训、工程技术及管理人员的素质及数量要求等做出明确的说明。

(7)作为环保部门审查项目环境影响的依据,也作为向项目所在地政府和规划部门申请建设执照的依据。

三、建设项目可行性研究的基本要求

可行性研究作为项目的一个重要阶段,不仅起到了细化项目目标、承上启下的作用,而且其研究报告还成为项目决策的重要依据。

只有正确的符合实际的可行性研究,才可能有正确的决策。因此在进行项目可行性研究时的基本要求应做到:

(1)大量调查研究,以第一手资料为依据,客观地反映和分析问题,不应带任何主观观点和其他意图,可行性研究的科学性常常是由调查的深度和广度决定的。

项目的可行性研究应从市场、法律和技术经济的角度来论证项目可行或不可行,而不是对已决定上马的项目,找一些依据证明决定的正确性。

(2)可行性研究应详细、全面,定性和定量分析相结合,用数据说话,多用图表示分析依据和结果,可行性研究报告应透彻明了。常用的方法有:数学方法、运筹学方法、经济统计和技术经济分析方法等。

(3)多方案比较,无论是项目的构思,还是市场战略、产品方案、项目规模、技术措施、厂址的选择、时间安排、筹资方案等,都要进行多方案比较。应大胆地设想各种方案,进行精心的研究论证,按照既定目标对备选方案进行评估,以选择经济合理的方案。

(4)在可行性研究中,许多考虑是基于对将来情况的预测,而预测结果中包含着很大的不确定性。例如项目的产品市场、项目的环境条件,参加者的技术、经济、财务等各方面都可能有风险,所以要加强风险分析。

(5)可行性研究的结果作为项目的一个中间研究和决策文件,在项目立项后应作为设计

和计划的依据,在项目后评价中又作为项目实施成果评价的依据。可行性研究报告须经上层审查、评价、批准,项目才能立项,这是项目生命期中最关键的一步。

四、建设项目可行性研究应遵循的原则

1. 科学性原则

这是可行性研究工作必须遵循的基本原则,要求按客观规律办事,做到:

(1)用科学的方法和认真负责的态度来收集、分析和鉴别原始的数据和资料,以确保数据、资料的真实性和可靠性。

(2)要求每一项技术与经济指标,都有科学依据,是经过认真分析计算得出的。

(3)可行性研究报告和结论不能掺杂任何主观成分。

2. 客观性原则

要坚持从实际出发、实事求是的原则。可行性研究要根据项目的要求和具体条件进行分析和论证,以得出可行和不可行的结论。因此,建设所需条件必须是客观存在的,而不是主观臆造的。

3. 公正性原则

可行性研究工作中要排除各种干扰,尊重事实,不弄虚作假,这样才能使可行性研究正确、公正,为项目投资决策提供可靠的依据。

五、建设工程项目可行性研究的发展阶段

可行性研究起始于1902年,美国为了改善河道,根据河港法要求,对水域资源工程项目进行评价。20世纪30年代,美国在开发田纳西河流域工程中,应用可行性研究方法,效果显著。可行性研究从其产生到现在,经过百年的推广及广泛应用、充实和完善,逐步形成了一整套比较系统的科学研究方法。具体来说,大致经历了以下三个发展阶段:

第一阶段,从20世纪初到50年代前期。在这一阶段,工程项目可行性研究主要采用财务分析法,即从微观角度出发,通过对工程项目的收入和支出的简单比较来判断工程项目的优劣,并依此来决定工程项目的取舍。此阶段财务分析法的主要缺陷是它不能对公用事业项目给国家及社会带来的经济效益问题进行有效的评价和分析。

第二阶段,从20世纪50年代初到60年代末期。在这一阶段,工程项目可行性研究从侧重于财务分析发展到同时从微观和宏观角度来评价工程项目的经济效益,以"社会净收益"为理论基础的费用——效益分析法作为工程项目评价的方法被普遍接受。在这一时期,美国于1950年颁布了《内河流域项目经济分析的实用方法》,规定了测算费用效益比率的原则性程序。1958年荷兰经济学家丁伯根首次提出了在经济分析中使用影子价格的主张。在这以后,世界银行和联合国工业发展组织(UNIDO)都在其贷款项目的评价中同时采用了财务分析和经济分析两种方法。

第三阶段,从20世纪60年代末期到现在。这一阶段,工程项目可行性研究的分析在以往的基础上又采用了社会分析法,即把增长目标和公平目标(二者合称为国民福利目标)结合在一起作为选择工程项目的标准。这一阶段的主要研究成果有:1968年和1974年,由牛津大学的李托和穆里斯分别编写的《发展中国家工业项目分析手册》和《发展中国家项目评价和规划》;1972年、1978年和1980年,联合国工业发展组织编写的《项目评价准则》、《工业可行性研究手册》以及《工业项目评价手册》等。这些研究成果的出版,标志着工程项目可行性研究

朝着规范和标准的方向发展,为可行性研究的推广和应用做出了积极的贡献。

我国自 1979 年开始,在总结新中国成立后经济建设经验教训的基础上,引进了可行性研究,并将其用于工程项目建设前期的技术经济分析。1981 年,原国家计委正式下文,明确规定:"把可行性研究作为建设前期工作中一个重要技术经济论证阶段,纳入基本建设程序。" 1983 年,原国家计委下达了《关于建设项目进行可行性研究的试行管理办法》,重申"建设项目的决策和实施必须严格遵守国家规定的基本建设程序""可行性研究是建设前期工作的重要内容,是基本建设程序中的组成部分",在这之后,原国家计委又于 1987 年、1993 年颁布了《建设项目经济评价方法与参数》(第一版、第二版),2006 年国家发展与改革委员会颁布了《建设项目经济评价方法与参数》(第三版),为规范工程项目的可行性研究和科学决策工程项目投资提供了指导原则。

六、建设项目可行性研究的工作阶段

1. 国外可行性研究的阶段

根据联合国工业发展组织(UNIDO)编写的《工业可行性研究手册》的规定,工程项目投资前期的可行性研究工作分为机会研究、初步可行性研究、详细可行性研究、评估与决策四个阶段。

(1) 机会研究

机会研究的主要任务是捕捉投资机会,为拟建工程项目的投资方向提出轮廓性建议。它可分为一般机会研究和工程项目机会研究。

一般机会研究是指以某个地区、某个行业或部门、某种资源为基础所进行的投资机会研究。工程项目机会研究是在一般机会研究基础上以工程项目为对象进行的机会研究,通过工程项目机会研究将项目设想落实到工程项目投资建议,以吸引投资者的注意和增大投资者的兴趣,并引导其确定投资意向。

这一阶段的工作内容相对比较粗略、简单,一般可根据同类或类似工程项目的投资额及营运成本来估算拟议工程项目的投资额与营运成本,初步分析投资效果。如果投资者对该项目设想或机会感兴趣,则可转入下一步的可行性研究工作;否则,就停止研究工作。

(2) 初步可行性研究

一般地,对要求较高或比较复杂的工程项目,仅靠机会研究尚不能决定项目的取舍,还需要进行初步可行性研究,以进一步判断工程项目的生命力。初步可行性研究是介于机会研究和详细可行性研究的中间阶段,是在机会研究的基础上进一步弄清拟建项目的规模、选址、工艺设备、资源、组织机构和建设进度等情况,以判断其是否有可能和有必要进行下一步的可行性研究工作。其研究内容与详细可行性研究的内容基本相同,只是深度和广度略低。

这一阶段的主要工作是:①分析投资机会研究的结论;②对关键性问题进行专题的辅助性研究;③论证项目的初步可行性,判定有无必要继续进行研究;④编制初步可行性研究报告。

(3) 详细可行性研究

详细可行性研究是对工程项目进行详细、深入的技术经济论证阶段,是工程项目决策研究的关键环节。其研究内容主要有以下几个方面:

①实施要点,即简单说明研究的结论和建议。

②工程项目背景和历史。

③工程项目的市场研究及项目的生产能力,列举市场预测的数据、估算的成本、价格、收入及利润等。

④工程项目所需投入的资源情况。
⑤工程项目拟建的地点。
⑥工程项目设计,旨在说明工程项目设计最优方案的选择、工程项目的总体设计、建筑物的布置、材料及劳动力的需要量、建筑物和工程设施的投资估算等。
⑦工程项目的管理费用。
⑧人员编制。根据工程项目生产能力的大小及难易程度,得出所需劳动力的构成、数量及工资支出等。
⑨工程项目实施设计,说明工程项目建设的期限和建设进度。
⑩工程项目的财务评价和经济评价。
(4)评估与决策

工程项目评估是在可行性研究报告的基础上进行的,其主要任务是综合评价工程项目建设的必要性、可行性和合理性,并对拟建工程项目的可行性研究报告提出评价意见,最终决策工程项目投资是否可行并选择满意的投资方案。

2. 我国建设项目可行性研究的阶段

我国建设项目可行性研究的阶段是吸收国外的经验,结合我国计划编制和基建程序的规定,经过各行业部门的研究、实践逐渐形成的。我国现阶段可行性研究的阶段划分为以下三个阶段:

(1)项目建议书阶段

我国项目建议书主要是根据长期计划要求、资源条件和市场需求,鉴别项目的投资方向,初步确定上什么项目。着重分析项目建设的必要性,初步分析项目的可行性。因此大体上相当于国外的机会研究和初步可行性研究阶段。

我国类似于国外的机会研究是在国家、部门和地区的长期计划中进行的。重点项目在长期计划中初步提出项目设想,在项目建议书阶段再对项目进行初步技术经济分析,从而提出项目建议书;一般项目则在国家各级长期计划和行业、地区规划指导下进行项目机会研究,提出项目建议书。

我国可行性研究是根据批准的项目建议书进行的,除利用外资的重大项目和特殊项目需要增加初步可行性研究外,一般项目不需要进行初步可行性研究。因此,项目建议书的技术经济分析深度应大体相当于国外的初步可行性研究,否则将影响项目决策的正确性。

(2)可行性研究阶段

这一阶段要求对项目在技术上的可行性,经济上的合理性进行全面调查研究和技术经济分析论证,经过多方案比选,推荐编制设计任务书的最佳方案。

(3)项目评估决策阶段

我国规定大中型建设项目由国家发改委委托中国国际工程咨询公司评估。评估是在可行性研究报告的基础上,落实可行性研究的各项建设条件,进行再分析、评价。评估一经通过,即可作为批准设计任务书的依据,项即可列入五年计划。

第二节 建设项目可行性研究的内容和步骤

一、建设项目可行性研究的内容

建设项目可行性研究的内容,随项目类型和性质的不同而有所差异,但各类建设项目要研究的基本内容大致相同。一般要求解决和回答以下几个方面的问题:一是为什么要建这个项目？二是资源及市场需求情况如何,需要建多大的规模比较合适？三是项目地点选在哪里最佳？四是该项目建设需要采用什么技术方案,有何特点？五是与项目建设配套的外部条件如何？六是项目总建设时间多长,需要多少投资资金？七是该项目所需的资金如何筹措,能否落实？八是项目建成后,其经济效益和社会效益如何？具体包括项目兴建理由与目标、市场预测、资源条件评价、建设规模与产品方案、场址选择、技术方案、设备方案和工程方案、原材料燃料供应、总图运输与公用辅助工程、环境影响评价、劳动安全卫生与消防、组织机构与人力资源配置、项目实施进度、投资估算、融资方案、财务评价、国民经济评价、社会评价、不确定性分析与风险分析、研究结论与建议等内容。

1. 项目兴建理由与目标

根据已确定的项目建议书(或初步可行性研究报告),从总体上进一步论证项目提出的依据、背景、理由和预期目标,即进行项目建设的必要性分析。同时,还要分析论证项目建设和生产运营必备的基本条件极其获得的可能性,即进行项目建设可能性分析。

2. 市场预测

在市场调查的基础上,对项目的产品和所需要的主要投入物的市场容量、价格、竞争力以及市场风险进行分析预测,为确定建设规模与产品方案提供依据。

3. 资源条件评价

资源条件评价主要是对拟开发项目资源开发的合理性、资源可利用量、资源自然品质、资源赋存条件和资源开发价值等进行评价。

4. 建设规模与产品方案

建设规模是指项目设定的正常生产运营年份可能达到的生产能力或者使用效益。产品方案是研究拟建项目生产的产品品种及其组合方案。建设规模与产品方案研究是在市场预测和(资源开发项目)资源评价的基础上,论证比选拟建项目的建设规模和产品方案,作为确定项目技术方案、设备方案、工程方案、原材料燃料供应方案及投资估算的依据。

5. 场址选择

可行性研究阶段的场址选择,是在初步可行性研究(或项目建议书)规划选址已确定的建设地区和地点范围内,进行具体坐落位置选择,习惯上成为工程选址。

6. 技术方案、设备方案和工程方案

项目的建设规模与产品方案确定后,应进行技术方案、设备方案和工程方案的具体研究论证工作。

7. 原材料供应方案

在研究确定项目建设规模、产品方案、技术方案和设备方案的同时,还应对项目所需要的原材料、辅助材料和燃料的品种、规格、成分、数量、价格、来源、供应方式和运输方式进行研究论证。

8. 总图运输与公用辅助工程

总图运输与公用辅助工程是在已选定的场址范围内,研究生产系统、公用工程、辅助工长及运输设施的平面和竖向布置以及相应的工程方案。

9. 环境影响评价

环境影响评价是在研究确定场址方案和技术方案中,调查研究环境条件,识别和分析拟建项目影响环境的因素,研究提出治理和保护环境的措施,比选和优化环境保护方案。

10. 劳动安全卫生与消防

拟建项目劳动安全卫生与消防的研究是在已确定的技术方案和工程方案的基础上,分析论证在建设和生产过程中存在的对劳动者和财产可能产生的不安全因素,并提出相应的防范措施。

11. 组织机构与人力资源配置

拟建项目的可行性研究,应对项目的组织机构设置、人力资源配置、员工培训等内容进行研究,比选和优化方案。

12. 项目实施进度

工程建设方案确定后,应研究提出项目的建设工期和实施进度方案。

13. 投资估算

投资估算是在对项目的建设规模、技术方案、设备方案、工程方案及项目实施进度等进行研究,并基本确定的基础上,估算项目投入总资金,测算建设期内分年资金需要量,作为制定融资方案、进行经济评价以及编制初步设计概算的依据。详见第六章。

14. 融资方案

融资方案是在投资估算的基础上,研究拟建项目的资金渠道、融资形式、融资结构、融资成本、融资风险,比选推荐项目的融资方案,并以此研究资金筹措方案和进行财务评价。详见第六章。

15. 财务评价

财务评价是依据国家现行的财税制度、价格体系和有关的法律法规,从项目或企业的角度出发,分析测算拟建项目的投资、成本、收益、税金和利润,编制各种财务报表,计算项目范围内的财务效益和费用,考察项目建成投产后的盈利能力、偿债能力和财务生存能力,并以此来评价和判断项目的财务可行性。详见第七章。

16. 国民经济评价

国民经济评价又称为效益费用分析或宏观经济分析,它是站在整个国家和全社会的视域下,以资源合理配置为原则,考察建设项目的效益与费用,分析和计算项目给国民经济所带来的净收益,从国民经济的角度判别项目的可行性。详见第八章。

17. 社会评价

社会评价是分析拟建项目对当地社会的影响和当地社会对项目的适应性和可接受程度,从而判断项目投资的经济合理性和宏观可行性。

18. 不确定性分析与风险分析

用盈亏平衡分析、敏感性分析、概率分析等方法,分析不确定因素对项目投资经济效果指标的影响,测算项目的风险程度,为决策提供依据。详见第四章。

19. 研究结论与建议

在上述各项研究论证的基础上,择优提出推荐方案,并对推荐方案的主要内容和论证结果进行总体描述。在肯定推荐方案优点的同时指出可能存在的问题和可能遇到的主要风险,并做出项目及其推荐方案是否可行的明确结论。

对于未被推荐的一些重大比选方案,也要阐述方案的主要内容、优缺点和未被推荐的原因,以便决策者从多方面进行思考并做出决策。

二、建设项目可行性研究的步骤

1. 筹划准备

项目建议书被批准后,建设单位即可组织或委托有资质的工程咨询公司对拟建项目进行可行性研究。双方应当签订合同协议，协议中应明确规定可行性研究的工作范围、目标、前提条件、进度安排、费用支付方法和协作方式等内容。建设单位应当提供项目建议书和项目有关的背景材料、基本参数等资料，协调、检查监督可行性研究工作。可行性研究的承担单位在接受委托时，应了解委托者的目标、意见和具体要求，收集与项目有关的基础资料、基本参数、技术标准等基础依据。

2. 调查研究

调查研究包括市场、技术和经济三个方面内容，如市场需求与市场机会、产品选择、需要量、价格与市场竞争；工艺路线与设备选择；原材料、能源动力供应与运输；建厂地区、地点、场址的选择，建设条件与生产条件等。对这些方面都要作深入的调查，全面地收集资料，并进行详细的分析研究和评价。

3. 方案的制定和选择

这是可行性研究的一个重要步骤。在充分调查研究的基础上制定出技术方案和建设方案，经过分析比较，选出最佳方案。在这个过程中，有时需要进行专题性辅助研究，有时要把不同的方案进行组合，设计成若干个可供选择的方案，这些方案包括产品方案、生产经济规模、工艺流程、设备选型、车间组成、组织机构和人员配备等方案。在这个阶段有关方案选择的重大问题，都要与建设单位进行讨论。

4. 深入研究

对选出的方案进行详细的研究，重点是在对选定的方案进行财务预测的基础上，进行项目的财务效益分析和国民经济评价。在估算和预测工程项目的总投资、总成本费用、销售税金及附加、销售收入和利润的基础上，进行项目的盈利能力分析、清偿能力分析、费用效益分析和敏感性分析、盈亏分析、风险分析，论证项目在经济上是否合理有利。

5. 编制可行性研究报告

在对工程项目进行了技术经济分析论证后，证明项目建设的必要性、实现条件的可能性、技术上先进可行和经济上合理有利，即可编制可行性研究报告，推荐一个以上的项目建设方案和实施计划，提出结论性意见和重大措施建议供决策单位作为决策依据。

第三节　建设项目可行性研究报告

一、建设项目可行性研究报告的内容与格式

一个完整的可行性研究报告至少应包括这样三个方面的内容：一是分析论证投资项目建设的"必要性"。这主要是通过市场预测工作来完成的。二是项目投资建设的可行性，这主要是通过生产建设条件、技术分析和生产工艺论证来完成的。三是项目投资建设的合理性（财务上的盈利性和经济上的合理性），这主要是通过项目的效益分析来完成的，其中，项目投资建设的合理性分析是可行性研究中最核心的问题。

新建工业项目的可行性研究报告参考目录格式如下：

第一部分　总论

　　1-1　项目及其主体单位

　　1-2　研究工作依据

　　1-3　项目概况

1-4　结论与建议

第二部分　项目背景与发展概况

2-1　项目提出的背景

2-2　投资环境

2-3　建设的必要性

2-4　项目发展概况

第三部分　市场需求预测与建设规模

3-1　市场调查

3-2　市场预测

3-3　产品方案与建设规模

第四部分　建设条件与厂址选择

4-1　资源与原材料

4-2　建设地点的选择

4-3　厂址选择

第五部分　工程技术方案

5-1　项目组成

5-2　生产技术方案

5-3　总平面布置及运输

5-4　土建工程

5-5　公用辅助设施

5-6　生活福利设施

第六部分　环境保护与劳动安全

6-1　厂址与环境保护

6-2　主要污染源及污染物

6-3　综合利用与治理方案

6-4　环境影响评价

6-5　劳动保护与安全卫生

6-6　消防

第七部分　项目组织、劳动定员与人员培训

7-1　企业组织与劳动定员

7-2　人员配备与培训

第八部分　建设实施进度安排

8-1　项目实施时的各项工作

8-2　建设实施进度表

第九部分　投资估算与资金筹措

9-1　固定资产投资的估算

9-2　流动资金的估算

9-3　无形资产投资的估算

9-4　资金筹措

第十部分　经济效益与社会效益评价

10-1 项目的生产成本与销售收入
10-2 财务评价
10-3 国民经济评价
10-4 不确定性分析
10-5 社会效益评价
10-6 评价结论

第十一部分 结论与建议
11-1 结论
11-2 建议

二、建设项目可行性研究报告的编制依据

(1)国家经济发展的长期规划,部门、地区发展规划,经济建设的方针、任务、产业政策和投资政策。

(2)批准的项目建议书和委托单位的要求。

(3)对于大中型骨干建设项目,必须具有国家批准的资源报告、国土开发整治规划、区域规划、工业基地规划。交通运输项目,要有关的江河流域规划与路网规划。

(4)有关的自然、地理、气象、水文、地质、经济、社会、环保等基础资料。

(5)有关行业的工程技术、经济方面的规范、标准、定额资料,以及国家正式颁发的技术法规和技术标准。

(6)国家颁发的评价方法与参数,如国家基准收益率、行业基准收益率、外汇影子汇率、价格换算参数等。

三、建设项目可行性报告在编制时的注意事项

(1)要准确简明地阐述工程项目的意义、必要性和重要性,突出针对性。

(2)要注意表达的精确性,这是编制可行性研究报告时应特别注意的问题,在可行性研究报告中不应采用模糊不清的表达方式。

(3)写可行性研究报告应严肃认真。运用语言文字要标准,不使用不规范的字或词。

(4)可行性研究报告要注意内容的系统化和格式的统一。由于工程项目的可行性研究报告是由多种专业人员或多个单位协作完成的,各个单项研究报告又可能由多人编写,因此,应根据工作程序、性质和内容,事前提出各项的具体要求,统一编写的方法和内容安排。

【本章小结】

可行性研究是工程项目建设前期管理的重要阶段,它是在工程项目决策之前对拟建工程项目进行全面技术经济分析和论证并试图对其做出可行或不可行评价的一种科学方法。

可行性研究在国外一般根据工程项目发展周期分为机会研究、初步可行性研究、详细可行性研究以及评估与决策四个阶段;而在我国主要分为项目建议书、可行性研究和评估与决策三个阶段。

工程项目可行性研究工作的直接成果是可行性研究报告。该报告一般包括总论、项目背景与发展概况、市场需求预测和拟建规模等11个方面的内容。可行性研究工作既可以由工程项目的投资商或开发商自行进行,也可以委托有关单位进行,但都必须遵循一定的程序,并满

足一定的要求,以确保可行性研究报告的质量。

【复习思考题】

1. 什么是建设工程项目的可行性研究?其主要任务是什么?
2. 建设项目可行性研究有哪些作用?
3. 建设项目可行性研究应遵循的原则主要有哪些?
4. 建设项目可行性研究的工作阶段是如何划分的?
5. 简述建设项目可行性研究报告的编制内容。
6. 建设项目可行性研究报告编制依据是什么?

第六章 建设项目投资估算与融资

【教学目标】
1. 掌握建设投资的估算方法;
2. 掌握流动资金的估算方法;
3. 了解不同的融资渠道,掌握资金成本的计算方法。

第一节 建设项目总投资估算

一、工程投资估算概述

工程投资估算是指在项目投资决策过程中,依据现有的资料和特定的方法,对建设项目的投资数额进行的估计和测算。具体是指在对工程项目的建设规模、技术方案、设备方案、工程方案及项目实施进度等进行研究并基本确定的基础上,估算项目投入总资金并测算建设期内分年资金需要量。

投资估算可作为制定融资方案、进行项目经济评价以及编制初步概算的基础和依据,是项目决策的重要依据之一。准确、全面地估算建设工程项目的投资额是项目可行性研究乃至整个工程项目投资决策阶段的重要任务。

建设项目总投资包括建设投资、建设期利息和流动资金三部分。建设投资由工程费用(建筑工程费、设备及工器具购置费、安装工程费)、工程建设其他费、预备费(基本预备费和涨价预备费)构成(图6.1),其中除涨价预备费以外都属于静态投资。建设项目经济分析中应按有关规定将建设投资中的各分项分别形成固定资产原值、无形资产原值和其他资产原值。在第七章财务评价中,形成的固定资产原值可用于计算折旧费,形成的无形资产原值和其他资产原值可用于计算摊销费。建设期利息应计入固定资产原值。

由于建设前期工作阶段的条件限制,未能预见因素较多,技术条件不具体等,使得工程项目投资估算有以下特点:
(1)估算条件轮廓性大,假设因素多,技术条件内容粗浅。
(2)估算技术条件伸缩性大,估算难度大,反复次数多。
(3)估算数值误差大,准确度低。
(4)估算工作涉及面广,政策性强,对估算工作人员素质要求高。

二、工程投资估算阶段的划分

按工程投资估算的时间和估算精度划分,可以分为以下几个阶段:
(1)投资机会研究阶段的投资估算。该阶段估算工作比较粗略,投资额的估计一般是通过已建类似项目对比得来。其估算误差率为±30%。其作用是作为领导部门审查投资机会、初步选择投资项目的主要依据之一,对初步可行性研究及投资估算起指导作用。

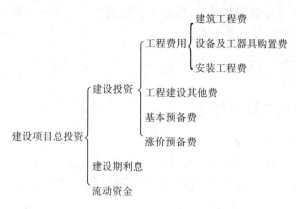

图6-1　生产性建设项目总投资构成图

（2）初步可行性研究阶段的投资估算。此阶段是在研究投资机会结论的基础上,进一步弄清项目的投资规模、原材料来源、工艺技术、厂址、组织机构、建设进度等情况,进行经济效益评价,判断项目的可行性,做出初步投资评价,估算的误差率为±20%。其作用是作为决定是否进行详细可行性研究的依据之一,同时也是确定哪些关键问题需要进行辅助性专题研究的依据之一。

（3）详细可行性研究阶段的投资估算。详细可行性研究阶段主要是进行全面、详细的技术经济分析论证,对拟建项目的投资方案进行比选,确定最佳投资方案,对项目的可行性做出结论。该阶段内容翔实、资料全面,投资估算误差率为±10%。此阶段的估算是进行详尽经济评价的阶段,也是编制设计文件、控制初步设计及概算的主要依据。

三、工程项目建设投资估算的依据、要求与步骤

1. 工程项目建设投资估算依据

投资估算应做到方法科学、依据充分,主要依据有：

（1）专门机构发布的建设工程造价费用构成、估算指标、计算方法,以及其他有关计算工程造价的文件。

（2）专门机构发布的工程建设其他费用计算办法和费用标准,以及政府部门发布的物价指数。

（3）部门或行业制定的投资估算办法和估算指标。

（4）拟建项目所需设备、材料的市场价格。

（5）拟建项目各单项工程的建设内容及工程量。

2. 工程项目建设投资估算精度要求

（1）工程内容和费用构成齐全,计算合理,不重复计算,不提高或者降低估算标准,不漏项不少算。

（2）选用指标与具体工程之间存在标准或者条件差异时,应进行必要的推算或者调整。

（3）投资估算精度应能满足控制初步设计概算的要求。

3. 工程项目建设投资估算步骤

工程项目建设是由许多单项工程构成的,从投资的顺序上看,一般是从建筑工程开始,然

后进行设备的购置、安装,因此,建设投资估算的步骤与此基本上是一致的,可以分为:
(1)分别估算各单项工程费用所需的建筑工程费、设备及工器具购置费、安装工程费。
(2)在汇总各单项工程费用基础上,估算工程建设其他费用和基本预备费。
(3)估算涨价预备费和建设期利息。
(4)估算流动资金。
(5)计算建设投资总额。

四、工程建设投资估算的方法

1. 单位生产能力投资估算法

生产能力一般指项目建成投产以后以每年产量为标志的一种设计指标。设计生产能力越大,意味着项目的建设规模也越大,建设规模越大,所需的建设资金也越多。设计生产能力客观上与建设投资之间存在着一定的数量关系。

单位生产能力投资估算法就是根据生产能力与建设投资之间存在的数量关系,用类似已建项目单位生产能力投资指标,估算拟建项目建设投资的一种方法。单位生产能力投资是指每单位设计生产能力所需要的建设投资。国家大量的工程项目建设,积累了相当丰富的同类型工程项目投资与单位生产能力之间的数量资料,该指标使同一类型不同建设项目的投资数额有了一个衡量和比较的标准。单位生产能力投资估算法的计算公式为:

$$C_2 = Q_2 \left(\frac{C_1}{Q_1}\right) \cdot f \tag{6-1}$$

式中:C_1——已建成同类型项目的建设投资;

C_2——拟建项目建设投资;

Q_1——已建成同类项目的生产能力;

Q_2——拟建项目的设计生产能力;

f——综合调整系数。

【例 6-1】某项目年生产能力 54 万吨,建设总投资 1 535.5 万元,如拟建一座年产 25 万吨的同类项目,假定拟建项目与同类项目综合调整系数为 1.2,试估算拟建项目需要多少建设投资费用。

解:根据式(6-1)得到拟建此项目的固定资产投资费用为:

$$C_2 = 25 \times (1\ 535.5 \div 54) \times 1.2 = 853.06(万元)$$

单位生产能力投资估算法把项目的建设投资与生产能力之间的关系视为简单的线性关系,这样估算结果的精确度较低,使用时应考虑拟建项目生产能力、工艺条件以及其他条件的可比性,否则误差较大。在实际估算工作中,由于难以找到完全类似的项目,通常是按项目的生产内容、工艺流程、设施装置,把项目进行分解,分别套用类似部门、设施和装置的单位生产能力投资指标计算,然后加总求得总的建设投资费用。

2. 生产能力指数法

生产能力指数法是指根据已建成的、类似的建设项目或生产装置的投资额和生产能力与拟建项目的生产能力估算拟建项目的投资额,也称装置能力指数法。根据实际统计资料,生产能力不同的两个同类企业投资生产能力的指数幂成正比。估算公式为:

$$C_2 = C_1 \left(\frac{Q_2}{Q_1}\right)^x \cdot f \tag{6-2}$$

式中：x——生产能力（装置能力）指数；

其余符号意义同前。

运用指数法估算项目投资的重要条件，是要有合理的装置能力指数。设备生产能力不同时，取值不同，若已建类似项目的规模和拟建项目的规模相差不大，生产规模比值在 0.5～2 之间，则指数 x 的取值近似为 1；若已建类似项目的规模和拟建项目的规模相差不大于 30 倍，且拟建项目规模的扩大仅靠增大设备规模来达到时，则取值在 0.6～0.7 之间，若靠增加相同规格设备的数量达到时，则 x 取值为 0.8～0.9 之间；大于 50 倍时，该法则不能用。国外某些化工项目统计资料，x 的平均值大约在 0.6 左右，又称"0.6 指数法"。

采用生产能力指数法，计算简单，速度快；但要求类似工程的资料可靠，条件基本相同，否则误差就会增大。该方法多用于生产装置估算。

由于这个方法不是按简单的线性关系，而是根据项目建设的内容确定的指数关系来估算投资的，所以比单位生产能力投资估算法精确度要高。

3. 系数估算法

（1）朗格系数法

该方法是以设备购置费为基础，乘以适当系数来推算项目的建设投资。估算公式为：

$$C = E(1 + \sum K_i) K_c \tag{6-3}$$

式中：C——建设投资；

E——设备购置费；

K_i——管线、仪表、建筑物等项费用的估算系数；

K_c——管理费、合同费、应急费等间接费在内的总估算系数。

建设投资与设备购置费之比为朗格系数 K_L。即：$K_L = (1 + \sum K_i) K_c$，知道朗格系数后，估算更容易。

该方法比较简单，没有考虑设备规格、材质的差异，所以估算的准确度不高。

（2）设备厂房系数法

建设投资中，工艺设备投资和厂房土建投资所占比例较大。在拟建项目工艺设备投资和厂房土建投资估算的基础上，其他专业工程，参照类似项目的统计资料，与设备关系较大的以设备投资系数计算，与厂房土建关系较大的则以厂房土建投资系数计算，两类投资加起来，再加上拟建项目的其他有关费用，即为拟建项目的建设投资。（其应用见后面第三节）

4. 比例估算法

比例估算法又分设备系数估算法和主体专业系数估算法两种。

（1）设备系数估算法

即以拟建项目的设备购置费为基数进行估算。此种估算方法以拟建项目的设备购置费为基数，根据已建成的同类项目的建筑安装费和其他工程费用等占设备价值的百分比，求出相应的建筑安装费及其他工程费用等，再加上拟建项目的其他有关费用，总和即为项目或装置的投资。计算公式为：

$$C = E(1 + f_1 p_1 + f_2 p_2 + f_3 p_3 + \cdots) + I \tag{6-4}$$

式中：C——拟建工程的投资额；

E——根据拟建项目当时当地价格计算的设备购置费；

p_1、p_2、p_3——已建项目中建筑工程费、安装工程费及其他工程费用等占设备购置费的百分比;

f_1、f_2、f_3——由于时间因素引起的定额、价格、费用标准等综合调整系数;

I——拟建项目的其他费用。

设备总值计算,是根据各专业的统计方案提出的主要设备乘以现行设备出厂价格。

【例6-2】某建设项目拟用于购置设备的费用800万元,建筑工程、安装工程、其他工程费用分别占设备购置费用的150%、60%、30%,3种费用的调整系数分别为1.2、1.3、1.1,其他费用为20万元。试估算此建设项目的投资额。

解: $C = E(1 + f_1p_1 + f_2p_2 + f_3p_3 + \cdots) + I$
$= 800 \times (1 + 1.5 \times 1.2 + 0.6 \times 1.3 + 0.3 \times 1.1) + 20 = 3\,148(万元)$

(2)主体专业系数估算法

即以拟建项目的最主要工艺设备费为基数进行估算。此种方法根据同类型的已建项目的有关统计资料,计算出拟建项目的各专业工程(如总图、土建、暖通、给排水、管道、电气及电信、自控及其他工程费用等)占工艺设备投资(包括运杂费和安装费)的百分比,据以求出各专业工程的投资,然后把各部分投资(包括工艺设备费)相加求和,再加上工程其他有关费用,即为项目的总投资。计算公式为:

$$C = E(1 + f_1p'_1 + f_2p'_2 + f_3p'_3 + \cdots) + I \tag{6-5}$$

式中:p'_1、p'_2、p'_3——各专业工程费用占工艺设备费用的百分比;

其余符号意义同前。

5. 资金周转率法

这是一种用资金周转率来推测投资的简便方法,其公式为:

$$C = \frac{Q \cdot A}{t_r} \tag{6-6}$$

式中:C——拟建项目投资额;

Q——产品的年产量;

A——产品的单价;

t_r——资金周转率,其中资金周转率计算式为:

$$t_r = \frac{年销售总额}{总投资} = \frac{(产品的年产量 \times 产品单价)}{总投资} \tag{6-7}$$

以上几种方法比较简便,计算速度快,但精度较低,常用于机会可行性研究或初步可行性研究阶段的投资估算。

6. 建设投资分类估算法

建设投资分类估算法是对构成建设投资的6类投资,即建筑工程费、设备购置费、安装工程费、工程建设其他费用、基本预备费和涨价预备费,分类进行估算。

(1)建筑工程费估算

建筑工程费是指为建造永久性建筑物和构筑物所需要的费用。建筑工程费构成如表6-1所示。建筑工程费用的估算方法有单位工程投资估算法、单位实物工程量投资估算法和概算指标投资估算法。前两种方法比较简单,后一种方法要以较为详细的工程资料为基础,工作量较大。实际工作中可根据具体条件和要求选用。

①单位建筑工程投资估算法。是以单位建筑工程量投资乘以建筑工程总量来估算建筑工程费的方法。一般工业与民用建筑以单位建筑面积投资,工业窑炉砌筑以单位容积投资,水库

以水坝单位长度投资,铁路路基以单位长度投资,矿山掘进以单位长度投资,乘以相应的建筑工程总量计算建筑工程费。

②单位实物工程量投资估算法。是以单位实物工程量投资乘以实物工程量总量来估算建筑工程费的方法。土石方按每立方米投资,矿井巷道衬砌工程按每延长米投资,路面铺设工程按每平方米投资,乘以相应的实物工程量总量计算建筑工程费。

③概算指标投资估算法。在估算建筑工程费时,对于没有上述估算指标,或者建筑工程费占建设投资比例较大的项目,可采用概算指标估算法。建筑工程概算指标通常是以整个建筑物为对象,以建筑面积、体积等为计量单位来确定劳动、材料和机械台班的消耗量标准和造价指标。建筑工程概算指标分别有一般土建工程概算指标、给排水工程概算指标、采暖工程概算指标、通信工程概算指标、电气照明工程概算指标等。采用概算指标投资估算法,需要占有较为详细的工程资料、建筑材料价格和工程费用指标,工作量较大。具体方法参照专门机构发布的概算编制办法。

估算建筑工程费后,编制建筑工程费用估算表,如表6-2所示。

建筑安装工程费用构成 表6-1

建筑安装工程费	直接费	直接工程费	1. 人工费
			2. 材料费
			3. 施工机械使用费
		措施费	1. 环境保护
			2. 文明施工
			3. 安全施工
			4. 临时设施
			5. 夜间施工
			6. 二次搬运
			7. 大型机械设备进场及安拆
			8. 混凝土、钢筋混凝土模板及支架
			9. 脚手架
			10. 已完工程及设备保护
			11. 施工排水、降水
	间接费	规费	1. 工程排污费
			2. 工程定额测定费
			3. 社会保障费
			(1) 养老保险费
			(2) 失业保险费
			(3) 医疗保险费
			4. 住房公积金
			5. 危险作业意外伤害保险
		企业管理费	1. 管理人员工资
			2. 办公费
			3. 差旅交通费

续上表

建筑安装工程费	间接费	企业管理费	4. 固定资产使用费
			5. 工具用具使用费
			6. 劳动保险费
			7. 工会经费
			8. 职工教育经费
			9. 财产保险费
			10. 财务费
			11. 税金
			12. 其他
	利润		
	税金		

建筑工程费估算　　　　　　　　　　　表6-2

序　号	建、构筑物名称	单　位	工　程　量	单价(元)	费用合计(万元)

(2)设备及工、器具购置费估算

设备及工、器具购置费,包括设备的购置费和工器具、生产家具购置费。

①设备购置费的构成及估算。设备购置费是指为建设项目购置或自制的达到固定资产标准的各种国产或进口设备购置费用。

它由设备原价和设备运杂费构成,即设备购置费 = 设备原价 + 设备运杂费。

设备原价指国产设备或进口设备的原价;设备运杂费指除设备原价之外的关于设备采购、运输、途中包装及仓库保管等方面支出费用的总和。

国产设备原价一般指的是设备制造厂的交货价,或订货合同价。它一般根据生产厂或供应商的询价、报价、合同价确定,或采用一定的方法计算确定。国产设备原价分为国产标准设备原价和国产非标准设备原价。

国产标准设备是指按照主管部门颁布的标准图纸和技术要求,由我国设备生产厂批量生产的,符合国家质量检测标准的设备。国产标准设备原价是指设备制造厂的交货价,即出厂价,或设备成套供应公司的订货合同价。它一般根据生产厂或供应商的询价、报价或合同价确定.或采用一定的方法计算确定。非标准国产设备按设备制造预算价格确定。

进口设备原价:进口设备有内陆交货价、目的地交货价和装运港交货价等3种交货方式。其中,装运港交货方式是我国进口设备采用较多的一种方式,它有3种交货价:装运港船上交货价(FOB),习惯称为离岸价;费在内价(C&F);运费、保险费在内价(CIF),习惯称为到岸价。

进口设备原价 = 货价(FOB) + 国际运费 + 运输保险费 + 银行财务费 + 外贸手续费 +
关税 + 增值税 + 消费税 + 海关监管手续费 + 车辆购置附加费

国际运费(海陆空) = FOB × 运费费率或运量 × 单位运价

运输保险费 = (FOB + 国际运费) ÷ (1 - 保险费率) × 保险费率

$$银行财务费 = FOB \times 银行财务费率$$
$$外贸手续费 = CIF \times 外贸手续费费率$$
$$关税 = CIF \times 进口关税税率$$
$$增值税 = 组成计税价格 \times 增值税税率$$
$$组成计税价格 = 关税完税价(CIF) + 关税 + 消费税$$
$$费税 = (CIF + 关税) \div (1 - 消费税税率) \times 消费税税率$$
$$海关监管手续费 = CIF \times 海关监管手续费费率(多为0.3\%)$$
$$车辆购置附加费 = (CIF + 关税 + 消费税) \times 进口车辆购置附加费费率$$

设备运杂费由下列各项构成：运费和装卸费；包装费；设备供销部门的手续费；采购与仓库保管费。

$$设备运杂费 = 设备原价 \times 设备运杂费率$$

其中设备运杂费率按有关规定计取。

②工器具及生产家具购置费。工器具及生产家具购置费是指新建项目初步设计规定所必须购置的不构成固定资产的设备、仪器、工卡模具、器具、生产家具和备品备件等的费用。

$$工器具及生产家具购置费 = 设备购置费 \times 定额费率$$

（3）安装工程费用估算

安装工程费用包括需要安装的各种机电设备的装配、安装工程，与设备相连的工作台、梯子及其装设工程。附属于被安装的管线及敷设工程，被安装设备的绝缘、保温、防腐等工程费用以及单体试运转和联动无负荷运转的费用。

安装工程费通常按行业有关安装工程定额、取费标准和指标估算。如按安装费占设备原价的百分比，按每吨设备的安装费，或者按每单位安装实物工程量的费用估算。即：

$$安装工程费 = 设备原价 \times 安装费率$$
$$安装工程费 = 设备吨位 \times 每吨安装费$$
$$安装工程费 = 安装实物工程量 \times 安装费用指标$$

编制安装工程费估算表，如表6-3所示。

安装工程估算表　　　　　　　　　　　　　　　　　　　　表6-3

序 号	安装工程名称	单 位	数 量	指标（费率）	安装费用（万元）
1	设备				
	A				
	B				
	…				
2	管线工程				
	A				
	…				
	合计				

（4）工程建设其他费构成及估算

工程建设其他费用是指建设项目除去工程费（即建筑工程费、安装工程费、设备工具及器具购置费）以外必须开支的费用。可分为：土地使用费，与工程建设有关的其他费用，与未来企业生产经营有关的其他费用3类。工程建设其他费用按各项费用的费率或取费标准计算，编制工程建设其他费用估算表,如表 6-4 所示。工程建设其他费用具体科目及取费标准处在变动之中,应根据各级政府部门有关规定并结合项目的具体情况确定。

工程建设其他费用估算表 表 6-4

序 号	费用名称	计算依据	费率或标准	总 价
1	土地使用费			
2	建设单位管理费			
3	勘察设计费			
4	研究试验费			
5	建设单位临时设施费			
6	工程建设监理费			
7	工程保险费			
8	施工机构迁移费			
9	引进技术和进口设备其他费用			
10	联合试运转费			
11	生产职工培训费			
12	办公及生产家具购置费			
…	…			
	合计			

(5)基本预备费估算

基本预备费是指在初步设计及概算内难以预料的工程费用。

基本预备费是以工程费和工程建设其他费用二者之和为计费基础,乘以基本预备费率进行计算。基本预备费率按国家有关规定记取。

(6)涨价预备费估算

涨价预备费是指建设项目在建设期间由于价格等变化引起工程造价变化的预备、预留费用。包括工费、设备、材料、施工机械价差、费率、汇率等调整。

涨价预备费的测算方法,一般根据国家规定的投资综合价格指数,按估算年份价格水平的投资额为基数,采用复利法计算。

价差(涨价)预备费计算公式为:

$$V = \sum_{1}^{n} k_t [(1+i)^t - 1] \tag{6-8}$$

式中:V——价差预备费;

k_t——第 t 年投资使用计划额,包括工程费用、工程建设其他费用及基本预备费,即工程建设静态投资;

i——年价格变动率;

n——建设期年份数。

五、建设期贷款利息估算

建设期贷款利息包括向国内银行和其他非银行金融机构、出口信贷、外国政府贷款、国际商业银行贷款以及在境内外发行的债券等在建设期间应偿还的贷款利息。建设期贷款利息实行复利计算。

建设期贷款利息的计算方法分为以下两种情况:

①贷款总额一次性贷出且利率固定的贷款,计算公式为:
$$I = F - P \tag{6-9}$$
式中:I——利息;

F——n 期后的本利和,其值 $F = P(1+i)^n$;

P——本金;

n——计息期数;

i——有效利率。

②当总贷款额是分年均衡发放时,建设期利息的计算可按当年借款在年中支用考虑,即当年贷款按半年计息,上年贷款按全年计息,计算公式为:
$$Q_j = (P_{j-1} + \frac{1}{2}A_j) \cdot i \tag{6-10}$$
式中:Q_j——建设期第 j 年应计利息;

P_{j-1}——建设期第 $(j-1)$ 年贷款额累计金额与利息累计金额之和;

A_j——建设期第 j 年贷款金额;

i——年利率。

【例6-3】某建设项目建设期3年,各年贷款额分别为1 000万、500万、500万,贷款按年均衡发放,年利率6%。试计算建设期贷款利息。

解:第 1 年贷款利息为: $(\frac{1}{2} \times 1\,000) \times 6\% = 30(万元)$

第 2 年贷款利息为: $(1\,000 + 30 + \frac{1}{2} \times 500) \times 6\% = 76.8(万元)$

第 3 年贷款利息为:

$$(1\,000 + 30 + 500 + 76.8 + \frac{1}{2} \times 500) \times 6\% = 111.4(万元)$$

建设期贷款利息为: $30 + 76.8 + 111.4 = 218.2(万元)$

国外贷款利息的计算,还应包括国外贷款银行根据贷款协议向贷款方以年利率的方式收取的手续费、管理费、承诺费以及国内代理机构经国家主管部门批准的以年利率的方式向贷款单位收取的转贷费、担保费、管理费等。

六、流动资金的估算

流动资金是企业以货币购买劳动对象和支付工资时所垫支的劳动资金,是企业进行生产和经营活动的必要条件。它用于购买原材料、燃料、备品备件、低值易耗品。包装品、半成品、产成品、外购商品等形成生产储备,然后投入生产经加工制成产品,通过销售回收货币。

流动资金的估算一般采用两种方法,即扩大指标估算法与分项详细估算法(定额估算法)。

1. 扩大指标估算法

扩大指标估算法是按照流动资金占有某种基数的比率来估算流动资金。一般常用的基数有销售收入、经营成本、总成本和费用、固定资产投资等。究竟采用何种基数依行业习惯而定,所采用的比率依经验而定,或根据实际掌握的现有同类企业实际资料来确定,或依照行业、部门的参考值来确定。这种方法估算的准确度不高,适用于项目建议书阶段的投资估算。

(1)按产值或销售收入资金率进行估算

一般加工工业项目多采用产值或销售收入资金来估算。

$$流动资金额 = 年产值(年销售收入额) \times 产值(销售收入)资金率 \quad (6-11)$$

【例6-4】已知某项目的年产值为6 000万元,其类似企业百元产值的流动资金占用额为20元,试计算该项目的流动资金。

解:则该项目的流动资金为:

$$6\,000 \times 20\% = 1\,200(万元)$$

(2)按经营成本(或总成本)资金率估算

所谓成本资金率是指流动资金占经营成本(或总成本)的比率。

由于经营成本或总成本是一项综合性指标,能反映项目的物资消耗、生产技术和经营管理水平以及自然资源赋予条件的差异等实际状况,一些工业项目,尤其是采掘工业项目经常采用经营成本(总成本)资金率来估算流动资金。

$$流动资金额 = 年经营成本(总成本) \times 经营成本(总成本)资金率 \quad (6-12)$$

【例6-5】某煤矿年经营成本为6 000万元,经营成本资金率为35%,试计算该矿山的流动资金。

解:则该矿山的流动资金额为: $6\,000 \times 35\% = 2\,100(万元)$

(3)按固定资产价值资金率估算

固定资产价值资金率是流动资金占用固定资产投资的百分比。如化工项目流动资金约占固定资产投资的15% ~20%,一般工业项目流动资金约占固定资产的5% ~12%。

$$流动资金额 = 固定资产价值总额 \times 固定资产价值资金率 \quad (6-13)$$

(4)按单位产量资金率估算。单位产量资金率指单位产量占用流动资金的数额估算,如每吨原煤占用流动资金150元,即生产煤的单位产量资金率为150元/吨。

$$流动资金额 = 年生产能力 \times 单位产量资金率 \quad (6-14)$$

2. 分项详细估算法

资金分项详细估算法也称分项定额估算法,即指按流动资金的构成分项计算并汇总。

分项估算的思路是:先按照方案各年生产运行的强度,估算出各大类的流动资产的最低需要量,汇总以后减去该年估算出的正常情况下的流动负债(应付账款),就是该年所需的流动资金,再减去上年已注入的流动资金,就得到该年流动资金的增加额。当项目达到正常生产运行水平后,流动资金就可不再注入。

国际上通行的流动资金估算方法是按流动资产与流动负债差额来估算,具体估算方法见下列公式:

$$流动资金 = 流动资产 - 流动负债 \quad (6-15)$$

$$流动资产 = 应收账款 + 预付账款 + 存货 + 现金 \quad (6-16)$$

$$流动负债 = 应付账款 + 预收账款 \quad (6-17)$$

$$流动资金本年增加额 = 本年流动资金 - 上年流动资金 \quad (6-18)$$

(1)周转次数的计算

$$周转次数 = 360 \div 最低需要周转天数 \quad (6-19)$$

各类流动资产和流动负债的最低周转天数参照同类企业的平均周转天数并结合项目特点确定,或按部门(行业)规定,在确定最低周转天数时应考虑储存天数、在途天数,并考虑适当的保险系数。

(2)流动资产估算

①存货的估算:

存货,是指企业在日常活动中持有的以备出售的产成品或商品、处在生产过程中的在产品、在生产过程或提供劳务过程中耗用的材料和物料等,包括各类材料、外购商品、在产品、半成品和产成品等。为简化计算,项目评价中仅考虑外购原材料、燃料、其他材料、在产品、和产成品,并分项进行计算。

$$存货 = 外购原材料、燃料 + 其他材料 + 在产品 + 产成品 \quad (6\text{-}20)$$

$$外购原材料、燃料 = 年外购原材料与燃料费用 \div 分项周转次数 \quad (6\text{-}21)$$

$$其他材料 = 年其他材料费用 / 其他材料周转次数 \quad (6\text{-}22)$$

$$在产品 = (年外购原材料、燃料及动力费 + 年工资及福利费 +$$
$$年修理费 + 年其他制造费用) \div 在产品周转次数 \quad (6\text{-}23)$$

$$产成品 = (年经营成本 - 年营业费用) \div 产成品周转次数 \quad (6\text{-}24)$$

②应收账款估算:

$$应收账款 = 年经营成本 \div 应收账款周转次数 \quad (6\text{-}25)$$

③预付账款估算:

$$预付账款 = 外购商品或服务年费用金额 \div 预付账款周转次数 \quad (6\text{-}26)$$

④现金需要量估算:

$$现金 = (年工资及福利费 + 年其他费用) \div 现金周转次数 \quad (6\text{-}27)$$

$$年其他费用 = 制造费用 + 管理费用 + 营业费用 - (以上3项中所含的$$
$$工资及福利费、折旧费、摊销费、修理费) \quad (6\text{-}28)$$

(3)流动负债的估算

①应付账款的估算:

$$应付账款 = 外购原材料、燃料动力及其他材料年费用 \div 应付账款周转次数 \quad (6\text{-}29)$$

②预收账款的估算:

$$预收账款 = 预收的营业收入年金额 \div 预收账款周转次数 \quad (6\text{-}30)$$

3. 流动资金估算应注意的问题

(1)在采用分项详细估算时,要分别确定存货、应收账款、预付账款、现金、应付账款和预收账款的最低周转天数。对于存货中的外购原材料、燃料要根据不同品种来源,考虑运输方式和距离等因素的影响。

(2)不同生产负荷下的流动资金是按照相应负荷时的各项费用金额和给定的公式计算来的,而不能按满负荷下的流动资金乘以负荷百分数求得。

(3)流动资金属于长期性资金,流动资金的筹措可通过长期负债和资金融资方式来解决。流动资金借款部分的利息应计入财务费用、项目计算期期末回收全部流动资金。

第二节 建设项目投入资金及分年投入计划

一、项目投入总资金

按投资估算内容和投资估算方法估算各项投资并进行汇总分别编制项目投入总资金估算汇总表(见表6-5)、主要单项工程投资估算表(见表6-6),并对项目投入总资金构成和各单项工程投资比例的合理性及单位生产能力(使用效益)投资指标的先进性进行分析。

项目总投资估算表 表6-5

序 号	费用内容	投资额		占项目投入资金的比例(%)	计算说明
		合计(万元)	其中:外汇(万美元)		
1	建设投资				
1.1	工程费				
1.1.1	建筑工程费				
1.1.2	设备工器具购置费				
1.1.3	安装工程费				
1.2	工程建设其他费				
1.3	预备费				
1.3.1	基本预备费				
1.3.2	涨价预备费				
2	建设期贷款利息				
3	流动资金				
4	项目总投资(1+2+3)				

主要单项工程投资估算表 表6-6

序 号	工程名称	建筑工程费	设备工器具购置费	安装工程费	工程建设其他费	合 计
	合计					

二、分年资金投入计划

估算出项目投入资金后,应根据项目实施进度的安排,估算建设期资金投入分配和运营期流动资金投入计划,编制分年资金投入计划表,如表6-7所示。

分年资金投入计划表(单位:万元、万美元) 表6-7

序号	名 称	人民币			外汇		
		第一年	第二年	…	第一年	第二年	…
	分年计划(%)						
1	建设投资(不含建设期利息)						
2	建设期利息						
3	流动资金						
4	项目投入总资金(1+2+3)						

项目实施进度主要考虑确定建设工期,安排建设过程中各阶段的工作进度,以便合理分配使用资金,尽快形成生产能力,发挥投资效益。建设工期是指拟建项目从永久性工程开工之日起,到建成交付所需要的全部时间,主要是土建施工、设备采购与安装、生产准备、设备调试、联

合试车运转、竣工验收交付使用各个阶段。

项目建设期应根据国家有关部门制定的各行业项目建设工期定额和单位工程的工期定额,结合项目建设内容的繁简、工程量的大小、建设的难易程度以及施工条件等具体情况综合考虑。对于大型工程项目,应根据项目总工期要求,列出主要单项工程(主要工程和辅助工程)的建设起止时间和时序表。

项目建设工期确定后,应根据上述各阶段工作的具体情况,做好各阶段工作的相互衔接,编制项目实施进度图(横道图),如图6-2。建设进度计划可利用网络技术进行编制和调整。

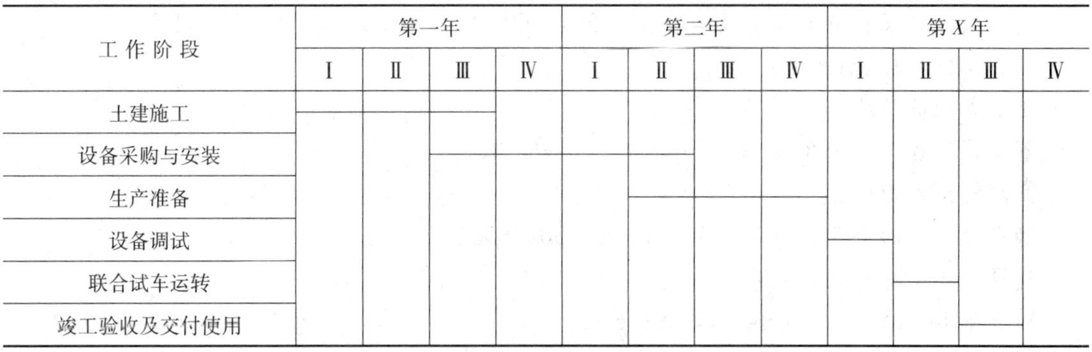

工作阶段	第一年				第二年				第 X 年			
	Ⅰ	Ⅱ	Ⅲ	Ⅳ	Ⅰ	Ⅱ	Ⅲ	Ⅳ	Ⅰ	Ⅱ	Ⅲ	Ⅳ
土建施工												
设备采购与安装												
生产准备												
设备调试												
联合试车运转												
竣工验收及交付使用												

图6-2 项目实施进度图

第三节 工程投资估算实例

【例6-6】拟建年产10万吨炼钢厂,根据可行性研究报告提供的主厂房工艺设备清单和询价资料,估算出该项目主厂房主要设备费约3 600万元。已建类似项目资料:与主厂房主要设备有关的主厂房其他设备购置费及建安工程费系数见表6-8;与主厂房工程费有关的辅助工程及附属设施工程费及项目工程建设其他费系数见表6-9。

主厂房中与主要设备有关的各费用系数   表6-8

加热炉	气化冷却	余热锅炉	自动化仪表	起重设备	供电与传动	建安工程
0.12	0.01	0.04	0.02	0.09	0.18	0.40

与主厂房有关的辅助及附属设施工程费及工程建设其他费投资系数   表6-9

动力系统	机修系统	总图运输系统	行政及生活福利设施工程	工程建设其他费
0.30	0.12	0.20	0.30	0.20

本项目的资金来源为自有资金和贷款,贷款总额为8 000万元,贷款均衡发放,年利率为8%,按年计息。建设期3年,第一年投入30%,第二年投入50%,第三年投入20%。预计建设期物价年均上涨3%,基本预备费费率5%。

问题:(1)用系数估算法估算该项目主厂房工程费,进而估算建设项目的工程费与工程建设其他费;

(2)估算该项目的建设投资额,并编制建设投资估算表;

(3)假定该项目的建设投资都形成固定资产,若固定资产投资资金率为6%,用扩大指标法估算项目的流动资金,确定项目的总投资。

解:(1)系数估算法估算如下:
主厂房工程费 $= 3\,600 \times (1 + 0.12 + 0.01 + 0.04 + 0.02 + 0.09 + 0.18 + 0.40)$
$= 3\,600 \times 1.86 = 6\,696(万元)$

其中:建安工程费 $= 3\,600 \times 0.4 = 1\,440(万元)$
设备购置费 $= 3\,600 \times 1.46 = 5\,256(万元)$
辅助及附属设施工程费与建设项目工程建设其他费
$= 6\,696 \times (0.30 + 0.12 + 0.20 + 0.30 + 0.20)$
$= 6\,696 \times 1.12 = 7\,499.52(万元)$

建设项目工程费与工程建设其他费之和 $= 6\,696 + 7\,499.52 = 14\,195.52(万元)$
(2)具体计算过程如下:
①基本预备费计算
基本预备费 $= 14\,195.52 \times 0.05 = 709.78(万元)$
②涨价预备费计算
静态投资 $= 14\,195.52 + 709.78 = 14\,905.30(万元)$
建设期各年静态投资额为:
第一年 $14\,905.3 \times 0.3 = 4\,471.59(万元)$
第二年 $14\,905.3 \times 0.5 = 7\,452.65(万元)$
第三年 $14\,905.3 \times 0.2 = 2\,981.06(万元)$
涨价预备费 $= 4\,471.59 \times [(1+0.03)-1] + 7\,452.65 \times [(1+0.03)^2 - 1] + 2\,981.06 \times$
$[(1+0.03)^3 - 1]$
$= 134.15 + 453.87 + 276.42 = 864.44(万元)$

建设投资 $= 14\,195.52 + 709.78 + 864.44 = 15\,769.74(万元)$
③建设期贷款利息计算
第一年贷款利息 $= (0 + 8\,000 \times 0.30 \div 2) \times 8\% = 96(万元)$
第二年贷款利息 $= [(8\,000 \times 0.30 + 96) + 8\,000 \times 0.50 \div 2] \times 8\% = 359.68(万元)$
第三年贷款利息 $= [(2\,400 + 96 + 4\,000 + 359.68) + (8\,000 \times 0.20 \div 2)] \times 8\%$
$= 612.45(万元)$

建设期贷款利息 $= 96 + 359.68 + 612.45 = 1\,068.13(万元)$
④拟建项目建设投资估算表见表6-10所示。

项目建设投资估算表(单位:万元) 表6-10

序号	工程费用名称	系数	建安工程费	设备购置费	其他费	合计	占投资总额比例(%)
1	工程费		7 600.32	5 256.00		12 856.32	81.53
1.1	主厂房		1 440.00	5 256.00		6 696.00	
1.2	动力系统	0.30	2 008.80			2 008.80	
1.3	机修系统	0.12	803.52			803.52	
1.4	总图运输系统	0.20	1 339.20			1 339.20	
1.5	行政生活福利设施	0.30	2 008.80			2 008.80	
2	工程建设其他费	0.20			1 339.20	1 339.20	8.49
	(1)+(2)					14 195.52	

续上表

序号	工程费用名称	系数	建安工程费	设备购置费	其他费	合计	占投资总额比例(%)
3	预备费				1 574.22	1 574.22	9.98
3.1	基本预备费				709.78	709.78	
3.2	涨价预备费				864.44	864.44	
4	建设投资合计(1+2+3)		7 600.32	5 256.00	2 913.42	15 769.74	100

(3)扩大指标法估算如下：

固定资产价值 = 15 769.74 + 1 068.13 = 16 837.87(万元)

流动资金 = 16 837.87 × 6% = 1 010.27(万元)

拟建项目总投资 = 16 837.87 + 1 010.27 = 17 848.14(万元)

第四节　建设项目融资方案

一、融资方案

所谓融资，即资金筹措，是以一定的渠道为某些特定活动筹集所需资金的各种活动的总称。建设项目融资之前需要确定融资方案，即在投资估算的基础上，通过研究拟建项目所需要的资金的融资渠道、融资方式、融资结构、融资成本、融资风险等内容，比选、推荐融资方案，作为资金筹措和财务评价的依据。

一个建设项目所需要的建设资金，可以从多个渠道获得，资金的来源渠道不同，资金成本也就不同，对于项目经济效益的影响自然也不同。因此，在项目融资之前，必须明确每一笔资金的融资渠道和融资方式。

项目融资渠道也称筹资渠道，是指客观存在的筹措资金的来源方向与通道。认识和了解各筹资渠道及其特点，有助于企业充分拓宽和正确利用筹资渠道。

项目的融资方式主要从负债融资和权益融资两方面加以介绍。

负债融资是指通过国内外银行贷款、国际金融组织贷款、外国政府贷款、出口信贷、发行债券等方式筹集的资金。

权益融资形成"项目资本金"和"所有者权益"。

项目资本金是指在建设项目总投资中，由投资者认缴的出资额，对于建设项目来说是非债务性资金，项目法人不承担这部分资金的任何利息和债务；投资者可按其出资的比例依法享有所有者权益，也可转让其出资及其相应权益，但不得以任何方式抽回。

所有者权益是指企业资产扣除负债后由所有者享有的剩余权益。包括实收资本(或股本)、资本公积、盈余公积和未分配利润。

二、融资渠道

按照不同的标准，融资渠道有如下划分方法：

(1)按照融资的主体，可分为既有法人融资和新设法人融资。

①既有法人融资。既有法人融资方式是以既有法人为融资主体的融资方式。既有法人融资方式的资金主要来源于既有法人内部的融资、新增资本金和新增债务资金。

既有法人融资方式筹集的债务资金用于项目投资,债务人就是既有法人。

债权人可对既有法人的全部资产进行债务追索,因而债权人的债务风险较低。新增债务资金依靠既有法人的盈利能力来偿还,并以其整体的资产和信用承担债务担保。采用既有法人融资方式时,建设项目既可以是改扩建项目,又可以是非独立法人的新建项目。

②新设法人融资。新设法人融资方式的融资主体是新组建的具有独立法人资格的项目公司。建设项目新设法人融资的资金主要来源于项目公司股东投入的资本金和项目公司承担的债务资金。

在这种融资方式下,项目发起人(企业或政府)会组建新的项目公司,这些项目公司具有独立法人资格,并承担融资责任和风险。

新设法人融资方式一般以项目投资形成的资产、未来收益作为融资担保的基础。项目能否贷款取决于项目自身的盈利能力。因此,新设法人融资必须认真分析项目自身的现金流量和盈利能力。

采用新设法人融资方式的建设项目一般是新建项目,也可以是将既有法人的一部分资产剥离出去后重新组建新的项目法人的改扩建项目。

(2)按照融资的性质,可分为权益融资和负债融资。

①权益融资。权益融资是指以所有者身份投入非负债性资金的方式进行的融资。权益融资形成企业的"所有者权益"和项目的"资本金"。权益融资在我国项目资金筹措中具有强制性。

权益融资具有以下特点:权益融资筹措的资金具有永久性,无到期日,无须归还;没有固定的按期还本付息压力;权益融资是负债融资的基础,是项目法人最基本的资金来源。

②负债融资。负债融资是指通过负债的方式筹集各种债务资金的融资方式。负债融资是工程项目资金筹措的重要形式。负债资金按其使用的期限可分为短期、中期和长期债务。短期债务的期限为1年(含1年)以内,中期债务的期限为1年以上(不含1年)、5年以下(含5年),长期债务的期限为5年(不含5年)以上。按照负债融资的信用基础可分为主权信用融资、企业信用融资和项目融资。

负债融资具有以下特点:负债融资筹措的资金的使用具有时间限制,必须按期偿还;无论项目法人今后效益如何,均需要固定支付债务利息,从而形成项目法人今后固定的财务负担;负债融资的资金成本一般比权益融资低,而且不会分散对项目未来权益的控制权。

(3)按照不同的融资结构安排,可分为传统融资方式和项目融资方式。

①传统融资。传统融资方式是指一个公司或企业利用本身的资信能力为项目所安排的融资。在这种融资方式下,投资者将该项目与项目业主作为一个整体看待,以其资产负债情况、盈利水平、现金流量状况等为依据决定是否投资。

②项目融资。项目融资方式是投资项目资金筹措方式的一种,特指某种资金需求量巨大的投资项目的筹资活动,而且以负债作为资金的主要来源。项目融资主要不是以项目业主的信用,或者项目有形资产的价值作为担保来获得贷款,而是依赖于项目本身良好的经营状况和项目建成、投入使用后的现金流量作为偿还债务的资金来源;同时,将项目的资产,而不是项目业主的其他资产作为借入资产的抵押。

项目融资具有分散风险、有限追索、表外融资、融资渠道多样化、融资成本较高等特点,其过程可以分为投资决策分析、融资决策分析、融资结构分析、融资谈判和项目融资的执行五个阶段。

项目融资与传统融资差异很大,它是以项目的资产、收益作为抵押的融资。

③项目融资和传统融资的主要区别有:

a. 贷款对象不同。项目融资贷款人融资的对象是项目单位(项目发起人为了建造某一工程项目而组成的承办单位),而传统融资贷款人融资的对象是项目发起人。

b. 筹资渠道不同。项目融资中工程项目所需要的建设资金具有规模大、期限长的特点,因而需要多元化的资金融资渠道;而传统融资方式的融资渠道一般比较单一。

c. 追索性质不同。项目融资的突出特点是融资的有限追索或者无追索权;而在传统融资中,银行提供的是具有完全追索权的资金,一旦借款人无法偿还银行贷款,银行能够行使对于借款人的资产处置权。

d. 还款来源不同。项目融资以项目投产后的收益和项目本身的资产作为还款来源,而传统融资则以项目发起人的所有资产及其收益作为还款来源。

e. 担保结构不同。项目融资一般具有结构严谨、复杂的担保体系,而传统融资一般只需要单一的担保结构。

三、融资方式

所谓融资方式,即取得资金的具体形式。下面我们对于负债融资和权益融资两种不同融资渠道下各种主要的融资方式给予介绍。

1. 负债融资

(1)商业银行贷款

①国内商业银行贷款。按照《贷款通则》的规定,根据承担风险主体的不同,可以分为自营贷款、委托贷款和特定贷款;根据贷款期限的不同,可以分为短期贷款、中期贷款和长期贷款;根据贷款的担保情况,可以分为信用贷款、担保贷款、保证贷款、抵押贷款、质押贷款和票据贴现贷款。根据我国有关制度的规定,申请国内商业银行贷款应当具备产品市场前景良好、生产经营效益较佳、信用良好等基本条件。

②国际商业银行贷款。它有以下两种提供方式:一是小额贷款,即由一家商业银行独自提供贷款;二是贷款金额较大,一般由数家商业银行组成银团联合提供贷款,又称为"辛迪加贷款"或者银团贷款。数额较大的贷款大多数采用"辛迪加贷款"的方式,因为这种方式可以有效分散贷款的风险。

③国际出口信贷。是指以出口国政府为后盾,通过银行对出口贸易提供的信贷。出口国政府对本国出口信贷给予利息补贴并提供担保,促使本国商业银行对本国出口商或外国进口商(或银行)提供较低利率的贷款,以满足买方支付的需求,鼓励和扩大本国的出口。

(2)政策性贷款

①国家政策性银行贷款。是指我国政策性银行,如国家开发银行、中国进出口银行、中国农业发展银行提供的贷款。这种贷款一般期限较长、利率较低,而且配合一定产业政策的实施而进行。

②外国政府贷款。是指外国政府向发展中国家提供的长期优惠性贷款。这种贷款具有政府间开发援助的性质,赠予成分(即通过与市场条件利率和偿还期相比较,计算出的贷款的优惠幅度)一般达到35%以上。

③国际金融组织贷款。主要是指国际货币基金组织、世界银行、国际开发协会、国际金融公司、亚洲开发银行等组织提供的贷款。这些国际金融组织由多个国家组成,向特定的国家提供优惠性的贷款,是另一种官方资本来源。

(3)发行债券

发行债券的主要方式有:国内公司(企业)债券、可转换债券、海外债券、海外可转换债券。

(4)融资租赁

融资租赁又称财务租赁,它区别于经营租赁,是以金融、贸易和租赁相结合,以租赁物品的所有权和使用权相分离为特征的一种新型的借贷方式。

2. 权益融资

(1)吸收直接投资

吸收直接投资是指企业按照"共同投资、共同经营、共担风险、共享利润"的原则,直接吸收国家、法人、个人投入资金的一种筹资方式。吸收直接投资无须公开发行证券,出资者都是企业的所有者,他们对于企业具有经营管理权,各方按出资额的比例分享利润或者承担损失。

(2)发行普通股

股票属于股份公司为筹集自有资金而发行的有价证券,是公司签发的证明股东所持股份的凭证,它代表了股东对于股份制公司的所有权。发行普通股是股份有限公司筹集权益资金最常见的方式。普通股是股份公司依法发行的具有管理权、股利不固定的股票。它具备股票的一般特征,是股份公司资本的基本部分。普通股股票的持有人称为普通股股东,具有公司管理权、分享盈余权、出让股份权、优先认股权和剩余财产要求权。

(3)发行优先股

优先股是股份公司依法发行的具有一定优先权的股票。它是一种特别股票,与普通股有许多相似之处,但又具有债券的某些特征。优先股的"优先"是相对普通股而言的,这些优先权主要表现在优先分配股利权、优先分配剩余资产权和部分管理权等方面。

从法律上讲,优先股属于企业自有资金,不承担法定的还本付息义务。优先股股东所拥有的权利和普通股股东近似。优先股的股利不能像债务利息那样从税前扣除,而必须从净利润中支付。但优先股有固定的股利,而且对于盈余的分配和剩余资产的求偿具有优先权,这两点与债券类似。所以,优先股具有双重性质。

3. 其他融资方式

(1)BOT融资

BOT是英文Build-Operate-Transfer的缩写,即建设—经营—转让方式,是指政府将一个基础设施项目的特许权授予承包人。承包人在特许期内负责项目设计、融资、建设和营运,并回收成本、偿还债务、赚取利润,特许期结束后将项目所有权移交给政府。实质上,BOT融资方式是政府与承包人合作经营工程项目的一种特殊运作模式,主要用于发展收费公路、发电厂、铁路、废水处理设施等。

BOT融资方式具有以下特点:

①具有无追索或有限追索权。

②承包人在特许期内拥有项目所有权和经营权。由于承包商承担了项目全部风险,因此,融资成本较高。

③融资项目设计、建设和营运效率一般较高,因此,用户可以得到较高质量的服务。

④项目收入一般是当地货币。如果承包商来自国外,对本国来讲,项目建设后将会有大量

外汇流出。

⑤融资项目不计入承包商的资产负债表,承包商不必暴露自身的财务情况。

BOT 的运作主要有项目的确定和拟订、招标、选标、开发、建设、营运和移交 8 个阶段。

BOT 融资方式的新发展是 TOT 融资方式,主要用于电力行业,是指中方把已经投产的电站移交给外商经营,凭借电站在未来若干年内的现金流量,一次性地从外商那里融得一部分资金,用于建设新电站。

(2) ABS 融资

ABS 是英文 Asset、Backed、Securitization 的缩写,它是以项目所属的资产为支撑的一种证券化融资方式。ABS 融资是在 BOT 融资的基础上发展起来的,以项目所拥有的资产为基础,以项目资产可以带来的预期收益为保证,通过在资本市场上发行债券来筹集资金。

(3) 贸易融资

贸易融资有补偿贸易和对外加工装配两种方式。

补偿贸易是技术贸易、商品贸易和信贷相结合的一种利用外资的融资方式。主要有直接补偿、间接补偿、综合补偿和劳务补偿几种方式。这些方式的主要区别在于用于补偿的是用外商提供的设备和技术直接生产出来的产品(直接补偿),还是本企业的其他产品(间接补偿),还是两者都有(综合补偿),或者是承接外商来料加工和来料装配的劳务(劳务补偿)。

(4) 境外投资基金融资

境外投资基金融资主要用于对我国的基础设施建设、基础产业开发、现有企业技术改造等进行直接投资。境外投资基金包括全球基金、地区基金和国家基金等。

四、融资成本

融资成本,又称资金成本,是指企业为筹集和使用资金而付出的代价。融资成本主要由资金筹集成本和资金使用成本两部分组成。资金筹集成本,又称融资费用,是指在资金筹措过程中支付的各项费用,主要包括各种融资方式下所产生的手续费、股票和债券的发行费、印刷费、公证费、担保费等。资金使用成本,又称资金占用费,包括支付给股东的股利、向债权人支付的贷款利息以及支付给其他债权人的各种利息费用等。

资金筹集成本属于一次性费用,在资金使用过程中不再发生,而资金使用成本则在资金使用过程中多次发生。

融资成本是选择资金来源,确定融资方案的重要依据,是评价投资项目、决定投资取舍的重要标准,也是衡量企业经营成果的重要尺度。

筹资方案的设计是建立在对项目资金来源、建设进度进行综合研究的基础之上的。为保证项目有适宜的筹资方案,需要对可能的筹资方式的筹资成本、资金使用条件、利率和汇率风险等进行比较,以寻求资金成本最低的筹资方案。

资金成本可以采用绝对数表示:

$$资金成本 = 资金占用费 + 资金筹集费 \qquad (6\text{-}31)$$

为便于分析,资金成本一般采用相对数表示,称为资金成本率。

$$资金成本率 = 资金占用费 \div (筹集资金总额 - 资金筹集费用) \times 100\% \qquad (6\text{-}32)$$

在实际工作中,资金来源不同所以资金成本的计算略有不同。

1. 个别资金成本

个别资金成本是指使用各种长期资金的成本,具体包括借款成本、债券成本、普通股成本和留存收益成本。前两种为负债成本,后两者为权益资金成本。当企业在多种筹资方式中选择其一时,要分别计算各种筹资方式的个别资金成本,并从中选取资金成本最低的方式。

(1)债务资金成本

债务资金的资金成本就是贷款利率,因为借贷资本的使用费用就是借贷者所支付的贷款利息。

①债券成本。发行债券的成本主要是债券利息和筹资费用。债券成本中的利息应在所得税前列支。此外,发行债券的融资费用,包括发行债券的手续费、注册费、印刷费、上市费等,也应该计入融资成本。

债券成本的计算公式为:

$$K_b = \frac{I_b(1-T)}{B(1-F_b)} \tag{6-33}$$

式中:K_b——债券成本;
   I_b——债券年利息;
   T——所得税税率;
   B——债券筹资额;
   F_b——债券筹资费用率。

【例6-8】假定某公司发行面额为10 000万元的债券20 000张,总筹资额为15 000万元,票面利率8%,发行费用占发行价值的5%,公司所得税税率为25%。计算该债券的资金成本是多少?

解:根据式(6-33)可得:

$$K_b = \frac{10\,000 \times 8\% \times (1-25\%)}{15\,000 \times (1-5\%)} = 4.21\%$$

该债券的资金成本为4.21%。

②长期借款成本。一般来说,长期借款成本要比债券成本低一些,因为没有那么多的发行费用。长期借款成本的计算公式为:

$$K_t = \frac{I_t(1-T)}{L(1-F_t)} \tag{6-34}$$

$$K_t = \frac{R_t(1-T)}{(1-F_t)} \tag{6-35}$$

式中:K_t——长期借款成本;
   I_t——长期借款年利息;
   T——所得税税率;
   L——长期借款融资额,即借款本金;
   F_t——长期借款融资费用率;
   R_t——长期借款年利率。

长期借款中发生的融资费用主要是手续费。当这笔费用数目很小时,可以忽略不计。

【例6-9】一个企业获得4年期长期借款4 000万元,年利率10%,每年付息一次,到期一次还本,融资费用率为5%,公司所得税税率为25%。计算该长期借款的资金成本是多少?

解:由式(6-34)可得:

$$K_t = \frac{4\,000 \times 10\%(1-25\%)}{4\,000(1-5\%)} = 7.89\%$$

该长期借款的资金成本是7.89%。

(2)权益资金成本

权益资金的红利是由所得税后的净利润来支付的,所以并不会减少企业应该缴纳的所得税的数额。

①优先股成本。优先股的认购人能够优先于普通股分得股利。在优先股的资金成本计算中,融资额按照优先股的发行价格来确定。

优先股的资金成本的计算公式为:

$$K_p = \frac{D_p}{P_p(1-F_p)} \tag{6-36}$$

式中:K_p——优先股的资金成本;

D_p——优先股的年股利;

P_p——优先股的融资额;

F_p——优先股的融资费用率。

【例6-10】某公司发行优先股总面额为2 000万元,总发行价格为2 500万元,融资费用率为8%,年股利率为14%。计算这笔优先股的资金成本是多少?

解:根据式(6-36),所得到的这笔优先股的资金成本为:

$$K_p = \frac{2\,000 \times 14\%}{2\,500 \times (1-8\%)} = 12.17\%$$

这笔优先股的资金成本是12.17%。

②普通股成本。普通股股东对于公司的预期收益(必要报酬率)要求,可以看作是普通股的资金成本。普通股成本通常可以利用资本资产定价模型,通过估计同行业类似项目的投资收益来确定,也可以通过股利折现模型来测算。采用股利折现模型法计算股票的资本成本较为容易理解,其计算式为:

$$K_c = \frac{D_c}{P_c(1-F_c)} + G \tag{6-37}$$

式中:K_c——普通股的成本;

D_c——预期第一年股利额;

P_c——普通股融资额;

F_c——普通股的融资费用率;

G——普通股利年增长率。

③利润留成成本。股东将利润留成用于公司而不作为股利或者用于其他投资,是想从中获得能够与普通股等价的报酬。所以,利润留成成本也就是股东失去的机会成本,它的计算与普通股的成本相似,但是不考虑融资费用。其计算公式为:

$$K_r = \frac{D_c}{P_c} + G \tag{6-38}$$

式中:K_r——利润留成成本。

2.综合资金成本

综合资金成本是指企业以个别资金成本为基数,以各种来源资本占全部资本的比重为权数计算的,以各种方式筹集的全部资金成本的总成本。其中,个别资本占全部资本的比重,即权数的确定方法有账面价值法、市场价值法和目标价值法。当企业有多种筹资方案且每一方案下又有多种筹资方式时,由于个别资金成本有高低差异,为了判断资本结构的合理性,需要计算确定加权平均资金成本。

其计算公式为:

$$K_W = \sum_{j=1}^{n} K_j W_j \qquad (6\text{-}39)$$

式中:K_W——综合资金成本;
　　K_j——第j种个别资金成本;
　　W_j——第j种个别资金占全部资金的比例(权数)。

【本章小结】

工程投资估算是指在项目投资决策过程中,依据现有的资料和特定的方法,对建设项目的投资数额进行的估计和测算。投资估算可作为制定融资方案、进行项目经济评价以及编制初步概算的基础和依据,是项目决策的重要依据之一。准确、全面地估算建设工程项目的投资额是项目可行性研究乃至整个工程项目投资决策阶段的重要任务。

生产性建设项目总投资包含建设投资和流动资金两部分,非生产性建设项目总投资不含流动资金。建设投资由建筑安装工程费、设备及工器具购置费、工程建设其他费、预备费(包括基本预备费、涨价预备费)和建设期利息构成。通过学习本章内容应掌握各项费用的估算及建设项目总投资的估算方法。

融资是指为项目投资而进行的资金筹措行为或资金来源方式。一个建设项目所需要的建设资金,可以从多个渠道获得,资金的来源渠道不同,资金成本也就不同,对于项目经济效益的影响自然也不同。因此,通过学习本章内容应掌握不同融资方式的特点以及融资成本的计算,在项目融资之前,必须明确每一笔资金的来源渠道和融资方式。

【复习思考题】

1. 项目总投资由哪几部分构成?
2. 建设投资估算有哪些方法?
3. 流动资金的估算有哪些方法?
4. 什么是融资?建设项目所需的资金来源由哪几部分组成?
5. 按照不同的融资主体划分,融资渠道有哪几种?
6. 负债融资与权益融资各有什么特点?
7. 简述项目融资和传统融资的主要区别。
8. 发行债券有什么优缺点?
9. 融资租赁有哪几种形式?
10. 发行普通股有什么优缺点?
11. 发行优先股有什么优缺点?
12. 某建设项目建设期3年,各年投资比例分别为20%、50%、30%,贷款总额40 000万元,分年度均衡发放,年利率6%,计算建设期贷款利息。
13. 某建设项目的工程费与工程建设其他费合计为52 180万元,基本预备费费率5%,建设期物价年均上涨3%。建设资金60%来源于贷款,贷款按年度均衡发放,年利率8%。建设期3年,各年资金投入比例为:第一年20%,第二年50%,第三年30%。试估算建设资金。

14. 某项目达到设计生产能力后,全厂定员1 100人,工资和福利按每年每人27 000元估计,其他年费用860万(其中,其他制造费660万)。年外购的原材料、燃料、动力费为19 200万元。年经营成本21 000万元,年修理费占年经营成本的10%。各项流动资金最低周转天数分别为:应收账款30天,现金40天,应付账款30天,存货40天。一年按360天计算,用分项详细估算法估算拟建项目的流动资金。

15. 某公司制定了如下融资方案:长期借款200万,年利率8%,筹资费费率4%;发行普通股100万,筹资费率5%,预计第一年股息率15%,以后每年增长5%。若所得税税率20%,计算该融资方案的综合资金成本率。

第七章 建设项目财务评价

【教学目标】
1. 了解财务评价的相关内容;
2. 熟悉财务评价的相关报表;
3. 掌握销售收入与成本费用的估算方法;
4. 掌握财务评价指标的计算方法。

建设工程项目在实施前必须进行科学的评价。工程项目经济评价是项目可行性研究的核心内容和项目决策的重要依据,它包括财务评价和国民经济评价两个层次。财务评价和国民经济评价是从不同角度出发对项目进行的经济评价。财务评价既是经济评价的核心内容,也为国民经济评价提供了调整计算的基础。

第一节 建设项目财务评价概述

一、财务评价的概念

财务评价是一种经济评价活动,即依据国家现行的财税制度、价格体系和有关的法律法规,从项目或企业的角度出发,分析测算拟建项目的投资、成本、收益、税金和利润,编制各种财务报表,计算项目范围内的财务效益和费用,考察项目建成投产后的盈利能力、偿债能力和财务生存能力,并以此来评价和判断项目的财务可行性。

建设项目的财务评价是工程经济分析的重要组成部分,也是项目前期工作的重要内容。它对于加强固定资产投资管理、提高投资决策的科学化水平、减少和规避风险、充分发挥投资效益等都具有非常重要的作用。

二、财务评价基本步骤

工程项目的财务评价是根据财务评价原理,利用有关基础数据进行的,其具体步骤一般如下:

(1) 收集、整理、分析和估算项目的财务基础数据,编制财务评价的辅助报表

根据国家现行的财税制度、拟建项目市场调查研究以及投资方案的分析,确定合理的产品方案、生产方案和生产规模,选择建设地点和资金筹措方案,拟定项目计划等,并进行预测和估算,获得一系列财务基础数据,如项目总投资、成本、销售收入、税金和利润等。在分析、审查、鉴定和评估这些财务数据的基础上,可编制一系列财务评价的辅助报表。

(2) 编制财务评价的基本报表

将辅助报表中的基础数据进行汇总和整理,依据一定的程序和方法,可编制出财务评价的基本报表。基本报表有现金流量表、利润与利润分配表、资金来源与运用表、资产负债表表等类型。

(3)计算和分析财务评价指标

利用各基本报表可分析、计算出一系列财务评价指标。财务评价指标包括静态指标和动态指标,总体来说,这些指标主要是反映项目盈利能力的净现值、投资回收期、投资收益率和内部收益率等指标,以及反映项目清偿能力的资产负债率、流动比率、速动比率、利息备付率和偿债备付率等指标。

(4)进行不确定性分析

不确定性分析包括盈亏平衡分析、敏感性分析,主要分析项目适应市场变化的能力和抗风险能力,并得出项目在不确定状态下财务评价的结论。

(5)提出财务评价结论

将确定性分析计算出来的各项财务评价指标与国家有关部门规定的基准值或经验标准、历史标准、目标标准等进行比较,即可对项目的盈利能力、清偿能力和财务生存能力做出评价,从而判断项目财务上的可行性;同时,结合项目不确定性分析的财务评价结论,最终从项目的角度提出该项目是否可行的结论。

三、财务评价基础数据与参数选取

1. 基础数据的范围和作用

财务评价的基础数据按其作用可以划分为两类:一是计算用数据和参数;二是判别用参数,或称基准参数。

(1)计算用数据和参数

计算用数据和参数可分为初级数据和派生数据两类。初级数据大多是通过调查研究、分析、预测确定或相关专业人员提供的,例如产出物数量、销售价格、原材料及燃料动力消耗量及其价格、人员数量和工资、折旧和摊销年限、成本计算中的各种费率、税率、汇率、利率、计算期和运营负荷等;派生数据例如成本费用、销售(营业)收入、销售税金与附加、增值税等,是通过初级数据计算、派生出来的,可供财务分析之用。

计算用数据和参数可用于编制财务评价的辅助报表和基本报表,继而进行财务分析,判别项目的财务可行性。

(2)判别用参数

判别用参数是指用于判别项目效益是否满足要求的基准参数,例如基准收益率或最低可接受收益率、基准投资回收期、基准投资利润率等,这些基准参数往往需要通过专门分析和测算得到,或者直接采用有关部门或行业的发布值,或者由投资者自行确定。

2. 财务评价基准参数的选取

财务评价中最重要的基准参数是判别内部收益率是否满足要求的基准参数即基准收益率或最低可接受收益率(参见本书第三章)以及判别项目投资回收能力的基准投资回收期等。

(1)内部收益率的判别基准

《投资项目可行性研究指南》(试用版)规定了三个层次的内部收益率指标,即项目财务内部收益率、项目资本金内部收益率以及投资各方内部收益率。这些指标从不同角度考察项目的盈利能力,其相应的判别基准参数即基准收益率或最低可接受收益率也可能有所不同。

①项目财务内部收益率的判别基准。项目财务内部收益率的判别基准是财务基准收益率,可采用行业或专业(总)公司统一发布执行的基准数据,也可以由评价者自行设定。设定时常考虑以下因素,即行业边际收益率、银行贷款利率、资本金的资金成本等因素。近年来,采

用项目加权平均资金成本(国外简称 WACC)为基础来确定财务基准收益率的做法已成趋势。

②项目资本金内部收益率的判别基准。项目资本金内部收益率的判别基准是最低可接受收益率。它的确定主要取决于当时的资本收益水平以及项目所有资本金投资者对权益资金收益的综合要求,涉及资金机会成本的概念以及投资者对风险的态度。当资本金投资者没有明确要求时,可采用社会平均(理论上应为边际)或行业平均的权益资金收益水平。

③投资各方内部收益率的判别基准。投资各方内部收益率的判别基准是投资各方对投资收益水平的最低期望值也可以称为最低可接受收益率。它取决于投资者的决策理念、资本实力和对风险的承受能力。

(2)项目投资回收期的判别基准

项目投资回收期的判别基准是基准投资回收期,其取值可以根据行业水平或投资者的具体要求而定。

四、财务评价报表

财务评价报表包括辅助报表和基本报表。在财务评价前,必须进行财务预测。就是先要收集、估计和测算一系列财务数据,作为企业财务评价所需的基本数据,其结果主要汇集于辅助报表中。将辅助报表中的基础数据进行汇总和整理,依据一定的程序和方法,可编制出财务评价的基本报表。

1. 财务评价辅助报表与基本报表的关系

(1)财务评价的辅助报表

财务评价的辅助报表一般包括有建设投资(不含建设期利息)估算表(辅表1)、项目投入总资金估算汇总表(辅表2)、流动资金估算表(辅表3)、投资使用与资金筹措计划表(辅表4)、借款还本付息计划表(辅表5)、外购原材料费用估算表(辅表6)、外购燃料动力费用估算表(辅表7)、固定资产折旧费估算表(辅表8)、无形资产及其他资产摊销费估算表(辅表9)、总成本费用估算表(辅表10)以及销售收入、营业税金及附加和增值税估算表(辅表11)等。

(2)财务评价的基本报表

财务评价基本报表包括项目财务现金流量表、资本金财务现金流量表、投资各方财务现金流量表3种现金流量表,利润与利润分配表、资金来源与运用表、资产负债表等。

(3)辅助报表与基本报表的关系

项目经济评价中的辅助报表和基本报表间的关系如图7-1所示。从图7-1中可以看出。财务评价的数据是从辅助报表流向基本报表的。辅助报表是基本报表的基础,而基本报表则是评价各类指标的依据。各表之间的关系如下:

①建设投资(不含建设期利息)估算表是源头表格。表中的建设投资(不含建设期利息)可以根据工艺过程设计、技术与设备的选择以及施工安装的具体情况,事先估算出各投资费用,并按建筑工程费、设备及工器具购置费、安装工程费、工程建设其他费用进行分类,填入表中,得到建设投资(不含建设期利息)总估算值。

有了建设投资(不含建设期利息)总估算值,就可以按投资使用计划进行建设期逐年的投资安排和相应的资金筹措,并由此计算出建设期利息,从而得到建设投资(包含建设期利息)的总估算值。按照资本保全的原则,从建设投资(包含建设期利息)中可归类为固定资产、无形资产和其他资产的数额,继而完成对固定资产折旧费估算表和无形资产及其他资产摊销费估算表的编制。

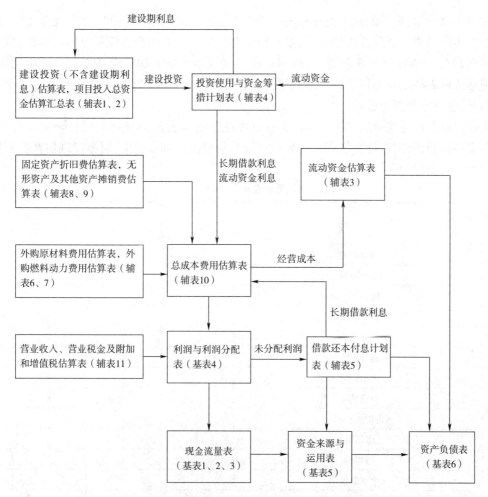

图 7-1 辅助报表与基本报表关系图

②外购原材料费用估算表和外购燃料动力费用估算表是另一类源头表格,它为总成本费用及增值税的估算提供了依据,表中的数据应根据市场价格、生产负荷及物料消耗量、增值税税率等情况做出估算。有了总成本费用,就可以分离出经营成本,从而可以估算出流动资金的需要量,为投资使用与资金筹措计划表、项目投入总资金估算汇总表的最终完成提供依据。

③总成本费用估算表、利润与利润分配表以及借款还本付息计划表是形成数据回路的三张表。其中,总成本费用估算表中的"利息支出"包括了长期借款利息与流动资金的借款利息;而长期借款余额的大小又与上年"偿还本金"有关,涉及借款还本付息计划表的计算。在借款还本付息计划表的编制中,"偿还借款本金的资金来源"包括了来自利润与利润分配表中的"未分配利润"一项,而未分配利润的大小又向上追溯与"总成本费用"有关。在具体编制报表时,只能逐年地在3张表间循环填写,直到长期借款还清为止。

2. 财务评价报表的编制

本节主要介绍几种主要的财务评价基本报表的编制。

(1)现金流量表

现金流量表是反映项目在计算期内各年的现金流入、现金流出和净现金流量的计算表格。现金流量表只反映项目在计算期内各年实际发生的现金收支,不反映非现金收支(如折旧费、应收账款及应付账款等)。

按照国家规定,项目的现金流量分析分为三个层次:第一层次为项目财务现金流量分析;第二层次为项目资本金现金流量分析;第三层次为投资各方面的现金流量分析。因此,现金流量表也可以分为项目财务现金流量表、项目资本金现金流量表和投资各方财务现金流量表。编制现金流量表的主要作用是计算不同层次的财务内部收益率、财务净现值和投资回收期等分析指标,进行盈利能力分析。

①项目财务现金流量表(表7-1)。项目财务现金流量表是指在确定项目融资方案前,对投资方案进行分析,用以计算投资项目所得税前后的财务内部收益率、财务净现值及投资回收期等财务分析指标的表格。

项目财务现金流量表(单位:万元) 表7-1

序号	项目	合计	计算期					
1	现金流入							
1.1	销售(营业)收入							
1.2	回收固定资产余值							
1.3	回收流动资金							
2	现金流出							
2.1	建设投资							
2.2	流动资金							
2.3	经营成本							
2.4	销售税金及附加							
2.5	增值税							
2.6	所得税							
2.7	其他现金流出							
3	净现金流量(1−2)							
4	累计净现金流量							
5	所得税前净现金流量(3+2.6)							
6	累计所得税前净现金流量							

计算指标:1.财务内部收益率;2.财务净现值;3.财务投资回收期

因为项目各个融资方案不同,所采用的利率也是不同的,所以,编制项目投资现金流量表时,不考虑利息对项目的影响。此外,由于项目的建设性质和建设内容不同,项目的所得税税率和享受的国家优惠政策也是不相同的。因此,在财务分析编制项目现金流量表时,要计算所得税前的财务内部收益率、财务净现值和投资回收期等指标。计算息税前的财务内部收益率、财务净现值和静态投资回收期的目的是考察项目方案设计本身的财务可行性,它不受融资方案和所得税的影响,可以使决策者对项目的可行性做出基本判断。

项目财务现金流量表中所得税前分析的现金流入主要包括销售(营业)收入、回收固定资产余值和回收流动资金。现金流出主要包括建设投资、流动资金、经营成本、销售税金及附加、增值税和所得税等。

现金流入和现金流出的有关数据,可以依据"销售收入、销售税金及附加和增值税估算表"、"建设投资估算表"、"流动资金估算表"、"投资使用计划与资金筹措计划表"、"总成本费用估算表"和"利润及利润分配表"等有关财务报表填列。

②项目资本金现金流量表(表7-2)。为了全面考察项目盈利能力,除了对融资前的项目现金流量进行分析外,还需要进行项目资本金现金流量分析,其实质是进行项目融资后的财务分析。通过项目资本金现金流量表,可以计算资本金的财务内部收益率,资本金财务内部收益率能够从投资者整体角度考察项目的盈利能力。

资本金财务现金流量表(单位:万元)　　　　　　　表7-2

序号	项　　目	合计	计　算　期				
1	现金流入						
1.1	销售(营业)收入						
1.2	回收固定资产余值						
1.3	回收流动资金						
2	现金流出						
2.1	项目资本金						
2.2	借款本金偿还						
2.3	借款利息支付						
2.4	经营成本						
2.5	销售税金及附加						
2.6	增值税						
2.7	所得税						
3	净现金流量(1-2)						

计算指标:项目资本金财务内部收益率

项目资本金现金流量表的净现金流量包括项目在缴税和还本付息后所剩余的收益(含投资应分得的利润),也即项目的净利润,是投资者的权益性收益。

项目资本金流量表与项目财务现金流量表的现金流入内容相同,现金流出包括项目资本金、借款本金偿还、借款利息支付、经营成本、销售税金及附加、增值税所得税等。

③投资各方财务现金流量表(表7-3)。对于某些项目,为了考察投资各方的具体收益,还需要编制从投资各方的角度出发的现金流量表,这就是投资各方现金流量表。通过投资各方财务现金流量表可以计算投资各方财务内部收益率。

投资各方财务现金流量表(新设项目法人项目)(单位:万元)　　表7-3

序号	项　　目	合计	计　算　期				
1	现金流入						
1.1	股利分配						
1.2	资产处置收益分配						
1.3	租赁费收入						
1.4	技术转让收入						
1.5	其他现金流入						
2	现金流出						
2.1	股权投资						
2.2	租赁资产支出						
2.3	其他现金支出						
3	净现金流量(1-2)						

投资各方的财务内部收益率,实际上是相对次要的财务效益评价指标,因为在普通股本比例分配利润和分担亏损与风险的原则下,投资各方的利益一般是均等的,只有在投资者中的各方有股权之外的不对等的利益分配时,投资各方的利益才会有差异。此外,不按比例出资和分配的合作经营项目,投资各方的收益率也可能会有差异。计算投资各方的内部收益率,可以看出投资各方收益的不均衡性是否在合理水平上,有助于促成投资各方达成平等互利的投资方案,从而确定是否值得投资。

投资各方现金流量表的现金流入包括股利分配、资产处置收益分配、租赁费收入、技术转让或使用收入和其他现金流入。现金流出包括股权投资、租赁资产支出和其他现金流出。

(2)利润与利润分配表(表7-4)

利润与利润分配表(单位:万元)　　　　　　　　　　　　　　　表7-4

序号	项　目							
1	销售(营业)收入							
2	销售税金及附加							
3	增值税							
4	总成本费用							
5	利润总额(1-2-3-4)							
6	弥补以前年度亏损							
7	应纳税所得额(5-6)							
8	所得税							
9	税后利润(5-8)							
10	期初未分配利润							
11	可供分配利润(9+10)							
12	提取法定盈余公积金							
13	提取公益金							
14	提取任意盈余公积金							
15	应付利润(股利分配)							
16	其中:甲方股利							
17	乙方股利							
18	未分配利润(12-13-14-15-16)							
19	累计未分配利润							

利润与利润分配表是反映项目计算期内各年的利润总额、所得税及税后利润的分配情况,用以计算投资利润率、投资利税率、资本金利润率和资本金净利润率等静态财务分析指标的表格。

利润与利润分配表的结构包括利润总额、亏损弥补、所得税、利润分配等。

①利润总额。是项目在一定时期内实现盈亏总额,即销售(营业)收入扣除销售税金及附加、增值税、总成本费用后的数额,用公式表示为:

$$利润总额 = 销售(营业)收入 - 销售税金及附加 - 增值税 - 总成本费用 \quad (7\text{-}1)$$

②项目亏损及亏损弥补的处理。项目在上一个年度发生亏损,可用当年获得的所得税前利润弥补;当年所得税前利润不足以弥补的,可以在5年内用所得税前利润延续弥补;延续5

年未弥补的亏损,用缴纳所得税后的利润弥补。

③所得税的计算。利润总额按照现行财务制度规定进行调整(如弥补上年的亏损)后,作为计算项目应缴纳所得税税额的计税基数,用公式表示为:

$$应纳税所得额 = 利润总额 - 弥补以前年度亏损 \tag{7-2}$$

所得税税率按照国家规定执行。国家对待特殊项目有减免所得税规定的,按国家主管部门的有关规定执行。所得税的计算用公式表示为:

$$所得税 = 应缴纳所得额 \times 所得税税率 \tag{7-3}$$

④缴纳所得税后利润的分配。按照下列分配顺序分配:

a. 提取法定盈余公积金。法定盈余公积金按当年净利润的10%提取,其累计额达到项目法人注册资本的50%以上可不再提取。法定盈余公积金可用于弥补亏损或按照国家规定转增资本金等。

b. 提取任意盈余公积金。除按法律法规规定提取法定盈余公积金之外,企业按照公司章程规定或投资者会议决议,还可以提取任意盈余公积金,提取比例由企业自行决定。

c. 应付利润。应付利润即普通股股利分配。应付普通股股利包括对国家投资分配利润、对其他单位投资分配利润、对个人投资分配利润等。分配比例往往依据投资者签订的协议或公司的章程等有关资料来确定。项目当年无盈利,不得向投资者分配利润;企业上年度未分配的利润,可以并入当年向投资者分配。

d. 未分配利润。未分配利润为可供分配利润减去以上各项应付利润后的余额。未分配利润主要用来偿还长期借款。按照国家现行财务制度规定,可供分配利润应首先用于偿还长期借款,借款偿还完毕,才可向投资者进行利润分配。净利润及其分配顺序,用公式可以表示为:

$$税后利润 = 应纳税所得额 - 所得税 \tag{7-4}$$

$$可供分配利润 = 净利润(税后利润) + 期初未分配利润 \tag{7-5}$$

$$可供投资者分配的利润 = 可供分配利润 - 提取法定盈余公积金 \tag{7-6}$$

$$未分配利润 = 可供分配利润 - 提取法定盈余公积金 - 提取任意盈余公积金 -$$
$$公益金 - 应付利润 \tag{7-7}$$

(3)资金来源与运用表(表7-5)

资金来源与运用表(单位:万元)　　　　　　　表7-5

序号	项目	合计	计算期			
1	资金流入					
1.1	销售(营业)收入					
1.2	长期借款					
1.3	流动资金借款					
1.4	短期借款					
1.5	发行债券					
1.6	项目资本金					
1.7	其他					
2	资金流出					
2.1	经营成本					

续上表

序号	项 目	合计	计算期				
2.2	销售税金及附加						
2.3	增值税						
2.4	所得税						
2.5	建设投资						
2.6	流动资金						
2.7	各种利息支出						
2.8	偿还债务本金						
2.9	应付利润(股利分配)						
2.10	其他						
3	盈余资金(1－2)						
4	累计盈余资金						

资金来源与运用表反映项目计算期内各年的投资、融资及经营活动的资金流入和资金流出,计算累计盈余资金或短缺情况,分析项目的财务生存能力。若累计盈余资金余额大于零,表明当年有资金盈余;若累计盈余小于零,则表明当年会出现资金短缺,需要筹措资金或调整借款及还款计划。此表可为编制资产负债表提供依据。

(4) 资产负债表(表7-6)

资产负债表(单位:万元)   表7-6

序号	项 目	合计	计算期				
1	资产						
1.1	流动资产总额						
1.1.1	应收账款						
1.1.2	存货						
1.1.3	现金						
1.1.4	累计盈余资金						
1.2	在建工程						
1.3	固定资产净值						
1.4	无形及递延资产净值						
2	负债及所有者权益						
2.1	流动负债总额						
2.1.1	应付账款						
2.1.2	流动资产借款						
2.1.3	其他短期借款						
2.2	长期借款						
2.3	负债小计(2.1＋2.2)						
2.4	所有者权益						

续上表

序号	项 目	合计	计算期		
2.4.1	项目资本金				
2.4.2	资本公积金				
2.4.3	累计盈余公积金和公益金				
2.4.4	累计未分配利润				

计算指标:1.资产负债率;2.流动比率;3.速动比率

资产负债表是用于综合反映项目计算期内各年年末资产、负债和所有者权益的增减变化及对应关系,计算资产负债率、流动比率和速动比率,用以分析财务主体的偿债能力。

资产负债表由两部分组成,即资产、负债及所有者权益。

①资产。包括流动资产总额、在建工程、固定资产净值和无形及递延资产净值。其中,流动资产总额包括应收账款、存货、现金、累计盈余资金。前3项数据可依据"流动资金估算表"填列;累计盈余资金可依据"资金来源与运用表"填列,但在最后一年时,应扣除其中包含的回收固定资产余值和自有流动资金。在建工程是指投资总额与资金筹措表中的建设投资额。固定资产净值和无形资产净值分别从固定资产折旧估算表和无形资产摊销估算表中取得。

②负债及所有者权益。负债包括流动负债和长期负债。其中流动负债总额由流动资产借款、应付账款和其他短期借款组成。

所有者权益包括资本金、资本公积金、累计盈余公积金和累计未分配利润。其中,累计未分配利润可直接来自利润与利润分配表,累计盈余公积金也可由利润与利润分配表中盈余公积金项计算各年份的累计值。资本金为项目投资时的自由资金,资本公积金包括资本溢价和赠款两大项。

第二节 销售收入与成本费用的估算

一、销售(营业)收入估算

销售(营业)收入是指项目投产后在一定时期内销售产品或提供劳务而取得的收入,是现金流量表中的现金流入的主体,也是利润与利润表的主要部分。销售(营业)收入是财务分析的重要数据,其估算的准确性极大地影响着项目财务效益的估计。

销售(营业)收入估算的基础数据包括生产负荷和产品(服务)的销售价格。因此,营业收入的估算包括生产负荷的估算、产品(服务)销售价格的估算和销售(营业)收入的估算。

1. 生产负荷的估算

项目运营期各年生产负荷是计算营业数量的基础。估算生产负荷时,应根据项目技术的成熟度、市场的开发程度、产品寿命期、产品需求量的增减变化、投入物的供应情况和项目的制约条件等因素,结合行业和项目特点,通过制订生产计划合理确定。具体做法是:先通过市场调查,收集同类产品全社会或地区每年的销售量;采用市场预测方法,预测项目投产后每年全社会对该产品的需求量;再扣除其他企业的年供应量;综合考虑各种因素,最后确定项目运营期内每年的生产负荷。生产负荷的确定不应是固定的模式,应根据具体项目具体分析。一般投产前几年的负荷低些,以后逐步提高,提高的幅度取决于上述因素的分析结果。

2. 产品(服务)销售价格的估算

产品(服务)销售价格一般也是通过市场调查,收集同类产品(服务)或相同产品(服务)近几年的销售价格,分析价格变动趋势,采用市场预测方法确定。

产品(服务)销售价格一般采用预测的出厂价格,参考当前国内市场价格和国际市场价格水平,同时考虑价格变动或涨价因素而合理选定。但是,选用的产品(服务)价格要合理,价格水平要能真实反映市场供求状况,既不能盲目高估,也不能低估产出物价格。为防止人为夸大或缩小项目的效益,属于国家控制价格的物资,要按国家规定的价格政策执行;价格已经放开的产品,应根据市场情况合理选用价格,一般不宜超过同类产品的进口价格(含各种税费)。出口产品应根据离岸价格扣除国内各种税费计算出厂价格,同时还应注意与投入物价格选用的同期性。

不同时期同一产品的价格有所不同。在建设期,应考虑投入物的相对市场价格变动及价格总水平变动。在运营期,若能合理判断未来市场价格变动趋势,投入物与产出物均可采用相对变动价格;若难以确定投入物和产出物的价格变动趋势,一般可采用项目运营期初的价格。

此外,对于适用增值税的项目,运营期内投入物和产出物的估算价格采用不含增值税的价格;若采用含增值税的价格,应予以说明,并调整相关价格及辅助报表。

3. 销售收入的估算

在项目财务评价中,销售(营业)收入的计算,一般假设当年生产产品当年全部销售。

$$销售收入 = 销售量 \times 单价 \tag{7-8}$$

当项目产品外销时,还应计算外汇销售收入,并按评价时现行汇率折算成人民币,再计入销售收入总额。

此外,在项目收益估算中,除估算销售收入以外,某些项目还应按照有关规定估算企业可能得到的与收益有关的政府补贴收入,包括先征后返的增值税、按销量或工作量等依据国家规定的补助定额计算并按期给予的定额补贴,以及属于财政扶持而给予的其他形式的补贴等。补贴收入同销售收入一样,应列入财务评价的相关报表中。

二、营业税金及附加的估算

营业税金及附加是指新建项目在生产经营期(包括建设与生产同步进行情况下的生产经营期)内因销售产品(营业或提供劳务)而发生的关税、营业税、消费税、资源税、城乡维护建设税及教育费附加,是利润与利润分配表和项目财务现金流量表中的一个独立项目。对于生产和销售产品的项目来说,营业税金及附加的计征依据是项目的销售收入,不包括销售外收入和对外投资收益。

营业税金及附加,应随项目具体情况而定,分别按各年生产经营期不同生产负荷进行计算。各种税金及附加的计算要符合国家规定。应按项目适用的税种、税目、规定的税率和计征办法计算有关税费,没有发生的税费就不必计算。如项目没有生产或销售消费品,就不计算消费税;同样,若项目没有从事特定矿产品的生产,就不计算资源税。

在计算过程中,如果发现所适用的税种、税目和税率不易确定,可征询税务主管部门的意见而定,或按照就高不就低的原则计算。除销售出口产品的项目外,项目的营业税金及附加一般不得减免,如国家有特殊规定的,则按国家主管部门的有关规定执行。

三、成本费用的估算

成本是财务评价的前提,是关系到拟建项目未来盈利能力的重要依据,因此应当实事求是地进行估算,力求提高估算的准确度。成本的估算应与销售收入的计算口径对应一致,各项费用应划分清楚,防止重复计算或者低估费用支出。在工程经济评价中,按财务评价的特定要求,成本按生产要素进行归结,分为总成本费用和经营成本。

1. 总成本费用

总成本费用是指在一定时期内(一般为一年)为生产和销售产品或提供服务而发生的全部费用。

(1)制造成本加期间费用估算法

这种方法就是按照现行的企业财会制度中成本核算的内容,在制造成本的基础上计算总成本费用。

$$总成本费用 = 制造成本 + 期间费用 \tag{7-9}$$

其中:

制造成本 = 直接材料费 + 直接燃料和动力费 + 直接工资 + 其他直接支出 + 制造费用

期间费用 = 管理费用 + 营业费用 + 财务费用

直接材料费、直接燃料和动力费、直接工资和其他直接支出的估算与下面的生产要素估算法中的相应费用估算方法相同。制造费用包括折旧费和生产制造部门发生的管理费、工资、津贴等,折旧费的估算与设备折旧计算方法相同,制造费用的其他项目可参照已建同类项目或相似项目数据估算。管理费用和营业费用也可参照已建同类项目或相似项目数据估算。财务费用主要是指利息支出,与下面的生产要素估算法中的财务费用估算方法相同。

(2)生产要素估算法

生产要素估算法就是按照生产经营过程中总成本详细划分后生产费用的各基本要素进行估算。

总成本费用 = 外购材料费 + 外购燃料及动力费 + 工资及福利费 + 折旧费 + 摊销费 + 修理费 + 矿山维简费(采掘、采伐项目计算此项费用) + 财务费用(利息支出) + 其他费用

$$\tag{7-10}$$

①外购材料费的估算。外购材料费用包括直接材料费中预计消耗的原材料、辅助材料、备品配件、外购半成品、包装物以及其他直接材料。估算外购材料费时,首先要估算生产负荷,然后再估算每年外购材料用量和材料单价,最后计算外购材料费。

$$年外购材料费 = 年外购材料用量 \times 材料单价(含税) \times 生产负荷 \tag{7-11}$$

外购材料年用量应根据生产规模和年销售产品量或服务数量确定。生产负荷的估算方法与前面相同。

项目需要的材料种类繁多,应对每一种材料进行估算,然后汇总,才是项目需要的外购材料费,一般是列表估算。

②外购燃料及动力费。外购燃料及动力费用包括直接材料费中预计消耗的外购燃料及动力和营业费用中的外购水电费等。同样,外购燃料及动力费的估算,也需要估算生产负荷、外购燃料及动力用量和单价。

年外购燃料及动力费 = 年外购燃料及动力用量 × 外购燃料及动力单价(含税) × 生产负荷

$$\tag{7-12}$$

由于项目需要的燃料及动力种类繁多,故应对每一种燃料及动力进行估算,然后汇总,这样才是项目需要的燃料及动力费。燃料及动力种类较多时,一般也是列表估算。

③工资及福利费估算。工资及福利费包括直接工资和其他直接支出(指福利费),以及管理人员和销售人员的工资及福利费。而直接工资包括企业以各种形式支付给职工的基本工

资、浮动工资,以及各类补贴、津贴、奖金等。

$$年工资总额 = 年职工总人数 \times 人均年工资指标 \tag{7-13}$$

年职工总人数是指按拟订方案提出的生产人员、生产管理人员、企业总部管理人员和销售人员总人数,根据年生产规模确定。人均年工资指标可以按照项目所在地工资标准确定,各年工资标准有时也可考虑一定比率的年增长率。

职工福利费一般按年工资总额的14%提取。但是,值得注意的是,项目正常年份需要的职工人数无论生产负荷是多少,在生产初期一般都需要全部配齐。

④折旧费用估算。折旧费主要是指固定资产的折旧,应当提取折旧的固定资产包括房屋、建筑物,在用的机器设备、运输车辆、器具、工具,季节性停用和大修理停用的机器设备,以经营租赁方式租出的固定资产,以融资租赁方式租入的固定资产和财政部规定的其他应计提折旧的固定资产。前面估算出的建设投资和建设期借款利息一并形成固定资产原值,作为估算折旧费的基数。我国财务制度规定的折旧方法有年限平均法、工作量法、双倍余额递减法、年数总和法。

a. 年限平均法。年限平均法又称直线法,是指将固定资产的应计折旧额均衡地分摊到固定资产预计使用寿命内的一种方法,采用这种方法计算的每期折旧额均相等。

$$年折旧额 = (原价 - 预计净残值) \div 预计使用年限$$
$$= 原价 \times (1 - 预计净残值/原价) \div 预计使用年限$$
$$= 原价 \times 年折旧率 \tag{7-14}$$

$$月折旧额 = 年折旧额 \div 12 \tag{7-15}$$

b. 工作量法。工作量法中每年的折旧额会随资产的工作量而不断变化。一般资产在不同年度工作量差别较大的,适于采用工作量法计提折旧,比如汽车等应按照工作量法计提折旧。

$$单位工作量折旧额 = 固定资产原价 \times (1 - 残值率) \div 预计总工作量 \tag{7-16}$$

$$月折旧额 = 该项固定资产当月实际工作量 \times 单位工作量折旧额 \tag{7-17}$$

特点:不是每一个会计期间的折旧额都是相等的。

c. 双倍余额递减法。双倍余额递减法是用直线法折旧率的两倍作为固定的折旧率乘以逐年递减的固定资产期初净值,得出各年应提折旧额的方法。

$$年折旧额 = 固定资产账面净值(不考虑净残值) \times 2 \div 预计使用年限 \tag{7-18}$$

注意:最后两年将固定资产账面净值扣除预计净残值后的余额按照直线法计提折旧。

d. 年数总和法。年数总和法又称折旧年限积数法或级数递减法,是固定资产加速折旧法的一种。它是将固定资产的原值减去残值后的净额乘以一个逐年递减的分数计算确定固定资产折旧额的一种方法。逐年递减分数的分子代表固定资产尚可使用的年数;分母代表使用年数的逐年数字之总和,假定使用年限为 n 年,分母即为 $1 + 2 + 3 + \cdots + n = n(n+1) \div 2$,相关计算公式如下:

$$年折旧额 = (原价 - 预计净残值) \times 年折旧率 \tag{7-19}$$

$$年折旧率 = 尚可使用年限/预计使用寿命的年数总和 \times 100\% \tag{7-20}$$

⑤摊销费用估算。摊销主要是指无形资产和其他资产的摊销。无形资产与其他资产的摊销是指将这些资产在使用中损耗的价值转入成本费用中去,一般不计残值,从受益之日起,在一定期间分期平均摊销。对于无形资产的摊销期限,凡法律和合同或企业申请书分别规定有效期限和受益年限的,取法定有效期限、合同或企业申请书规定的受益年限中较短的那一个。无法确定有效期限,但企业合同或申请书中规定有受益年限的,按企业合同或申请书中规定的

受益年限确定。无法确定有效期限和受益年限的,按照不少于10年的期限确定。其他资产相当于过去的递延资产,一般按照不短于5年的期限平均摊销;其中以经营租赁方式租入的固定资产改良工程支出,在租赁有效期限内分期摊销。

⑥修理费用估算。修理费是指为保持固定资产的正常运转和使用,充分发挥使用效能,对其进行必要修理所发生的费用。它包括制造费用、管理费用和营业费用中的修理费。固定资产修理费一般按固定资产原值的一定百分比计提,计提比例可根据经验数据、行业规定或参考各类企业的实际数据来确定。

$$修理费 = 固定资产原值(扣除建设期利息) \times 修理费比率 \qquad (7\text{-}21)$$

⑦矿山维简费(只适用于采掘、采伐项目)。矿山维简费,全称"维护简单再生产费用"。在计划经济体制下,规定对采矿地下工程不计提折旧,而是按产量提取矿山维简费作为补偿。因此在传统的项目财务评价方法中将其作为折旧对待,在计算经营成本时予以扣除。目前有的行业已不提矿山维简费而改提折旧,或者缩小了提矿山维简费的范围。矿山维简费的具体计算应按行业习惯或规定计取。

⑧财务费用估算。财务费用是指企业为了筹集资金而发生的利息支出、汇兑损失和相关的手续费等各项费用。在大多数项目的财务评价中,只有利息支出。利息支出包括长期借款利息支出、流动资金借款利息支出和短期借款利息支出。

a. 长期借款利息。长期借款利息是指对建设期间借款余额(含未支付的建设期利息)应在生产期支付的利息,项目评价中可以选择等额还本付息方式或者等额还本利息照付方式来计算长期借款利息。

Ⅰ. 等额还本付息方式:

每年的还本付息额按照等额年金的计算式计算,即

$$A = P_0 \frac{i(1+i)^n}{(1+i)^n - 1} \qquad (7\text{-}22)$$

式中:A——每年还本付息额;

P_0——还款起始年年初的借款余额(含未支付的建设期利息);

i——年利率;

n——预定的还款期。

其中:

$$每年支付利息 = 年初借款余额 \times 年利率$$

$$每年偿还本金 = A - 每年支付利息$$

$$年初借款余额 = P_0 - 本年以前各年偿还的借款累计$$

Ⅱ. 等额还本利息照付方式:

$$每年偿还本金 = P_0/n$$

$$每年支付利息 = 年初借款余额 \times 年利率$$

【例7-1】某项目建设期借款本息之和为2 000万元,需在生产期用4年还清,年利率10%,分别用等额偿还本金和利息与等额还本利息照付两种方法,列表计算各年偿还的本金和利息各是多少?

解:用等额偿还本金和利息的方法计算:

$$每年还本付息额 = 2\,000 \frac{10\%(1+10\%)^4}{(1+10\%)^4 - 1} = 630.94(万元),各年偿还的本金和利息见表$$

7-7。

本金和利息(一)　　　　　　　　　　　　　　　　　　　表 7-7

年份	年初借款余额	本年应计利息	本年偿还本金	本年支付利息	年末借款余额
1	2 000.00	200.00	430.94	200.00	1 569.06
2	1 569.06	156.91	474.03	156.91	1 095.03
3	1 095.03	109.50	521.44	109.50	573.59
4	573.59	57.36	573.59	57.36	0
合计			2 000	523.77	

用等额还本利息照付法,每年偿还本金 2 000÷4=500(万元),各年偿还的本金和利息见表 7-8。

本金和利息(二)　　　　　　　　　　　　　　　　　　　表 7-8

年份	年初借款余额	本年应计利息	本年偿还本金	本年支付利息	年末借款余额
1	2 000.00	200.00	500.00	200.00	1 500.00
2	1 500.00	150.00	500.00	150.00	1 000.00
3	1 000.00	100.00	500.00	100.00	500.00
4	500.00	50.00	500.00	50.00	0
合计			2 000.00	500.00	

b. 流动资金借款。流动资金借款从本质上说应归类为长期借款,企业往往可能与银行达成共识,按年终偿还、下年初再借的方式处理,并按 1 年期利率计息。财务评价中,一般设定流动资金借款偿还在计算期最后一年,也可以在还完长期借款后安排。

$$\text{流动资金借款利息} = \text{流动资金借款额} \times \text{年利率} \quad (7-23)$$

c. 短息借款。短息借款利息是指生产运营期间为了资金的临时需要而发生的短息借款,其利息计算一般采用 1 年期利率,按照随借随还的原则处理还款,即当年借款尽可能于下年偿还。

$$\text{短期借款利息} = \text{短息借款额} \times \text{年利率} \quad (7-24)$$

⑨其他费用。其他费用由其他制造费用、其他管理费用和其他营业费用三部分组成,是指从制造费用、管理费用和营业费用中分别去除工资及福利费、修理费、折旧费、摊销费后的其余部分。

a. 其他制造费用:

$$\text{其他制造费用} = \text{固定资产原值(扣除建设期利息)} \times \text{百分比率} \quad (7-25)$$

一般情况下,百分比率取 1%~10%,但也要结合投资项目和现有企业的实际情况。

另外,其他制造费用的高低与生产中耗用的机物料和低值易耗品关系较大,其取值与生产过程和成本核算方式有关。其他制造费的计算也有按分厂或车间职工工资与福利费之和为基数的,也有按人员定额估算的。所以,在项目评价中也可按行业规定或习惯计取。若引进项目或某些特殊项目固定资产原值相对较高,可取较低的比率;若在原有基础上进行局部挖掘改造的项目,可取一般比率的 0.5~0.8。

b. 其他管理费用:

$$\text{其他管理费用} = \text{工资及福利费总额} \times \text{百分比率} \quad (7-26)$$

一般情况下,百分比率为 150%~300%。若依托老厂进行建设的项目,其费率可取一般数值的50%~80%;特殊行业其他管理费用的取值可从行业习惯。

若技术转让费、技术开发费和土地使用税数额较大时,可以从其他管理费用中分离出来单列。

c.其他营业费用:

$$其他营业费用 = 营业收入 \times 百分比率 \tag{7-27}$$

一般情况下,百分比率可取1%~5%。对某些通过技术改造增加产量的项目可减半计算;而某些特殊项目可取一般比率的2倍或更高,但要符合有关的税法规定。

2.经营成本

经营成本是工程经济评价中特有的概念,应用于现金流量分析中。经营成本是项目总成本费用扣除折旧费、矿山维简费、摊销费和利息支出以后的全部费用。

$$经营成本 = 总成本费用 - 折旧费 - 维简费 - 摊销费 - 利息支出 \tag{7-28}$$

第三节 财务评价的指标体系

利用财务评价基本报表计算出一系列评价指标,利用这些指标可以进行盈利能力和偿债能力分析。这些指标按是否考虑资金时间价值,可以分为静态指标和动态指标。

一、盈利能力分析

项目的财务盈利能力分析一般是通过编制现金流量表和利润与利润分配表,根据报表数据,计算财务盈利指标,以判断项目是否可行的过程。

项目财务评价中,常用的盈利能力评价指标主要有:投资回收期、总投资收益率、项目资本金净利润率、财务内部收益率和财务净现值等。

静态投资回收期、动态投资回收期、总投资收益率、项目资本金净利润率等均可用本书第三章第一节中的相关公式计算。

财务内部收益率和财务净现值与第三章的内部收益率和净现值计算方法相同,但为了将本章的内部收益率和净现值与国民经济评价中的内部收益率和净现值区别开来,本章的内部收益率和净现值分别称作"财务内部收益率"和"财务净现值"。

1.财务净现值(FNPV)

财务净现值是指项目按设定的折现率(i_c)将各年的净现金流量折现到建设期初的现值之和。当FNPV≥0时,项目的财务盈利能力可接受;当FNPV<0时,项目财务上不可行。利用项目财务现金流量表可以计算出财务净现值FNPV,其计算公式为:

$$FNPV = \sum_{t=1}^{n} (CI - CO)_t \cdot (1 + i_c)^{-t} \tag{7-29}$$

2.财务内部收益率(FIRR)

财务内部收益率是指项目在计算期内各年净现金流量现值累计等于零时的折现率。若FIRR≥i_c,项目财务上盈利能力可接受;若FIRR<i_c,项目财务上不可行。其表达式为:

$$\sum_{t=1}^{n} (CI - CO)_t \cdot (1 + FIRR)^{-t} = 0 \tag{7-30}$$

根据分析视角的不同,财务内部收益率主要包括3个指标。

(1)项目投资财务内部收益率

项目投资财务内部收益率体现了项目全部投资该指标可用于的盈利能力。该指标可用于对项目本身设计合理性进行评价。

当计算的项目投资财务内部收益率大于或等于行业规定的基准收益率(i_c)时,说明项目投资获利水平达到了规定的要求(行业的平均水平),即项目投资是合理的。

(2)项目资本金内部收益率

项目资本金内部收益率指标体现了在一定的融资方案下,投资者整体所能获得的权益性收益水平。该指标可用来对融资方案进行比较和取舍。

当计算的项目资本金内部收益率大于或等于项目投资者整体对投资获利的最低期望值(即最低可接受收益率)时,说明投资获利水平超过或达到了要求,项目是可以接受的。

最低可接受收益率的确定主要取决于当时的资本收益水平以及投资者对权益资本收益的要求。它与资金机会成本和投资者对风险的态度有关。

(3)投资各方内部收益率

投资各方内部收益体现了投资各方的收益水平。

二、偿债能力分析

偿债能力分析应通过计算利息备付率、偿债备付率、资产负债率、流动比率和速动比率等指标来分析判断项目财务主体的偿债能力。而这个过程又需要通过编制财务报表来实现。这些财务报表包括资产负债表、资金来源与运用表。

1. 资产负债率

资产负债率是指各期期末负债总额与资产总额之比,其计算公式为:

$$资产负债率 = \frac{负债总额}{全部资产总额} \times 100\% \tag{7-31}$$

资产负债率表明在总资产中有多少是通过借款来筹集的,以及企业资产对债权人权益的保障程度,它能够反映企业的长期偿债能力。资产负债率应按年分别计算。资产负债率越小,表明企业偿还债务的能力越强,企业就越稳定、安全。但根据财务杠杆原理,资产负债率太小,不利于提高资本金的投资收益率。因此,该比率应适中为好。一般认为资产负债率在50%左右比较好。到底资产负债率应该为多大,应结合国家宏观经济状况、行业发展趋势和企业所处竞争环境具体确定。

在项目财务评价中,若长期债务还清后,可不再计算资产负债率。

2. 流动比率

流动比率是流动资产总额与流动负债总额的比值,它是反映企业的短期偿债能力的重要指标,其计算公式为:

$$流动比率 = \frac{流动资产总额}{流动负债总额} \times 100\% \tag{7-32}$$

流动比率应按年分别计算。流动比率越高,表示短期偿债能力越强,流动负债获得清偿的机会越大,债权人的安全性也越大。但是,流动比率过高,一方面不利于提高资本金投资收益率,另一方面可能企业滞留在流动资产上的资金过多,企业未能有效地利用资金,从而影响企业的获利能力。因此,流动比率适中较好。一般认为流动比率在2.0左右较好。究竟流动比率多少为宜,应视不同行业、不同企业的具体情况而定。

3. 速动比率

流动比率的公式中,分子流动资产总额既包括货币资金,又包括存货。存货周转时间长,因此,流动比率不能反映企业迅速偿还短期债务的能力,需要计算扣除了存货的比率。这个比率就叫速动比率。速动比率是速动资产总额与流动负债总额的比值。按照财务通则或财务制度规定,速动资产是流动资产减去变现能力较差且不稳定的存货、待摊费用、待处理流动资产损失等后的余额,其计算公式为:

$$速动比率 = \frac{速动资产总额}{流动负债总额} \times 100\% \tag{7-33}$$

$$速动资产总额 = 流动资产总额 - 存货$$

速动比率应按年分别计算。速动比率越高,表明企业瞬时偿还短期债务的能力越强,流动负债获得清偿的机会越大,债权人的安全性也越大。但是,速动比率过高,不利于提高资本金投资收益率。因此,该比率适中为好,一般认为在1.2左右较好。

由于速动比率剔除了存货等变现能力较弱且不稳定的资产,因此,速动比率能比流动比率更加准确、可靠地评价企业资产的流动性及其偿还短期负债的能力。

4. 利息备付率

利息备付率是指在借款偿还期内的息税前利润与应付利息的比值,它从付息资金来源的充裕性角度反映项目偿付债务利息的保障程度,其计算公式为:

$$利息备付率 = \frac{息税前利润}{当期应付利息} = \frac{(利润总额 + 当期应付利息)}{当期应付利息} \tag{7-34}$$

利息备付率应按年分别计算。利息备付率越高,表明企业偿付利息的保证程度越高;反之,越低。确定利息备付率时应结合债权人的要求而定,一般应大于1。

5. 偿债备付率

偿债备付率是指在借款偿还期内,用于计算还本付息的资金与应还本付息金额的比值,它表示可用于还本付息的资金偿还借款本息的保障程度,其计算公式为:

$$偿债备付率 = \frac{可用于还本付息的资金}{当期应还本付息额} \tag{7-35}$$

用于还本付息的资金包括可用于还款的利润、折旧和摊销以及在成本中列支的利息费用;应还本付息金额,包括还本金额和计入总成本费用的全部利息。融资租赁费用可视同借款偿还。运营期内的短期借款本息也纳入计算。

偿债备付率也应按年分别计算。偿债备付率越高,表明企业可用于还本付息的资金保证程度越高;反之,越低。确定偿债备付率时应结合债权人的要求而定,一般应大于1。此外,在计算偿债备付率时,如果项目在运营期内有维持运营的投资,可用于还本付息的资金应扣除维持运营的投资。

6. 借款偿还期(P_d)

借款偿还期是指在国家财政规定及项目具体财务条件下,项目投产后以可用作还款的利润、折旧、摊销及其他收益偿还(最大能力还款)建设投资借款本金(以及未付建设期利息)所需的时间,一般以年为单位。该指标用于那些没约定偿还期限而希望尽快还款的项目,计算出的数据越小,说明偿债能力越强。借款偿还期一般从借款开始年算起,若从投产年算起时应予注明。

借款偿还期是利用借款还本付息计划表来计算,其计算公式为:

$$P_d = 借款偿还后开始出现盈余的年份数 - 开始借款年份 + \frac{当年应还借款额}{当年可用于还款的资金} \tag{7-36}$$

当判断项目是否有偿债能力时,借款偿还期与银行规定的借款偿还期相比较来判断即可。当计算得到的借款偿还期小于银行约定的借款偿还期时,项目具有偿债能力;否则,就没有偿债能力。

【例7-2】某项目借款还本付息计划表如表7-9,试计算借款偿还期。

解:各年还本付息计算,见表7-9。

某项目借款还本付息计划表(单位:万元) 表7-9

序号	项目	建设期			生产期				
		1	2	3	4	5	6	7	8
1	年初欠款累计	0	57 896	223 277	319 274	287 726	220 726	93 372	0
2	本年新增借款	56 152	156 914	79 658					
3	本年应付利息	1 744	8 467	16 339	19 827	17 868	13 707	5 798	
4	本年偿还本金				31 548	67 000	127 354	93 372	
5	本年支付利息				19 827	17 868	13 707	5 798	
6	还本资金来源				31 548	67 000	127 354	186 243	
6.1	其中:税后利润				-14	35 438	95 792	154 681	154 681
6.2	折旧摊销				31 562	31 562	31 562	31 562	31 562
6.3	其他来源				0	0	0	0	0
7	年末欠款累计	57 896	223 277	319 274	287 726	220 726	93 372	0	

说明:①年初欠款累计 = 上年年初欠款累计 + 上年新增借款及未付利息 - 上年偿还的本金。

②本年应付利息按年初累计欠款和本年新增借款的一半为基数,按6.21%的利息进行计算。

借款偿还期为:6 + 93 372/186 243 = 6.5(年)。

三、财务生存能力分析

在建设工程项目运营期间,确保从各项经济活动中得到足够的净现金流量是项目能够持续生存的条件。财务分析中应根据财务计划现金流量表,综合考察项目计算期内各年的投资活动、融资活动和经营活动所产生的各项现金流入和流出,计算净现金流量和累计盈余资金,分析项目是否有足够的净现金流量来维持正常运转。为此,建设工程项目的财务生存能力分析亦可称为资金平衡分析。

财务现金流量表是建设工程项目财务生存能力分析的基本报表,通过考察项目计算期内的投资活动、融资活动和经营活动所产生的各项现金流入和流出,计算净现金流量和累计盈余资金,分析项目是否有足够的净现金流量维持正常运营,以实现财务可持续性。

同时,建设工程项目的财务生存能力分析应结合偿债能力分析进行,如果拟安排的还款期过短,致使还本付息负担过重,导致为维持资金平衡必须筹借的短期借款过多,可以调整还款期,减轻各年还款负担。

通常,因运营期前期的还本付息负担较重,故应特别注重运营期前期的财务生存能力分析。

通过以下相辅相成的两个方面,可具体判断建设工程项目的财务生存能力。

(1)拥有足够的经营净现金流量是财务可持续的基本条件,特别是运营初期。

一个项目具有较大的经营净现金流量,说明项目方案比较合理,实现自身资金平衡的可能性大,不会过分依赖短期融资来维持运营;反之,一个项目不能产生足够的经营净现金流量,或经营净现金流量为负值,说明维持项目正常运行会遇到财务上的困难,项目方案缺乏合理性,实现自身资金平衡的可能性小,有可能要靠短期融资来维持运营,或者是非经营项目本身无能力实现自身资金平衡,有可能要靠政府补贴。

(2)各年累计盈余资金不出现负值是财务生存的必要条件。

在整个运营期间,允许个别年份的净现金流量出现负值,但不能允许任一年份的累计盈余资金出现负值。一旦某年的累计盈余资金出现负值,则应适时进行短期融资,该短期融资应体现在财务计划现金流量表中,同时短期融资的利息也应纳入成本费用和其后的计算。较大的或较频繁的短期融资,有可能导致以后的累计盈余资金无法实现正值,致使项目难以持续运营。

【本章小结】

建设项目财务评价又称企业经济评价,是在财务预测的基础上,根据国家现行财税制度和现行价格,分析预测项目的效益和费用,考察项目的盈利能力、清偿能力及财务生存能力等财务状况,以判别项目财务上的可行性的经济评价方法,是建设项目经济评价的组成部分。

建设项目的财务评价是根据财务评价原理,利用有关基础数据进行的,其具体步骤一般是:首先收集、整理、分析和估算项目的财务基础数据,编制财务评价的辅助报表,将辅助报表中的基础数据进行汇总和整理,依据一定的程序和方法,可编制出财务评价的基本报表。利用各基本报表可分析、计算出一系列财务评价指标。

经济评价参数是用于计算、衡量建设项目效益与费用以及判断项目经济合理性的一系列数值。财务评价的基准参数是按照各行业现行财税条件测定的,使用时应注意国家财税、价格等条件的变化,根据现行情况作适当的调整。

销售(营业)收入是项目建成投产后对外销售产品或提供劳务所取得的收入,是项目生产经营成果的货币表现。销售收入估算的主要内容是销量、单价和销售收入。为了确定项目未来的生产经营与盈利情况,对项目的运营成本做出接近实际的预测是财务评价的重要内容。成本估算应与销售收入估算的计算口径对应一致,各项费用要划分清楚,防止重复计算或低估成本。

财务评价指标包括静态指标和动态指标,总体来说,这些指标主要是反映项目盈利能力的净现值、投资回收期、投资收益率和内部收益率等指标,以及反映项目清偿能力的资产负债率、流动比率、速动比率、利息备付率和偿债备付率等指标。通过各项财务评价指标即可对项目的盈利能力、清偿能力和财务生存能力做出评价。

【复习思考题】

1. 财务评价的内容是什么?
2. 财务评价的基本步骤有哪些?
3. 财务评价中,需要编制哪些财务报表?
4. 项目财务现金流量表和资本金财务现金流量表主要差别是什么?
5. 财务评价中总成本费用是怎样构成的?
6. 财务评价指标中静态评价指标和动态评价指标分别有哪些?
7. 已知某项目借款还本付息数据如表 7-10 所示,贷款利率为 6%,试将表 7-10 补充完整,并计算项目的借款偿还期。
8. 某企业拟建设一个生产性项目,以生产国内某种急需的产品。该项目的建设期为 2 年,运营期为7年。预计建设期投资800万元(含建设期贷款利息20万元),并全部形成固定资产。固定资产使用年限10年,运营期末残值50万元,按照直线法计算各年折旧额。见表7-11。

某项目还本付息表 表7-10

序号	项 目	建设期		生产期		
		1	2	3	4	5
1	年初欠款累计	0				
2	本年新增借款	400	600	—	—	—
3	本年应付利息					
4	本年偿还本金			—		
5	本年支付利息					
6	还本资金来源					
6.1	利润总额	—	—	200	310	350
6.2	用于还款的折旧和摊销			150	150	150
6.3	还款期企业留利	—	—	50	60	60
7	年末欠款累计					

某拟建项目的全部现金流量数据表(单位:万元) 表7-11

序号	项 目	建设期		生产期						
		1	2	3	4	5	6	7	8	9
	生产负荷			70%	100%	100%	100%	100%	100%	100%
1	现金流入									
1.1	销售收入									
1.2	回收固定资产余值									
1.3	回收流动资金									
2	现金流出									
2.1	建设投资									
2.2	流动资金投资									
2.3	经营成本									
2.4	销售税金及附加									
2.5	所得税									
3	净现金流量									
4	折现系数 $i_c=10\%$	0.9091	0.8264	0.7513	0.6830	0.6209	0.5645	0.5132	0.4665	0.4241
5	折现净现金流量									
6	累计折现净现金流量									

该企业于建设期第1年投入项目资金为380万元,建设期第2年向当地建设银行贷款400万元(不含贷款利息),贷款利率10%,项目第3年投产。投产当年又投入资本金200万元,作为流动资金。

运营期,正常年份每年的销售收入为700万元,经营成本300万元,产品销售税金及附加税率为6%,所得税税率为33%,年总成本400万元,行业基准收益率10%。

投产的第 1 年生产能力仅为设计生产能力的 70%,为简化计算这一年的销售收入、经营成本和总成本费用均按照正常年份的 70% 估算。投产的第 2 年及其以后的各年生产均达到设计生产能力。

问题:

(1) 资料计算销售税金及附加和所得税。
(2) 依照表 7-11 格式,编制全部投资现金流量表。
(3) 计算项目的动态投资回收期和财务净现值。
(4) 计算项目的财务内部收益率。
(5) 从财务评价的角度,分析说明拟建项目的可行性。

第八章 建设项目的国民经济评价

【教学目标】
1. 理解国民经济评价的含义；
2. 掌握国民经济评价理论；
3. 熟悉国民经济评价报表的编制方法；
4. 掌握国民经济评价指标的计算。

第一节 国民经济评价的概述

一、国民经济评价的含义

建设项目可行性研究的重要内容之一是经济评价，它包括国民经济评价和财务评价两个方面。在自由市场经济条件下，我国大部分建设项目的财务评价结论是可以满足投资决策要求的，但由于存在市场失灵，一些建设项目（如公益性项目、准公益性项目等）仅凭财务评价的结果做出的决策并不是那么科学合理，也许会造成资源配置不够合理，使得国家经济效益降低，外汇收入减少，甚至给国家带来巨大的经济损失。例如，将一个财务评价认为可行、企业利润较高、但环境污染严重的建设项目纳入投资计划中；或将一个财务评价认为不可行、企业利润较低、但能够提供强大的社会服务功能、对国民经济贡献较大的建设项目否定掉。

因此，这些建设项目除了要进行财务评价外，还需进行更高层面的国民经济评价，站在国家和社会全体使用者的角度去分析项目的收入与支出，考虑国家资源配置的合理性，使得项目充分发挥最佳的社会经济效益。

国民经济评价又称为效益费用分析或宏观经济分析，它是站在整个国家和全社会的视域下，以资源合理配置为原则，考察建设项目的效益与费用，分析和计算项目给国民经济所带来的净收益，从国民经济的角度判别项目的可行性。

二、国民经济评价的目的和必要性

国民经济评价的目的是使国家有限的资源实现最优配置和有效利用，充分发挥资源的最大经济效益，促进国家经济稳定发展。进行国民经济评价是十分必要的，主要体现在以下三点：

（1）国民经济评价是宏观上合理配置国家有限资源的需要。

自然资源、劳动资源、资金等各种国家资源是有限的，每种资源可以有多种用途，国民经济评价是站在国家或全社会的角度对资源的每一种用途进行机会成本的比较分析，从而选择出一种边际效益最大或机会成本最低的用途，宏观上实现国家有限资源的合理配置。

(2)国民经济评价是真实反映项目对国民经济净收益的需要。

国民经济评价采用经济参数对不能反映经济价值及供求关系的项目进行价格调整,运用能反映资源真实价值的价格,计算建设项目的效益与费用,真实地反映出项目对国民经济所做的贡献。

(3)国民经济评价是投资决策科学化的需要。

建设项目通过国民经济评价,可以实现科学化投资,减少和避免投资决策失误。第一,引导正确的投资方向,促进国家资源的合理分配;第二,抑制过大的投资规模,避免引发通货膨胀;第三,保证计划质量,提高项目的市场竞争力。

三、需要进行国民经济评价的项目

以下性质的建设项目需要进行国民经济评价:铁路、公路、水运、航空、管道等交通运输建设项目;防洪、灌溉、发电、航运、水利枢纽等水利水电项目;石油、矿产、土地等国家控制的战略性资源开发项目;动用社会资源和自然资源较多的中外合资项目或外商投资项目;保障性住房、水、电力产品、铁路运输等国家调控价格的货物或服务等。

四、国民经济评价与财务评价的共同点与区别

国民经济评价和财务评价既有密切的联系,又有明显的区别。国民经济评价可以单独进行,也可以在财务评价的基础上进行调整计算。

1. 共同点

(1)评价目的相同。国民经济评价和财务评价均为投资决策科学化的需要,寻求以最小投入获取最大的产出。

(2)评价方式相同。国民经济评价和财务评价均是采用各种经济效益评价指标,运用效益与费用比较的理论方法,对建设项目的经济效益进行评价。

(3)计算期相同。国民经济评价和财务评价都要计算生产期和投产期的效益与费用。

2. 区别

(1)评价层面不同。国民经济评价是从国家和全社会层面来考察国家为建设项目付出的代价及建设项目对国家所做的贡献,分析项目的盈利能力(不做清偿能力分析),以确定项目的国民经济可行性。财务评价则是从建设项目本身的层面来考察项目的财务支出及为企业带来的收入,分析项目的盈利状况及借款清偿能力,以确定项目的财务可行性。

(2)效益与费用的划分不同。国民经济评价除了要考察建设项目的直接效益、直接费用外,还要考察该项目所引起的间接效益、间接费用,并剔除税金、政府补贴、国内贷款利息等转移支付。财务评价直接根据建设项目的实际财务收支确定项目的效益与费用。

(3)评价指标不同。国民经济评价指标有经济净现值、经济效益费用比、经济内部收益率等。财务评价指标有财务净现值、财务内部收益率、财务投资回收期、总投资收益率、资本金净利润率、借款偿还期、财务比率等指标。

(4)采用的价格不同。国民经济评价采用的价格是资源得到最优配置和合理利用时的市场均衡价格,即反映建设项目真实经济价值及供求关系的影子价格。财务评价则采用以现行价格为基础的市场价格。

(5)经济参数不同。国民经济评价采用国家统一测定和颁布的影子价格、影子汇率和社会折现率。财务评价采用的汇率则为官方汇率,折现率为各行业有所区别的基准收益率。

五、国民经济评价与财务评价结论之间的关系

同一个项目,国民经济评价和财务评价所得到的结论可能相同也可能不同,主要表现为以下4种情况:

(1)国民经济评价和财务评价均可行,建设项目可行。

(2)国民经济评价和财务评价均不可行,建设项目不可行。

(3)当财务评价不可行,而国民经济评价可行时,可以向国家提出给予税金、贷款、用地等方面的优惠政策,使财务上变成可行。

(4)当国民经济评价不可行,而财务评价可行时,该项目应当否定,或重新构想方案。

六、国民经济评价中的效益与费用

对建设项目进行国民经济评价,关键是能正确地识别与计算项目的效益与费用。国民经济评价的效益分为直接效益和间接效益,费用分为直接费用和间接费用。

1. 直接效益和直接费用

直接效益是指建设项目产出物在投资和经营过程中直接产生的经济收益,通常表现为增加该产出物的数量以满足国内需求的效益。例如,高速公路建设项目提供便利、快速的行车环境,直接提高通行能力;蓄水灌溉工程提供河水及地面径流以灌溉农田,直接提高农作物产量。

直接费用是指建设项目投入物在投资和经营过程中直接产生的经济成本,通常表现为供应该投入物而扩大生产规模所消耗的费用。例如,高速公路项目的建安费与运营费;蓄水灌溉工程的建设投资与后期维护费用均为直接费用。

2. 间接效益和间接费用

间接效益是指项目对国民经济所做的贡献中,在直接效益中未得到体现的那部分。例如,高速公路建成通车可以明显带动两地及沿线的旅游业、房地产业、农业、服务业等相关产业的飞速发展;蓄水灌溉工程的投入使用除了具有使农作物增产增收这一直接效益外,还具有促进当地农产品加工业发展、拉动地方经济的增长的间接效益。

间接费用是指国民经济为项目所付出的代价中,在直接费用中未得到体现的那部分。例如,高速公路在建设期开山放炮、机械化施工将对周围环境产生影响,营运期过往汽车会造成交通噪声污染和光污染,沿线居民因环境污染发病率提高,由此带来的医药费增加即为间接费用;蓄水灌溉工程的间接费用可体现为当地畜牧业、养殖业可能因土地、水的变化而被动减产。

3. 转移支付

当国民经济评价在财务评价的基础上进行,就会出现转移支付的调整剔除问题。建设项目在财务评价中的某些收入和支出项,其发生反映的是国家资源的支配权在社会实体之间的转移,对于国民经济而言,并没有造成国内资源的实际增加或减少,不会使得国民收入发生变化,这种性质的收支款称为"转移支付",不计为项目的国民经济效益或费用,否则会导致重复计算。转移支付主要有以下三类:

(1)税金。税金是国家为满足社会公共需要,按照法律所规定的标准和程序,强制向建设项目征收的一种财政收入,企业按规定向国家缴纳营业税、城乡维护建设税、教育费及附加、关税、资源税、土地税、印花税等各种税金,由国家再分配。税金的货币流向是从建设项目所在企业转移到税收管理部门,项目对国民经济的贡献大小未发生变化,因此,税金属于国民经济的内部转移支付。

(2)政府补贴。政府补贴是国家为鼓励和扶持某些建设项目所给予的财政捐助或价格补贴,它的货币流向是从政府转移到建设项目所在企业,国家为建设项目付出的代价不因有无政府补贴而改变,因此,政府补贴属于国民经济的内部转移支付,不计为国民经济的效益或费用。

(3)国内贷款利息。建设项目发生的利息支出不反映项目对国民经济资源的消耗,它只是从建设项目所在企业转移到国内金融机构手中,对国家而言没有实际代价,因此,它也不是国民经济的效益或费用。但是,国外贷款利息则是支付给国际金融机构的,国民收入减少,应视为建设项目的经济费用。

第二节 国民经济评价参数

国民经济评价有其特定的经济参数,这些参数由国家发改委、住房建设部等有关部门组织测算、发布,它反映某一时期的社会经济特征,具有时效性,是建设项目进行国民经济计量与分析的基本依据,主要包括影子价格、影子汇率、社会折现率等。

一、影子价格

1. 影子价格的定义

财务评价对建设项目的投入物和产出物采用的价格是以现行价格为基础的市场价格,在我国现实的经济环境下,由于经济政策、机制体制、信息不畅、历史原因或其他因素的影响,市场价格与项目的真实经济价值通常不一致,两者甚至严重脱离,也就是所谓的市场价格"失真"。因此,国民经济评价不能采用项目的市场价格来计算效益与费用,而是应该用能准确反映出项目对国民经济所做贡献及国民经济为项目所付出代价的影子价格。

影子价格是指在完全竞争市场条件下,资源得到最优配置和最合理的利用的市场均衡价。建设项目采用影子价格来计算效益与费用,起到十分重要的两个作用:一方面,对扭曲的市场价格进行调整和纠正,正确反映出项目的经济价值,以实现社会资源的最优配置;另一方面,有利于按政府的投资政策和国情对项目方案做出合理选择。

但是,完全竞争市场条件在各国的国内市场几乎是不存在的,一般来说,国际市场的价格受到调控、垄断、干预的情况较少,因此常以国际市场价格代表影子价格。

2. 投入物和产出物分类

确定影子价格时,首先要对建设项目的投入物和产出物分类,不同类别的货物采用不同的思路与方法进行影子价格的计算。投入物和产出物可以划分为市场定价货物、国家调控价格货物和特殊投入物价格三类,其中,市场定价货物分为外贸货物和非外贸货物两类;特殊投入物分为劳动力、土地和自然资源三类。

3. 影子价格的确定

(1)市场定价货物的影子价格

①外贸货物的影子价格。外贸货物是指其生产或使用直接或间接影响到国家进出口的投入物或产出物。投入物包括进口投入物和出口占用投入物;产出物包括出口产出物和替代进口产出物。在我国,煤炭、石油、金属材料、金属矿物、木材等均划分为外贸货物。外贸货物的影子价格的确定,是以口岸价格(到岸价格或离岸价格)为基础,乘以影子汇率,加上或减去相关运杂费和贸易费用。具体公式如下:

$$\text{进口投入物的影子价格} = \text{到岸价(CIF)} \times \text{影子汇率} + \text{口岸到项目所在地运杂费} + \text{贸易费用} \qquad (8-1)$$

$$\text{出口占用投入物的影子价格} = \text{离岸价(FOB)} \times \text{影子汇率} - (\text{供应地到口岸运杂费} + \text{贸易费用}) + \text{供应地到项目地运杂费} \qquad (8-2)$$

$$\text{出口产出物的影子价格} = \text{离岸价(FOB)} \times \text{影子汇率} - \text{项目地到口岸运杂费} - \text{贸易费用} \qquad (8-3)$$

$$\text{替代进口产出物的影子价格} = \text{到岸价(CIF)} \times \text{影子汇率} + (\text{口岸到购买者所在地运杂费} + \text{贸易费用}) - (\text{购买者所在地到项目地运杂费} + \text{贸易费用}) \qquad (8-4)$$

式中,贸易费用是指外贸部门为进出口货物所耗用的、用影子价格计算的流通费用。包括货物的储存、再包装、短距离倒运、装卸、保险、检验等环节的费用支出以及资金占用的机会成本,但不包括长途运输费用。

② 非外贸货物的影子价格。非外贸货物是指其生产或使用不影响国家进出口的投入物或产出物。如房屋、公路、国内运输等基础设施产品和服务。非外贸货物的影子价格的确定是以市场价格为基础,再加上或减去国内运杂费。具体公式如下:

$$\text{投入物影子价格} = \text{市场价格} + \text{国内运杂费} \qquad (8-5)$$

$$\text{产出物影子价格} = \text{市场价格} - \text{国内运杂费} \qquad (8-6)$$

(2) 国家调控价格货物的影子价格

在目前我国价格管理体制条件下,有些货物或服务由国家通过发布政府定价、指导价、最高限价、最低限价等来调控价格。确定国家调控价格货物的影子价格原则是投入物按机会成本分解而定价;产出物按消费者自愿定价。水、电、铁路运输为三种典型的国家调控价格货物,其影子价格的确定如表8-1所示。

典型国家调控价格货物或服务的影子价格   表8-1

货物	作为投入物的影子价格		作为产出物的影子价格
水	按后备水源的成本分解定价,或按恢复水功能的成本定价		按消费者支付意愿或按消费者承受能力加政府补贴测定
电	(1) 一般情况下按当地电力供应完全成本口径的分解成本定价; (2) 存在阶段性的电力过剩地区,按电力生产的可变成本分解定价		按电力对于当地经济的边际贡献测定
铁路运输	一般情况下按完全成本分解定价	在铁路运输能力过剩的地区,按可变成本分解定价	按替代运输量运输成本的节约、诱发运输量的支付意愿以及时间节约的效益等测算
		在铁路运输紧张地区,按被挤占用户的支付意愿定价	

(3) 特殊投入物的影子价格

① 劳动力的影子价格。劳动力的影子价格即为影子工资,是指建设项目使用劳动力,国家和社会为此付出的代价,它由劳动力的机会成本和新增资源耗费这两部分组成。劳动力的机会成本是指该劳动力不被建设项目使用而从事其他生产经营活动所创造的最大价值;新增资源耗费是指国家为劳动力就业而付出的但劳动力又未得到的其他代价,如为劳动力就业而支付的培训费、交通费等。

影子工资的大小与国家的社会经济状况、项目的技术含量以及项目所在地劳动力的充裕程度有关。

$$影子工资 = (职工个人实得工资 + 职工福利费) \times 影子工资换算系数 \quad (8-7)$$

影子工资换算系数由国家统一测定发布,对于一般建设项目,技术劳动力换算系数为1;民工劳动力换算系数为0.5。对于技术复杂的项目,技术劳动力的换算系数大于1;非技术劳动力和非熟练劳动力的换算系数小于1。

②土地的影子价格。土地是一种多种用途的稀缺资源,可以用于开发供农业生产的耕地、林地、草地,也可以用于修建城乡住宅、公共设施、军事设施等。土地一旦被某建设项目占用,就意味着国民经济将失去其他用途,对国民经济的其他潜在贡献将不能实现,因此,土地的影子价格与其可供选择的用途有关。

如果建设项目占用的土地是城市用地,以土地的市场价格作为土地的影子价格。

如果建设项目占用的土地是农业用地,土地的影子价格由机会成本和新增资源消耗两部分组成。土地的机会成本按拟建项目占用土地而使国民经济为此放弃的该土地"最佳替代用途"的净效益计算,属于机会成本性质的费用包括土地补偿费、青苗补偿费等;属于新增资源消耗的费用包括拆迁费、剩余劳动力安置费、养老保险费等。

如果建设项目占用的土地是没有其他用途的荒地,则影子价格为零。

③自然资源的影子价格。矿产资源、水资源、森林资源等各种有限的自然资源也属于特殊投入物。建设项目使用了这些自然资源,是对国家资源的占用和消耗,所以也具有影子价格。矿产等不可再生资源的影子价格应当按该资源的机会成本计算;水和森林等可再生资源的影子价格可以按资源再生费用计算。

二、影子汇率

影子汇率是指能反映外币与人民币真实价值比关系的汇率,也可以说是外汇的影子价格。国民经济评价中,凡涉及外汇与人民币之间的换算都应采用影子汇率,它体现了从国家角度对外汇价格的估量。

影子汇率的大小与国家进出口产品的种类、数量、价格,外汇供需状况及发展趋势等因素有关,因此,不同的时期影子汇率也各不相同。但在国民经济评价中,为了方便计算,通常假定建设项目整个寿命期内的影子汇率是不变的。

$$影子汇率 = 外汇牌价 \times 影子汇率换算系数 \quad (8-8)$$

影子汇率换算系数由国家统一测定发布并定期调整,我国现阶段的影子汇率换算系数按《投资项目可行性研究指南》(试用版)取值为1.08。

三、社会折现率

社会折现率是资金的影子价格,也称影子利率。是指资金被占用应获得的最低收益率,反映国家希望建设项目可获得的最低期望盈利率。它体现了从国家角度对资金机会成本和资金时间价值的估量。

社会折现率是根据我国在一定时期内的投资效益水平、资金机会成本、资金供求状况、合理的投资规模及项目国民经济评价的实际情况来测定的,是国家经济发展目标和宏观控制意图的真实展现。《投资项目可行性研究指南》(试用版)确定的社会折现率为10%;《建设项目经济评价方法与参数》(第三版)推荐的社会折现率则为8%。

第三节 国民经济评价报表

一、基本报表

1. 国民经济效益费用流量表(全部投资)

以全部投资作为计算基础,用以计算全部投资的经济内部收益率、经济净现值等评价指标,以判断项目的合理性。

2. 国民经济效益费用流量表(国内投资)

对于利用外资项目,以国内投资作为计算基础,把国外的借款利息和本金偿还作为费用流出,用以计算国内投资的经济内部收益率、经济净现值等指标,对项目进行经济评价和方案取舍。

表格形式见表 8-2、表 8-3 所示。

国民经济效益费用流量表(全部投资)(单位:万元)　　表 8-2

序号	项 目	合计	计 算 期								
			1	2	3	4	5	6	7	8	9	…
1	效益流量											
1.1	产品销售(营业)收入											
1.2	回收固定资产余值											
1.3	回收流动资金											
1.4	项目间接效益											
2	费用流量											
2.1	建设投资(不含建设期利息)											
2.2	流动资金											
2.3	经营费用											
2.4	项目间接费用											
3	净效益流量(1-2)											

计算指标:经济内部收益率(EIRR)
　　　　　经济净现值(ENPV)

注:生产期发生的更新改造投资作为费用流量单独列项或列入建设投资项中。

国民经济效益费用流量表(国内投资)(单位:万元)　　表 8-3

序号	项 目	合计	计 算 期								
			1	2	3	4	5	6	7	8	9	…
1	效益流量											

续上表

序号	项目	合计	计算期									
			1	2	3	4	5	6	7	8	9	…
1.1	产品销售（营业）收入											
1.2	回收固定资产余值											
1.3	回收流动资金											
1.4	项目间接效益											
2	费用流量											
2.1	建设投资中国内资金（不含建设期利息）											
2.2	流动资金中国内资金											
2.3	经营费用											
2.4	流全国外的资金											
2.4.1	国外借款本金偿还											
2.4.2	国外借款利息支付											
2.4.3	其他											
2.5	项目间接费用											
3	国内投资净效益流量(1-2)											

计算指标：经济内部收益率(EIRR)
经济净现值(ENPV)

二、辅助报表

1. 国民经济评价投资调整计算表

在财务评价的基础上，采用影子价格、影子汇率、社会折现率等参数，调整建设项目投入的总资金，剔除涨价预备费、税金、国内借款建设期利息等转移支付项目，以计算出国民经济评价项目投入的总资金。

2. 国民经济评价经营费用调整计算表

在财务评价的基础上，采用影子价格、影子汇率、社会折现率等参数调整建设项目经营费用。对原材料、燃料及动力费用影子价格进行调整，对劳动工资及福利费用影子工资进行调整，以计算出国民经济评价不同负荷下的经营费用。

3. 国民经济评价销售收入调整计算表

在财务评价的基础上，采用影子价格、影子汇率、社会折现率等参数，调整建设项目销售收入，以计算出国民经济评价不同负荷下的销售收入。

表格形式见表8-4~表8-6所示。

国民经济评价投资调整计算表(单位:万元,美元)

表 8-4

序号	项目	财务评价			国民经济评价			国民经济评价比财务评价增减
		外币	折合人民币	人民币	合计	外币	折合人民币	人民币	合计	
1	建设投资								
1.1	建筑工程费								
1.2	设备和工器具购置费								
1.2.1	进口设备								
1.2.2	国产设备								
1.3	安装工程费								
1.3.1	进口部分材料及费用								
1.3.2	国产部分材料及费用								
1.4	工程建设其他费用								
	其中:(1) 土地费用								
	(2) 专利及专有技术费								
1.5	基本预备费								
1.6	涨价预备费								
1.7	建设期利息								
2	固定资产投资方向调节税								
3	流动资金								
	项目投入总资金合计								

注:固定资产投资方向调节税现已经免征,表格中不含该项目。

国民经济评价经营费用调整计算表(单位:万元)

表 8-5

序号	项 目	单位	年耗量	国民经济评价经营费用 单价(元)	财务评价 年费用 达产70%	财务评价 年费用 达产90%	财务评价 年费用 达产100%	单价(元)	国民经济评价 年费用 达产70%	国民经济评价 年费用 达产90%	国民经济评价 年费用 达产100%
1	外购原材料										
1.1	A	t									
1.2	B	t									
1.3	C	t									
1.4	D	t									
1.5	E	t									
1.6	F	t									
	小计										
2	外购燃料与动力										
2.1	水	t									
2.2	电	kW·h									
2.3	煤	t									
	小计										
3	工资及福利费										
4	修理费										
5	财务费用										
6	其他费用										
	其中:土地使用税										
	合计										

注:经营费用应按负荷不同分年调整估算。

国民经济评价销售收入调整计算表（单位：元/万元、美元/万美元）

表 8-6

序号	产品名称	单位	年销售量			财务评价						国民经济评价					
			内销	外销	合计	内销				外销		合计（万元）	内销			外销		合计（万元）
						单价	达产70%	达产90%	达产100%	单价	销售收入		单价	达产70%	达产90%	达产100%	单价	销售收入	
1																		
2																		
3																		
4																		
5																		
6																		
7																		
…																		
合计																		

注：销售收入应按负荷不同分年调整估算。

第四节　国民经济评价指标

国民经济评价主要是对建设项目进行经济盈利能力分析,它的主要指标有经济净现值、经济内部收益率、经济效益费用比等。

一、经济净现值(ENPV)

经济净现值是指按照社会折现率,将建设项目计算期内各年的净现金流量折算到建设期初(第0年)的累计值。它是反映建设项目对国民经济所作净贡献的绝对指标。计算公式如下:

$$\text{ENPV} = \sum_{t=1}^{n}(B-C)_t(1+i_s)^{-t} \tag{8-9}$$

式中：B——国民经济效益流量；
　　　C——国民经济费用流量；
　$(B-C)_t$——第 t 年的国民经济净现金流量；
　　　n——计算期；
　　　i_s——社会折现率。

判别标准:当 ENPV≥0,建设项目可行;当 ENPV<0,建设项目不可行。

二、经济内部收益率(EIRR)

经济内部收益率是指使建设项目计算期内的经济净现值等于零时的折现率。它是反映建设项目对国民经济所作净贡献的相对指标。计算公式如下:

$$\sum_{t=1}^{n}(B-C)_t(1+\text{EIRR})^{-t} = 0 \tag{8-10}$$

判别标准:当 EIRR≥i_s(社会折现率),建设项目可行;当 EIRR<i_s(社会折现率),建设项目不可行。

三、经济效益费用比(EBCR)

经济效益费用比是建设项目计算期内的经济效益现值总和与经济费用现值总和之比。它是反映建设项目国民经济效益与费用之间相互比例的指标。计算公式如下:

$$\text{EBCR} = \frac{\sum_{t=1}^{n}B_t(1+i_s)^{-t}}{\sum_{t=1}^{n}C_t(1+i_s)^{-t}} \tag{8-11}$$

式中:B_t——第 t 年的国民经济效益；
　　C_t——第 t 年的国民经济费用。

判别标准:当 EBCR≥1,建设项目可行;当 EIRR<1,建设项目不可行。

上述的3种评价指标各有优缺点,经济净现值和经济效益费用比都是在社会折现率标准基础上计算的,均可以判断建设项目的可行与否,但不能得出项目可能达到的最高盈利水平。而经济内部收益率则起到检验建设项目盈利高低的作用,但不能反映项目的效益现值,也不能反映效益与成本之间的差异。那么,在对建设项目进行国民经济评价时,可同时采用3种指标进行比较与分析,综合全面地反映项目的优劣,科学、客观地选择出最佳方案。

【本章小结】

国民经济评价又称为效益费用分析或宏观经济分析，它是在整个国家和全社会视域下，以资源合理配置为原则，考察建设项目的效益与费用，分析和计算项目给国民经济所带来的净收益，从国民经济的角度判别项目的可行性。进行国民经济评价是十分必要的，是宏观上合理配置国家有限资源的需要，是真实反映项目对国民经济净收益的需要，是投资决策科学化的需要。

国民经济评价和财务评价的共同点在于评价目的与评价方式相同，区别在于评价层面、效益与费用的划分、评价指标、采用的价格、经济参数不同。

国民经济评价的效益分为直接效益和间接效益，费用分为直接费用和间接费用。

建设项目在财务评价中的某些收入和支出项，其发生反映的是国家资源的支配权在社会实体之间的转移，对于国民经济而言，并没有造成国内资源的实际增加或减少，不会使得国民收入发生变化，这种性质的收支款称为转移支付，转移支付的类型主要有税金、政府补贴、国内贷款利息。

国民经济评价参数主要包括影子价格、影子汇率、社会折现率。影子价格是指在完全竞争市场条件下，资源得到最优配置和最合理的利用的市场均衡价；影子汇率反映了外汇在我国市场的影子价格；社会折现率反映了社会资金的影子价格。

投入物和产出物可以划分为市场定价货物、国家调控价格货物和特殊投入物价格三类，其中，市场定价货物分为外贸货物和非外贸货物两类；特殊投入物分为劳动力、土地和自然资源三类。不同类别的货物采用不同的思路与方法进行影子价格的计算。

国民经济评价报表包括国民经济效益费用流量表（全部投资）、国民经济效益费用流量表（国内投资）、国民经济评价投资调整计算表、国民经济评价经营费用调整计算表、国民经济评价销售收入调整计算表。

国民经济评价主要指标有经济净现值、经济内部收益率、经济效益费用比。

【复习思考题】

1. 什么是国民经济评价？国民经济评价与财务评价有什么区别？
2. 什么是转移支付？建设项目的国民经济评价中，哪些内容属于转移支付？
3. 什么是影子价格？影子价格是如何确定的？
4. 国民经济评价报表有哪些？主要指标有哪些？
5. 某产品共有三种原料，A、B两种原料为非外贸货物，其国内市场价格总额每年分别为200万元和50万元，影子价格与国内市场价格的换算系数分别为1.2和1.5。C原料为进口货物，其到岸价格总额每年为100万美元，设影子汇率换算系数为1.08，外汇牌价为6.6335元/美元，在不考虑国内运费和贸易费用的情况下，求该产品国民经济评价的年原料成本总额。

第九章 价值工程

【教学目标】
1. 掌握价值工程的概念；
2. 熟悉价值工程的分析步骤；
3. 掌握价值工程的分析方法。

第一节 价值工程的原理

一、价值工程的概念

价值工程(简称VE)又称价值分析或价值管理,是通过研究产品或系统的功能与成本之间的关系,来改进产品或系统,以提高其经济效益的现代管理技术。它是一种有组织的技术经济活动,力求以最低的寿命周期成本来实现产品或作业的必要功能,强调的是产品的功能分析和功能改进,通过相关领域的协作,对所研究对象的功能与费用进行系统的分析,不断创新,旨在提高所研究对象的价值。其定义可用公式表示为：

$$价值(Value) = 功能(Function) \div 成本(Cost)$$

即：

$$V = \frac{F}{C} \tag{9-1}$$

在价值工程中的"价值"一词类似于生活中常说的"合不合算""值不值"的意思,其实质是在产品的技术与经济之间寻找一个最佳的均衡点,设计生产出最"合算"的产品,或者是在满足用户对产品功能需求的情况下,以最低的成本实现其功能。

功能是指分析对象用途、功效或作用,是产品对人们某种需要的满足能力和程度。功能按其重要程度可分为基本功能和辅助功能,按用途可分为使用功能和美学功能,按用户需求可分为必要功能和不必要功能,按功能强度可分为过剩功能和不足功能。

成本是指产品的全寿命周期成本,包括生产成本和使用成本。

二、价值分析的基本思路

1. 提高产品的价值是价值工程的目标

价值分析并不是单纯以追求降低费用为唯一的目的,也不片面追求提高功能,而是力求正确处理好功能与费用的对立统一关系,提高他们之间的比值,研究功能与费用的最佳配置。所以有多种提高价值的途径。

(1)降低成本,功能保持不变。

一般来说,产品的功能强度越高,生产成本越高,使用成本越低。而由这两类成本组成的全寿命周期成本存在一个最低点,降低成本就是指降低产品的全寿命周期成本。

(2)成本保持不变,提高功能。

(3)成本略有增加,功能提高很多。

(4)功能减少一部分,成本大幅下降。

(5)提高功能的同时,降低成本。

这是提高价值最为理想的途径。但对生产者要求较高,往往要借助更高的科学技术才能实现。

2. 功能分析是价值工程的核心

功能分析是通过分析对象资料,正确表达分析对象的功能,明确功能特性要求,从而弄清楚产品与部件各功能之间的关系,去掉不合理的功能,使产品功能结构更合理。提高产品价值有两条思路:一是从功能出发;二是从成本出发。从成本出发也是通过功能分析,在保证功能的基础上,通过方案代换,实现成本的降低。所以,功能分析是价值工程的核心。

功能分析的主要工作,一是区分产品的基本功能和辅助功能、使用功能和美学功能;二是在满足产品特定用户需求的同时,保证基本功能,合理选择辅助功能,取消不必要的功能和过剩功能,从而降低产品的成本,或者是增加产品的辅助功能,弥补和改进产品的不足的使用功能,尤其是主要功能,从而使产品的功能得到大幅度提高,并使产品的价值也得到提高。

3. 有组织的团队性创造活动是价值工程的基础

价值工程尤其强调创造性活动,只有创造才能突破原有的设计水平,大幅度提高产品性能,降低生产成本。因此,团队的知识、经验对价值工程工作十分重要,并且只能在有组织的条件下,才能充分发挥团队的集体智慧。所以价值工程工作通常是成立价值工程小组,以团队方式来开展。

第二节　价值工程的基本工作程序

价值工程是一项有组织的管理活动,涉及面广,研究过程复杂,必须按照一定的程序进行。价值工程的工作程序如表 9-1 所示,其实质就是针对价值工程的研究对象,明确和解决 7 个基本问题。

价值工程的工作程序　　　　表9-1

价值工程的工作阶段	活动程序		对应问题
	基本步骤	具体步骤	
分析问题	功能定义	(1)选择对象 (2)搜集资料	(1)价值工程的研究对象是什么?
		(3)功能定义 (4)功能整理	(2)这是干什么用的?
	功能评价	(5)功能分析及功能评价	(3)它的成本是多少? (4)它的价值是多少?

续上表

价值工程的工作阶段	活动程序		对应问题
	基本步骤	具体步骤	
综合研究	制订创新方案与评价	(6)方案创造	(5)有无其他方法实现同样功能?
方案评价		(7)概括评价 (8)制订具体方案 (9)实验研究	(6)新方案的成本是多少?
		(10)详细评价 (11)提案审批 (12)方案实施 (13)成果评价	(7)新方案能够满足要求?

在研究对象寿命周期的各个阶段都可以应用价值工程提高产品的价值。但应注意,在不同的阶段进行价值工程活动,其经济效果的提高幅度却大不相同。对于大型复杂的产品,应用价值工程的重点是在产品的研制与设计阶段。产品的设计图纸一旦完成并当产品投入生产后,产品的价值就已基本确定,这时再进行价值工程分析就变得更加复杂,不仅原来的许多工作成果要付之东流,而且改变生产工艺、设备工具等可能会造成很大浪费,使价值工程活动的技术经济效果大大下降。因此,价值工程活动更侧重在产品的研制与设计阶段,以寻求技术突破,取得更佳的综合效果。

一、价值工程对象选择与信息资料的收集

价值工程是就某个具体的对象开展的有针对性的分析评价和改进,有了对象才有分析的具体内容和目标。对企业来讲,凡是为获取功能而发生费用的事物,都可以作为价值工程的研究对象,如产品、工艺、工程、服务或它们的组成部分。

价值工程的对象选择过程就是逐步收缩研究范围、寻找目标、确定主攻方向的过程。因为生产建设中的技术经济问题很多,涉及的范围也很广,为了节省资金,提高效率,只能精选其中的一部分来实施,并非企业生产的全部产品,也不一定是构成产品的全部零部件。因此,能否正确选择对象是价值工程收效大小与成败的关键。

1. 对象选择的方法

价值工程对象选择往往要兼顾定性分析和定量分析,因此,对象选择的方法有多种,不同方法适宜于不同的价值工程对象。应根据具体情况选用适当的方法,以取得较好的效果。常用的选择方法有:

(1)因素分析法

因素分析法又称经验分析法,是指根据价值工程对象选择应考虑的各种因素,凭借分析人员经验集体研究确定选择对象的一种方法。

①一般来说,对生产企业,有以下情况之一者,应优先选择为价值工程的对象:

a. 结构复杂或落后的产品。

b. 制造工序多或制造方法落后及手工劳动较多的产品。

c. 原材料种类繁多和互换材料较多的产品。

d. 在总产品中所占比重大的产品。

②对由各组成部分组成的产品,应优先选择以下部分作为价值工程的对象:
    a. 造价高的组成部分。
    b. 占产品成本比重大的组成部分。
    c. 数量多的组成部分。
    d. 体积或重量大的组成部分。
    e. 加工工序多的组成部分。
    f. 废品率高和关键性的组成部分。

因素分析法是一种定性分析方法,依据分析人员经验做出选择,简便易行。特别是在被研究对象彼此相差比较大以及时间紧迫的情况下比较适用。在对象选择中还可以将这种方法与其他方法相结合使用,往往能取得更好效果。因素分析法的缺点是缺乏定量依据,准确性较差,对象选择的准确与否,主要决定于价值工程活动人员的经验及工作态度,有时难以保证分析质量。为了提高分析的准确程度,可以选择技术水平高、经验丰富、熟悉业务的人员参加,并且要发挥集体智慧,共同确定对象。

（2）ABC 法

ABC 法主要着重于成本分析。其基本原理是"关键的少数和次要的多数",抓住关键的少数可以解决问题的大部分。根据统计表明,项目或产品的成本往往集中在少数关键部件上。ABC 分析法就是把产品的所有部件投资或成本按照从大到小的顺序排列起来,然后绘成费用累计分配图。如图 9-1 所示。

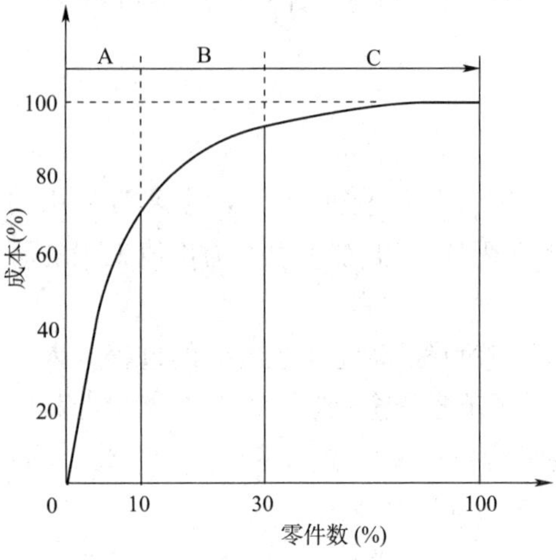

然后将成本占总成本 70%～80% 而部件数量占总数 10%～15% 的部件划分为 A 类；将成本占总成本 10%～15% 而部件数量占总数 15%～20% 的零部件划分为 B 类；将成本占总成本 5%～10% 而部件数量占总数 60%～80% 的零部件划分为 C 类。将 A 类对象作为价值工程的重点研究对象,B 类对象视情况予以选择,可只做一般分析,C 类对象是次要多数,可不加分析。

有些产品不是由各个部件组成,如工程项目投资等,对这些产品可按费用构成项目分类,如分为管理费、动力费、人工费等,将其中所占比重最大的作为价值工程的重点研究对象。这种分析方法也可从产品成本利润率、利润比重角度分析,其中利润额占总利润比重最低,而且成本利润率也最低的,应当考虑作为价值工程的研究对象。如表 9-2 所示。

图 9-1 ABC 法示意图

材料的 ABC 分类标准及管理对策　　　　　表 9-2

分类	占总品种数	占总价值数	管理要点	订货方式
A	10%～15%	70%～80%	精心管理慎重订货 经常检查,压低库存	应计算每种材料的经济订货量
B	15%～20%	10%～15%	一般管理,库存进行一般检查,保险储备较大	可采用定期订货或定量订货
C	60%～80%	5%～10%	简化管理,可按最高储备定额适当加大订货批量,采购容易的也可随需随购	一般可采用定量订货

ABC 分析法的优点在于简单易行,能抓住成本中的主要矛盾。但企业在生产多品种、各品种之间不一定表现出均匀分布规律时需用其他方法。该方法的缺点是有时部件虽属 C 类,但功能却较重要,有时因成本在部件或要素项目之间分配不合理,则会发生遗漏或顺序推后而未被选上。这种情况可通过结合运用其他分析方法来避免。

(3)百分比分析法

这是一种通过分析某种费用或资源对企业的某个技术经济指标的影响程度的大小(百分比),来选择价值工程对象的方法。不同产品之间可以选择成本利润率或产值资源消耗率等指标,同一产品零部件之间可以选择成本所占百分比等指标。

【例 9-1】某企业生产四种产品,其成本和利润如表 9-3 所示,试选择价值工程对象。

成本和利润　　　　　　　　　　　　　　表 9-3

产品名称	A	B	C	D	合　计
成本(万元)	500	300	200	100	1 100
利润(万元)	46	20	24	10	100
成本利润率(%)	23	16.7	30	25	

解:计算成本利润率列入表 9-3 中,可知 B 产品的成本利润率最低,应选为价值工程对象。

(4)价值指数法

该方法主要适用于从系列产品或同一产品的零部件中选择价值工程对象。对于系列产品,可直接采用功能值除以产品成本计算出价值指数,以价值指数小的产品作为价值工程对象;对于同一产品的零部件,可按"三、功能评价"中的相关内容来确定。

【例 9-2】某成片开发的居住区,提出几种类型的单体住宅的初步设计方案,其居住面积及概算造价见表 9-4,试选择价值工程研究对象。

某居住面积及概算造价　　　　　　　　　　表 9-4

方　案	A	B	C	D	E
功能:单位住宅居住面积(m^2)	9 900	3 500	3 200	5 500	7 000
成本:概算造价(万元)	1 100	330	326	610	660
价值指数:$V=F/C$	9.00	10.61	9.82	9.02	10.61

解:计算价值指数列入表 9-4 中,可知 A 和 D 的价值指数明显偏低,应选为价值工程的研究对象。

2.信息资料搜集

明确搜集资料的目的,确定资料的内容和调查范围,有针对性地搜集信息。搜集信息资料的首要目的就是要了解活动的对象,明确价值工程对象的范围,信息资料有利于帮助价值工程人员统一认识、确保功能、降低物耗。只有在充分的信息作为依据的基础上,才能创造性地运用各种有效手段,正确地进行对象选择、功能分析和创新方案。

不同价值工程对象所搜集的信息资料内容不尽相同。一般包括市场信息、用户信息、竞争对手信息、设计技术方面的信息、制造及外协方面的信息、经济方面的信息、本企业的基本情况、国家和社会方面的情况等。搜集信息资料是一项周密而系统的调查研究活动,应有计划、有组织、有目的进行。

搜集信息资料的方法通常有:①面谈法,通过直接交谈搜集信息资料;②观察法,通过直接观察价值工程研究对象搜集信息资料;③书面调查法,将所需资料以问答形式预先归纳为若干问题,然后通过资料问卷的回答来取得信息资料。

二、功能系统分析

功能系统分析是价值工程活动的中心环节。具有明确用户的功能要求、转向对功能的研究、可靠实现必要的功能三个方面的作用。功能系统分析中的功能定义、功能整理、功能计算,紧密衔接,有机结合为一体。三者的作用和相互关系如表9-5所示。

功能系统分析步骤　　　　　　　　　　　表9-5

分析步骤	分析目的	分析类别	回答问题
功能定义 ↓ 功能整理 ↓ 功能计算	部件的功能本质 ↓ 功能之间的相互关系 ↓ 必要功能的价值标准	功能单元的定性分析 ↓ 功能相互关系的定性分析 ↓ 单元功能的量化	它的功能是什么 ↓ 它的目的或手段是什么 ↓ 它的功能是多少

三、功能评价

1. 功能现实成本 C 的计算

(1) 功能现实成本的计算

功能现实成本的计算与传统的成本核算的不同之处在于前者计算是以对象的功能为单位,而后者是以产品或零部件为单位。在计算功能现实成本时,就需要根据传统的成本核算资料,将产品或零部件的现实成本换算成功能的现实成本。当一个零部件只具有一个功能时,该零部件的成本就是它本身的功能成本;当一项功能有多个零部件共同实现时,该功能的成本就等于这些零部件的功能成本之和;当一个部件具有多项功能或同时与多项功能有关时,就需要将零部件成本根据具体情况分摊给各项有关功能。如表9-6所示,即为一项功能由若干零部件组成或一个零部件具有几个功能的情形。

功能现实成本的计算　　　　　　　　　　　表9-6

零部件			功能区或功能领域					
序号	名称	成本(元)	F_1	F_2	F_3	F_4	F_5	F_6
1	甲	300	100		100			100
2	乙	500		50	150	200		100
3	丙	60				40		20
4	丁	140	50	40			50	
		C	C_1	C_2	C_3	C_4	C_5	C_6
合计		1 000	150	90	250	240	50	220

(2) 成本指数的计算

成本指数是指评价对象的现实成本在全部成本中所占的比率。其计算式如下:

$$\text{第}i\text{个评价对象的成本指数 } C_1 = \frac{\text{第}i\text{个评价对象的现实成本 } C_i}{\text{全部成本}} \tag{9-2}$$

2. 功能评价值 F 的计算

对象的功能评价值(目标成本)是指可靠地实现用户要求功能的最低成本。求功能评价值的方法较多，这里仅介绍功能重要性系数评定法。

(1) 确定功能重要性系数

功能重要性系数又称功能评价系数或功能指数，是指评价对象（如零部件等）的功能在整体功能中所占的比率。确定功能重要性系数的关键是对功能进行打分，常用的打分方法有强制打分法（0-1评分法或0-4评分法）、多比例评分法、逻辑评分法、环比评分法等。这里主要介绍强制确定法。

强制确定法又称FD法，包括0-1法和0-4法两种方法。它是采用一定的评分规则采用强制对比打分来评定评价对象的功能重要性。

① 0-1法。0-1评分法是请5~15名对产品熟悉的人员，通过对每个部件与其他各部件的功能重要程度进行逐一对比打分，相对重要的得1分，不重要的得0分，自己和自己相比不得分，用"×"表示。为避免有累计零分出现，可将累计得分加1分进行修正。以各部件功能得分占总分的比例确定功能评价系数，最后求出各参评人员做出的系数的平均值。根据功能评价系数和成本系数确定价值系数。见表9-7所示。

功能重要性系数计算 表9-7

零部件	A	B	C	D	E	功能总分	修正得分	功能重要性系数
A	×	1	1	0	1	3	4	0.25
B	0	×	1	0	1	2	3	0.19
C	0	0	×	1	1	2	3	0.19
D	1	1	1	×	1	4	5	0.31
E	0	0	0	0	×	0	1	0.06
合计						11	16	1

② 0-4法。0-1评分法中的重要程度差别仅为1分，不能拉开档次。为弥补这一不足，将分档扩大为四级，其打分矩阵仍同0-1法。档次划分如下：

F_1 比 F_2 重要得多：F_1 得4分，F_2 得0分；

F_1 比 F_2 重要：F_1 得3分，F_2 得1分；

F_1 不如 F_2 重要：F_1 得1分，F_2 得3分；

F_1 远不如 F_2 重要：F_1 得0分，F_2 得4分。

强制确定法适用于被评价对象在功能重要程度上的差异不太大，并且评价对象子功能数目不太多的情况。

以各部件功能得分占总分的比例确定各部件功能评价指数：

$$第 i 个评价对象的功能指数 F_1 = \frac{第 i 个评价对象的功能得分值 i}{全部功能得分值} \tag{9-3}$$

如果功能评价指数大，说明功能重要。反之，功能评价指数小，说明功能不太重要。

(2) 确定功能评价值 F

功能评价值的确定分以下两种情况：

① 产品评价设计。一般在产品设计之前，根据市场供需情况、价格、企业利润与成本水平，已初步设计了目标成本。因此，在功能重要性系数确定之后，就可将新产品设定的目标成本（如为800元）按已有的功能重要性系数加以分配计算，求得各个功能区的功能评价值，并将此功能评价值作为功能的目标成本，如表9-8所示。

新产品功能评价计算　　　　　　　　　　　　表9-8

功能区①	功能重要性系数②	功能评价值(F)(元)③=②×800
F_{A1}	0.47	376
F_{A2}	0.32	256
F_{A3}	0.16	128
F_{A4}	0.05	40
合计	1.00	800

如果需要进一步求出各功能区所有各项功能的功能评价值时,则采用同样的方法,先求出各项功能的重要性系数,然后按所求的功能重要性系数将成本分配到各项功能,求出功能评价值,并以此作为各项功能的目标成本。

②既有产品的改进设计。既有产品应以现实成本为基础求功能评价值,进而确定功能的目标成本。由于既有产品已有现实成本,就没有必要再假定目标成本。但是,既有产品的现实成本原已分配到各功能区中去的比例不一定合理,这就需要根据改进设计中新确定的功能重要性系数,重新分配既有产品的原有成本。从分配结果看,各功能区新分配成本与原分配成本之间有差异。正确分析和处理这些差异,就能合理确定各功能区的功能评价值,求出产品功能区的目标成本。现设既有产品的现实成本为500元,即可计算出功能评价值或目标成本,如表9-9所示。

既有产品功能评价值计算　　　　　　　　　　表9-9

功能区	功能现实成本C(元)①	功能重要性系数②	根据产品现实成本和功能重要性系数重新分配的功能区成本(元)③=②×500	功能评价值F(或目标成本)(元)④	成本降低幅度$\Delta C=(C-F)$(元)⑤
F_{A1}	130	0.47	235	130	—
F_{A2}	200	0.32	160	160	40
F_{A3}	80	0.16	80	80	—
F_{A4}	90	0.05	25	25	65
合计	500	1.00	500	395	105

表9-9中第③栏是把产品的现实成本$C=500$,按改进设计方案的新功能重要性系数重新分配给各功能区的结果。此分配结果可能有三种情况：

a.功能区新分配的成本等于现实成本。如F_{A3}就属于这种情况。此时应以现实成本作为功能评价值F。

b.新分配成本小于现实成本。如F_{A2}和F_{A4}就属于这种情况,此时应以新分配的成本作为功能评价值F。

c.新分配的成本大于现实成本。如F_{A1}就属于这种情况。出现这种情况的原因需要具体分析。如果是因为功能重要性系数提高了,经过分析后可以将其适当降低。如因成本确实投入太少,可以允许适当提高一些。

(3)功能价值V的计算及分析

通过计算和分析对象的价值V,可以分析成本功能的合理匹配程度。功能价值V的计算方法可分为功能成本法与功能指数法两类。

①功能成本法。功能成本法又称绝对值法,是通过一定的测算方法,测定实现应有功能所必需消耗的最低成本,同时计算为实现应有功能所耗费的现实成本,经过分析、对比,求得对象的价值系数和成本降低期望值,确定价值工程的改进对象。其表达式如下:

$$第i个评价对象的价值系数 V = \frac{第i个评价对象的功能评价值 F}{第i个评价对象的现实成本 C} \tag{9-4}$$

一般可采用表9-10进行定量分析。

功能评价值与价值系数计算表　　　　表9-10

项目 序号	子项目	功能重要性 系数①	功能评价值②= 目标成本×①	现实成本③	价值系数 ④=②/③	改善幅度 ⑤=③-②
1	A					
2	B					
3	C					
…	…					
合计						

功能的价值计算出来以后,需要进行分析,以揭示功能与成本的内在联系,确定评价对象是否为功能改进的重点,以及其功能改进的方向及幅度,从而为后面的方案创造工作打下良好的基础。

根据以上计算公式,功能的价值系数计算结果有以下几种情况:

a. $V=1$。即功能评价值等于功能现实成本,这表明评价对象的功能现实成本与实现功能所必需的最低成本大致相当。此时评价对象的价值为最佳,一般无需改进。

b. $V<1$。即功能现实成本大于功能评价值。表明评价对象的现实成本偏高,而功能要求不高,这时一种可能是由于存在着过剩功能,另一种可能是功能虽无过剩,但实现功能的条件或方法不佳,以致使实现功能的成本大于功能的实际需要。这两种情况都应列入功能改进的范围,并且以剔除过剩功能及降低现实成本为改进方向,使成本与功能比例趋于合理。

c. $V>1$。说明该部件功能比较重要,但分配的成本较少,即功能实现成本低于功能评价值。此时应进行具体分析,功能与成本的分配可能已较理想,或者有不必要的功能,或者应该提高成本。

d. $V=0$,要进一步分析。如果是不必要的功能,该部件则取消;但如果是最不重要的必要的功能,则要根据实际情况处理。

②功能指数法。功能指数法又称相对值法。在功能指数法中,功能的价值用价值指数 V_I 来表示,它是通过评定各对象功能的重要程度,用功能指数来表示其功能程度的大小,然后将评价对象的功能指数与相对应的成本指数进行比较,得出该评价对象的价值指数,从而确定改进对象,并求出该对象的成本改进期望值。其表达式为:

$$第i个评价对象的价值指数 V_I = \frac{第i个评价对象的功能指数 F_I}{第i个评价对象的成本指数 C_I} \tag{9-5}$$

功能指数法的特点是用分值来表达功能程度的大小,以便使系统内部的功能与成本具有可比性,由于评价对象的功能水平和成本水平都用它们在总体中所占的比率来表示,这样就可以采用上面的公式方便地、定量地表达评价对象价值的大小。因此,在功能指数法中,价值指数是作为评定对象功能价值的指标。价值指数计算结果有以下3种情况:

a. $V_I=1$。认为评价对象的功能比重与成本比重大致平衡,合理分配,可以认为功能的现实成本是比较合理的。

b. $V_I < 1$。此时评价对象的成本比重大于其功能比重,表明相对于系统内的其他对象而言,目前所占的成本偏高,从而会导致该对象的功能过剩。应将评价对象列为改进对象,改善方向主要是降低成本。

c. $V_I > 1$。此时评价对象的成本比重小于其功能比重。出现这种结果的原因可能有以下3种:第一,由于现实成本偏低,不能满足评价对象实现其应有的功能要求,致使对象功能偏低,这种情况应列为改进对象,改善方向是增加成本;第二,对象目前具有的功能已经超过了其应该具有的水平,也即存在着功能过剩,这种情况也应列为改进对象,改善方向是降低功能水平;第三,对象在技术、经济等方面具有某修特征,在客观上存在着功能很重要而需要消耗的成本却很少的情况,这种情况一般就不应列为改进对象。

从以上分析可以看出,对产品部件进行价值分析,就是使每个部件的价值系数尽可能趋近于1。换句话说,在选择价值工程对象的产品和零部件时,应当综合考虑价值系数偏离1的程度和改善幅度,优先选择价值系数远小于1且改进幅度大的产品或零部件。

四、确定 VE 对象的改进范围

VE 对象经过以上各个步骤,特别是完成功能评价之后,得到其价值的大小,就明确了改进的方向、目标和具体范围。确定对象改进范围的原则如下:

(1) F/C 值低的功能区域。计算出来的 $V < 1$ 的功能区域,基本上都应该进行改进,特别是 V 值比1小的较多的功能区域,应力求使 $V = 1$。

(2) $C - F$ 值大的功能区域。通过核算和确定对象的实际成本和功能评价值,分析、测算成本改善期望值,从而排列出改进对象的重点及优先次序。成本改善期望值的表达式为:

$$\Delta C = C - F \tag{9-6}$$

式中:ΔC——成本改善期望值,即成本降低幅度。

当 n 个功能区域的价值系数同样低时,就要优先选择 ΔC 数值大的功能区域作为重点对象。一般情况下,当 ΔC 大于零时,ΔC 大者为优先改善对象。

(3) 复杂的功能区域。复杂的功能区域,说明其功能是通过采用很多零件来实现的。

一般地,复杂的功能区域其价值系数也较低。

五、方案创新与评价

1. 方案创新的技术方法

方案创新是从提高对象的功能价值出发,在正确的功能分析和评价的基础上,针对应改进的具体目标,通过创造性的思维活动,提出能够可靠地实现必要功能的新方案。方案创新的方法很多,都强调发挥人的聪明才智,积极地进行思考,设想出技术经济效果更好的新方案。下面为常用的两种方法。

(1) 头脑风暴法

头脑风暴法原指精神病人的胡思乱想,后转意为无约无束、自由奔放的思考问题的方法。具体步骤如下:

① 组织对本问题有经验的专家召开会议。

② 会议鼓励对本问题自由鸣放,相互不指责批判。

③ 希望提出大量方案。

④结合他人意见提出设想。

（2）哥顿法

哥顿是会议主持人将拟解决的问题抽象后抛出，与会人员讨论并充分发表意见后，适当时机会议主持人再将原问题抛出继续讨论的方法。

2. 方案评价

方案评价就是从众多地被选方案中选出价值最高的可行方案。方案评价可分为概略评价和详细评价，均包括技术评价、经济评价和社会评价等方面的内容。将这三方面联系起来进行权衡，则称为综合评价。技术评价是对方案功能的必要性及必要程度和实施的可能性进行分析评价；经济评价是对方案实施的经济效果进行分析评价；社会评价是方案为国家和社会带来影响和后果的分析评价；综合评价又称价值评价，是根据以上3个方面评价内容，对方案价值大小所做的综合评价。

第三节　价值工程的应用示例

某市高新开发区有两幢科研楼和一幢综合楼，其设计方案对比项目如下：

A方案：结构方案为大柱网框架轻墙体系，采用预应力大跨度叠合楼板，墙体材料采用多孔砖及移动式可拆装式分室隔墙，窗户采用中空玻璃塑钢窗，面积利用系数为93%，单方造价为1 438元/m²。

B方案：结构方案同A方案，墙体采用内浇外砌，窗户采用单玻璃塑钢窗，面积利用系数为87%，单方造价为1 108元/m²。

C方案：结构方案砖混结构体系，采用多孔预应力板，墙体材料采用标准黏土砖，窗户采用双玻璃塑钢窗，面积利用系数为97%，单方造价为1 082元/m²。

方案各功能的权重及各方案的功能得分见表9-11。

各方案功能的权重及得分　　　　　　　　　　　表9-11

功能项目	功能权重	各方案功能得分		
		A	B	C
结构体系	0.25	10	10	8
楼板类型	0.05	10	10	9
墙体材料	0.25	8	9	7
面积系数	0.35	9	8	7
窗户类型	0.10	9	7	8

1. 试应用价值工程方法选择最优设计方案。

2. 为控制工程造价和进一步降低费用，拟针对所选的最优设计方案的土建工程部分，以工程材料为对象开展价值工程分析。将土建工程划分为4个功能项目，各功能项目得分值及其目前成本见表9-12。按限额设计要求，目标成本应控制为12 170万元。试分析各功能项目的目标成本及其可能降低的额度，并确定功能改进顺序。

解：1. 应用价值工程方法选择最优设计方案。

（1）计算各方案的功能指数，如表9-13所示。

功能项目得分及目前成本　　　　表 9-12

功能项目	功能得分	目前成本（万元）
A. 桩基围护工程	10	1 520
B. 地下室工程	11	1 482
C. 主体结构工程	35	4 705
D. 装饰工程	38	5 105
合计	94	12 812

功能指数计算　　　　表 9-13

项目	功能权重	方案功能加权得分		
		A	B	C
结构体系	0.25	10×0.25=2.50	10×0.25=2.50	8×0.25=2.00
楼板类型	0.05	10×0.05=0.50	10×0.05=0.50	9×0.05=0.45
墙体材料	0.25	8×0.25=2.00	9×0.25=2.25	7×0.25=1.75
面积系数	0.35	9×0.35=3.15	8×0.35=2.80	7×0.35=2.45
窗户类型	0.10	9×0.10=0.90	7×0.10=0.70	8×0.10=0.80
合计		9.05	8.75	7.45
功能指数		9.05÷25.25=0.358	8.75÷25.25=0.347	7.45÷25.25=0.295

注：表 9-13 中各方案功能加权得分之和为：9.05+8.75+7.45=25.25。

（2）计算各方案的成本指数，如表 9-14 所示。

成本指数计算　　　　表 9-14

方案	A	B	C	合计
单方造价（元）	1 438	1 108	1 082	3 628
成本指数	0.396	0.305	0.298	0.999

（3）计算各方案的价值指数，如表 9-15 所示。

价值指数计算　　　　表 9-15

方案	A	B	C
功能指数	0.358	0.347	0.295
成本指数	0.396	0.305	0.298
价值指数	0.904	1.138	0.990

由表 9-15 的计算结果可知，B 方案的价值指数最高，为最优方案。

2. 根据表 9-12 所列数据，分别计算桩基围护工程、地下室工程、主体结构工程、装饰工程的功能指数、成本指数和价值指数；再根据给定的总目标成本额，计算各工程内容的目标成本额，从而确定其成本降低额度。具体计算结果汇总见表 9-16。

功能指数、成本指数和价值指数和目标成本降低额计算　　　　表 9-16

功能项目	功能评分	功能指数	目标成本（万元）	成本指数	价值指数	目标成本（万元）	成本降低额（万元）
桩基围护工程	10	0.106 4	1 520	0.118 6	0.897 1	1 295	225
地下室工程	11	0.117 0	1 482	0.115 7	1.011 2	1 424	58

续上表

功能项目	功能评分	功能指数	目标成本（万元）	成本指数	价值指数	目标成本（万元）	成本降低额（万元）
主体结构工程	35	0.372 3	4 705	0.367 2	1.013 9	4 531	174
装饰工程	38	0.404 3	5 105	0.398 5	1.014 6	4 920	185
合计	94	1.000 0	12 812	1.000 0	—	12 170	642

由表9-16的计算结果可知，桩基围护工程、地下室工程、主体结构工程和装饰工程均应通过适当方式降低成本。根据成本降低额的大小，功能改进顺序依次为：桩基围护工程、装饰工程、主体结构工程、地下室工程。

【本章小结】

价值工程是通过研究产品或系统的功能与成本之间的关系，来改进产品或系统，以提高其经济效益的现代管理技术，其定义可用公式表示为：$V=F/C$。实际工作中可围绕该表达式的含义采取措施提高产品价值。

价值工程是一项有组织的管理活动，涉及面广，研究过程复杂，应以功能分析为核心，以有组织的团队性创造活动为基础，必须按照一定的程序进行。在分析中重点解决价值工程对象的选择与功能系统分析问题。

【复习思考题】

1. 什么是价值工程？
2. 什么是价值？提高价值的途径有哪些？
3. 价值工程的工作程序如何？
4. 如何进行价值工程的对象选择？
5. 如何确定功能重要性系数？

第十章 非工业投资项目经济评价

【教学目标】
1. 熟悉交通运输项目经济评价思路；
2. 熟悉公路建设项目费用与效益的计算思路；
3. 了解公路建设项目经济评价的内容；
4. 熟悉房地产开发项目投资与成本的构成；
5. 熟悉房地产开发项目收入的估算方法；
6. 了解房地产开发项目财务评价的内容。

非工业投资项目主要包括水利水电项目、交通运输项目、房地产开发项目、公共项目和邮电通讯项目等。这些非工业项目的经济评价，除了要遵循一般项目经济评价的基本原则和方法外，还应该根据各自行业的特点做出相应的调整。本章主要介绍交通运输项目和房地产开发项目的经济评价。

第一节 交通运输项目经济评价

交通运输项目包括铁路、水运、公路、航运、港口、车站、机场和管道等基础设施的新建和改扩建项目。作为社会经济的基础设施型项目，交通运输项目要为各行各业服务，因此，交通运输项目的效益不仅表现为投资者微观的直接效益，更多的是表现为间接的、宏观的国民经济效益。所以，交通运输项目的经济评价以国民经济评价为主。通过收费来偿还国内外贷款的项目需要作财务评价，分析和计算项目的财务盈利能力和清偿能力。

一、交通运输项目经济评价的要求

交通运输项目经济评价时应注意以下要求：

（1）项目效益和费用的确定一般采用"有无对比法"。表现为有项目相对于无项目时总效益和总费用的增量，即其净效益表现为有项目相对于无项目时运输总费用的节约，以及项目带来的其他净效益。有无对比法要求考虑在无项目状态下的变动，即在计算无项目的效益和费用增量时，应预测其发展变化情况。

（2）要考虑相关配套设施项目及其投资。交通运输是一个系统工程，主体工程必须与配套设施同时投入使用方可发挥其作用。因此，交通运输项目的经济评价必须同时考虑其相关配套设施的投资和费用，将配套设施与主体工程作为一个整体处理。如新建铁路应考虑与现有路线接轨站和编组站、机务段、车辆段等配套和改建；新机场应考虑公路交通联系。另外，由交通运输项目直接引起的拆迁、补偿和环境保护设施也应列入本项目的建设范围并计算投资。

(3)运输方式的比较应考虑运输工具。在比较、选择各种运输方式时,除基础设施外,还应计算运输工具(如机车、车辆、船舶、飞机等)的投资和费用。各种运输路线应包括从始发地到终点地的运输全部过程,费用和效益计算也应反映运输全过程。

(4)专门为新开发区或新建厂矿兴建的交通运输项目,应看作是该地区或该厂矿综合开发项目的组成部分,其效益和费用应纳入整个地区或厂矿联合体内进行统一计算和评价。

二、交通运输项目的费用

1. 费用的分类

交通运输项目的费用是指国民经济为建设和经营该项目而付出的全部代价,也就是减少的国民收入数量。它主要表现为线路、枢纽(港口、车站、机场)、运输工具及相关配套设施的投资、运营费用及外差费用。

投资包括固定资产投资和流动资金投入,固定资产投资包括基础设施投资、移动设施投资和土地费用,流动资金是运输部门为维持正常生产经营所必需的周转资金;营运费用包括交通运输业务费、装卸业务费和辅助生产费用,交通运输项目的建设会给社会带来某些不利的影响和副作用(如污染、噪声等),从而引起社会损失;外差费用就是国民经济为消除或减少上述消极的外部影响而付出的代价,以及这些消极影响给社会造成的损失。

以上费用都必须用影子价格进行计算,应剔除国内贷款利息、税金、补贴等转移支付费用,按影子价格规则进行调整。

2. 费用的计算

不同的交通运输项目费用计算内容不同,这里以公路建设项目的费用计算为例进行介绍。

(1)经济费用与财务成本

衡量和估计经济费用,就是运用科学的方法,对各个比较项目的经济费用进行鉴别和衡量。这项工作是通过对其财务成本作相应的合理调整来实现的。

经济费用与财务成本有许多一致的地方,但也有明显差异:

①经济费用是站在国家立场上(至少是地区立场)看问题,它衡量由于执行某一项目而带来多少国民经济收入减少及各类资源的分配流向,反映的是宏观经济;财务成本反映的是微观经济,它仅是站在项目执行者的立场上看问题。

②鉴别财务成本是以货币的支付和现金流量的减少为基本原则;鉴别经济费用是仅以国民收入减少为唯一鉴别原则,即只有因执行某公路项目而使国民经济消耗各种资源的,使国民经济增加成本的,才可列入经济费用。

③财务成本是以现行市场价格为尺度对项目投入资源计值,而经济费用是以资源的机会成本为尺度来计量的。

经济费用与财务成本两者互为补充,由财务成本调整为经济费用可按下述步骤进行:

①项目总投资按费用分类编制财务成本一览表,再按经济费用的鉴别原则对表中每一细目辨认,调整属于转移支付的项目。

②对经济费用构成项目按性质、用途、分类排队,并对各稀缺资源确定机会成本,调整计算如表10-1。

依据经济费用的鉴别原则,剔除第8项,列入被财务成本剔除的第1项,再通过下面的换算公式将涉及外汇项目的财务成本调整为经济费用,涉及工资项目的财务成本按影子工资的计算方法进行调整。

经济费用调整计算(单位:万元) 表 10-1

序 号	投入资源	财务成本	外汇成分(%)	经济费用
1	自有土地	0	0	2 000
2	防波堤	3 500	10	3 762.5
3	5 个停泊处	5 000	20	5 750
4	机械设备	8 000	30	9 800
5	流动船舶	9 000	30	11 025
6	疏浚及其他技术成本	5 800	30	7 105
7	工程费用及管理费	2 500	50	3 743.5
8	各类税收	2 000	0	0
9	人工	5 000	0	2 500
合计		40 800		45 380

经济费用 = 无外汇的财务成本 + 有外汇的财务成本 × 外汇的影子价格换算系数

例如对第 2 类防波堤的调整:

经济费用 = 3 150 + 350 × 1.75 = 3 762.5 万元

这里外汇的影子价格换算系数为 1.75,工资的影子价格换算系数为 0.5,其余当地原材料、设备等,因市场价格反映其生产成本,无须调整。

(2)经济费用测算

公路建设项目的经济费用分为直接费用和间接费用。前者可定量计算,后者则难以定量计算。为了与效益计算的口径一致,这里仅讨论直接费用的计算问题。直接费用是指用影子价格计算的项目投入物(固定资产投资和经常性投入)的经济价值。这部分费用一般在项目的财务评价中已经得到反映,通过调整可转化为经济费用。公路项目费用计算的具体范围表现在如下几方面:公路建设费、公路大修费、公路养护费、交通管理费、残值(以负值计入费用,一般取道路建设费用的 50%)。必要时计入项目的其他外差费用。

公路工程项目建设费用的具体确定方法如下:

①人工费的计算采用劳动力的影子工资。

②材料费的计算如下:

a. 各种类型的钢材包括 I 级钢筋、II 级钢筋、预应力粗钢筋、钢绞线、高强钢丝、钢材、波形钢板及型钢立柱、加工钢材、钢板标志等,按其影子价格来计算:到岸价格乘以影子汇率,加上口岸到原用户的运费及贸易费,减去供应地到原用户的贸易费及运费,加上供应地到拟建项目的贸易费和运费(贸易费和运费都要用影子价格)。

b. 木材(包括原木和锯材):按影子价格来计算,方法同上。

c. 水泥:若采用国内水泥应按非外贸货物处理,直接根据市场价格来定价(即影子价格等于市场价格);若采用进口水泥可按钢材的影子价格确定方法计算。

d. 沥青:当需要的沥青为进口沥青时,其费用按照影子价格计算,由于它属于直接进口产品,其影子价格计算的确定方法是口岸价乘以影子汇率加上国内的贸易费和运费;当需要的沥青为一般国产沥青时,其影子价格的确定方法与钢材的影子价格确定方法相同。

e. 其他材料费:可参照国内市场价格计算其费用,实际工作中,其投资估算原则上不变。

③机械使用费的计算。对于可以租赁的机械可根据租赁费来确定机会成本。其他机械可

按下述方法确定：

a. 机械使用费中的燃料费应根据燃料的影子价格计算。

b. 轮胎的费用中应扣除税金，将财务价还原为经济价。

c. 机上人员工资按影子工资计算。

d. 大修理费、保修费中应扣除税金。

e. 折旧费用资金用回收费代替。

f. 养路费中(水平运输机械有此项费用)公路大修、养护及道路建设等费用应别除(它是一种资金的内部转移，不消耗资源的价值)。

g. 应剔除车船使用税(它是一种资金的内部转移，不消耗资源价值)。

h. 其他费用不变。

机械使用费的计算较为复杂，部分费用要调高(如燃料费、折旧费)，部分费用应调低。实际工作中，有些在计算上做了简化。

④建安费中的税金、利润等应予剔除，这些费用是一种资金的内部转移，并不消耗资源价值。

⑤征地费可根据土地的机会成本来确定，用土地的影子价格代替其他费用中的实际土地占用费。

土地机会成本可按下式计算：

$$OC = \sum_{t=1}^{n} B_0(1+i)^{t+\tau}(1+R)^{-t}$$

$$= \begin{cases} B_0(1+i)^{\tau+1}\dfrac{1-(1+i)^n(1+R)^{-n}}{R-i} & (R \neq i) \\ nB_0(1+i)^{\tau} & (R = i) \end{cases} \quad (10\text{-}1)$$

式中：OC——土地单位面积的机会成本；

n——项目占用土地的年限，一般为项目计算期；

B_0——基年土地的"最好可行替代用途"的单位面积年净效益；

τ——基年(即土地在可行替代用途中的净效益测算年)距项目开工年年数；

t——年序数；

i——土地最好可行替代用途的年平均净效益增长率；

R——社会折现率。

建设项目实际征地费用可分为三部分：属于机会成本性质的费用，如土地补偿费、青苗补偿费等；新增资源消耗费用，如拆迁费用、剩余劳动力安置费、养老保险费等；转移支付，如粮食开发基金、耕地占用税等。

根据效益和费用划分的原则，在国民经济评价中，前两部分费用应按影子价格进行调整，而第三部分则不计为费用。即：

$$土地的影子价格 = 土地的机会成本 + 新增资源消耗费用$$

【例10-1】某运输项目位于长江下游区，共征地1 134亩。2009年开始征地建设，项目寿命期为23年。项目实际征地费用总额为3 968万元，平均每亩3.499 1万元，征地费用构成见表10-2，试求该项目的土地影子费用。

解：(1)计算土地机会成本

在表10-2中的实际征地费用中，第1、2两项属机会成本性质，应按机会成本计算办法重新计算。该土地的现行用途为种植水稻,经分析,该土地还可种植小麦和蔬菜。根据调查 2008 年(年末)当地种一亩水稻或一亩小麦或一亩蔬菜的净效益分别为 924 元、364 元和 964 元。设蔬菜一年可种 2.5 季,水稻和小麦一年只种一季,空闲时间也可用于种蔬菜。显然,在这三种替代用途中,种蔬菜的净效益最大,为最好的可行替代用途。故基年净效益为:

$$B_0 = 964 \times 2.5 = 2\,410(元/亩)$$

征地费用构成情况　　　　　　　　　　　　　表 10-2

费用类别	费用(万元)	费用类别	费用(万元)
1. 土地补偿费	406	7. 拆迁总费用	1 237
2. 青苗补偿费	34	8. 征地管理费	162
3. 老年人保养费	156	9. 粮食开发基金	340
4. 养老保险金	12	10. 耕地占用税	567
5. 剩余农业劳动力安置费	835		3 968
6. 农转非人口粮食差价补偿	219		

设规划期内种蔬菜的年净效益增长率为 $i = 2\%$。由于基年为 2009 年(年初),项目开工年也为 2009 年,故 $\tau = 0$。则每亩的机会成本为:

$$OC = B_0(1+i)^{\tau+1} \frac{1-(1+i)^n(1+R)^{-n}}{R-i}$$

$$= 2\,410 \times (1+0.02)$$

$$= 2.172\,2(万元/亩)$$

土地的机会成本总额为:

$$1\,134 \times 2.172\,2 = 2\,463.274\,8(万元)$$

(2)新增资源消耗费用的计算

在表 10-2 的实际征地费用中,新增资源消耗费用由第 3 至第 8 项组成,总额为 2 621 万元,平均每亩为 2.311 3 万元。新增资源消耗中的拆迁费为主要建筑施工费用,根据原国家计委《建设项目经济评价方法与参数》(第三版),房屋建筑工程影子价格换算系数为 1.1,则拆迁费的影子费用为:$1\,237 \times 1.1 = 1\,360.7$ 万元,平均每亩为 1.199 9 万元。

其余几项新增资源消耗费用不作调整,其总额为 1 384 万元,平均每亩为 1.220 5 万元。剔除转移支付第 9、10 两项,则得单位面积土地影子价格为:

$$2.172\,2 + 1.199\,9 + 1.220\,5 = 4.596\,2(万元/亩)$$

土地影子价格总额为:

$$1\,134 \times 4.596\,2 = 5\,212.090\,8(万元)$$

⑥项目建设中所使用的电费按影子价格计算,剔除投资估算中的供电贴费(当电费未按影子价格计算而采用统一预算价格计算时,供电贴费不能轻易剔除)。

⑦建设期贷款利息、固定资产投资方向调节税是一种资金的内部转移,并不反映资源消耗,应予剔除。涉及外汇借款时,用影子汇率计算外汇借款本金与利息偿还额。

⑧工程造价增长预留费中应剔除因通货膨胀而引起的增长费而保留因供求关系变化而引起的增长费。由于影子价格是依据国际市场价格来确定的,这种市场价格相对平稳,因此,实际工作中,工程造价增长预留费基本上可以全部剔除。

⑨其他各项费用。一般可维持原来的投资估算不变。

以上是公路建设费的具体确定方法。公路建设的其他费用同样可以参考该方法来确定,有些资源的影子价格可直接查阅《建设项目经济评价方法与参数》（第三版）。

三、交通运输项目的效益

1. 效益的分类

交通运输项目的效益是指由于项目的兴建而给国民经济带来的实际成果或贡献。按照能否用货币来衡量，交通运输项目的效益可分为有形效益和无形效益。有形效益又可分为直接效益和间接效益。

直接效益是指项目使用者获得的运输效益，它是项目建成后带来的最重要、最直接的效益。直接效益主要表现为运量的增加、运输成本的降低、事故损失的减少等。

间接效益是指项目对地区其他经济领域产生的效益，如促进地区产业结构的变化和地区经济的繁荣，促进旅游业和第三产业的发展，促进地区间的商品流通和外贸事业的发展等所产生的净效益。项目促进地区经济发展的效益，目前尚无规范的方法。可以用由于交通运输项目的兴建，地区新增效益扣除其他经济部门投入的全部费用后的净效益作为交通运输项目的效益，也可以按交通运输项目的投资额与其他经济部门的投资额之比来分摊地区的新增效益。

无形效益是指项目建设对政治、国防、文化、环境、就业、人民生活水平的提高，以及对国家和地方财政所产生的影响等难以量化的效益。

2. 效益的计算

由于交通运输项目表现状态和服务方式的特殊性与多样性，因而交通运输项目的效益往往具有不直观、间接和难度量的特点，而且不同的交通运输项目反映其功能效用的效益也不同。为了便于说明，这里以公路建设项目为例，介绍交通运输项目的效益计算。

公路建设项目的国民经济效益是在支付意愿与消费者剩余的基础上按照"有无对比"法确定出来的。即通过对拟建项目建设后使用中（消费者）所发生的各种费用与拟建项目不实施情况下（消费者）所发生的各种费用进行比较来确定拟建项目的效益。这里主要介绍直接效益的计算。

公路工程项目的直接效益包括以下几种：公路晋级效益；减少拥挤效益；节约旅客、货物在途时间效益；缩短里程效益；减少交通事故和减少货损事故的效益。下面介绍每一种效益的计算方法（在计算每一种效益时所用的价格都是影子价格）。

（1）公路晋级的效益

公路晋级的效益是指由于公路工程项目的实施，使得旅客货物的运输成本降低所产生的效益。新建公路项目运输成本降低额，按没有此公路时，旅客、货物通过其他公路或其他运输方式的运输成本，与有了此公路时的汽车运输成本之差额来计算。改建公路项目运输成本降低额，按公路未经改建时平均年度交通量状况下的旅客、货物运输成本，与经过改建在同一交通量水平下所能达到的旅客货物运输成本之差额来计算：即：

$$B_{hj} = (C_{hw} - C_{hy}) \times Q_{hk} \qquad (10\text{-}2)$$

$$B_{kj} = (C_{kw} - C_{ky}) \times Q_{kk} \qquad (10\text{-}3)$$

式中：B_{hj}——公路新建或改建导致货物运输成本降低的金额（万元）；

C_{hw}——对于新建公路项目，指无此项目时货物通过其他公路或其他运输方式的单位运输成本（元/千吨公里）；对于改建公路，指公路未经改建时，平均年度交通量状况下的货物单位运输成本（元/千吨公里）；

C_{hy}——对于新建公路项目，指有此项目时，货物通过此公路运输时的单位运输成本（元/千

吨公里);对于改建公路项目,指货物通过改建后公路运输的单位成本(元/千吨公里);

Q_{hk}——新建公路或改建公路的货物周转量(千万吨公里);

B_{kj}——旅客运输成本降低的金额(万元);

C_{kw}——对于新建公路项目,指无此项目时旅客通过其他公路或其他运输方式旅行时的单位运输成本(元/千人公里);对于改建公路项目,指公路未经改建时,平均年度交通量状况下的旅客单位运输成本(元/千人公里);

C_{ky}——对于新建公路项目,指有此项目时旅客通过此公路运输时的单位运输成本(元/千人公里);对于改建公路项目,指旅客通过改建后公路运输的单位成本(元/千人公里);

Q_{kk}——新建公路或改建公路的旅客周转量(千万人公里)。

如果缺乏旅客运输单位成本时,可采用换算吨公里按货物运输成本的单位成本进行间接推算。

上面介绍的公路晋级效益的计算公式是一近似计算公式,实际上,由于公路上的交通量来源于三种类型,即:

①原有公路上交通量(包括正常增长的交通量);

②从其他运输方式转移过来的交通量(或运输量);

③由于新建或改建公路而诱发的新的交通量。

因此,晋级效益的计算也应分别进行处理。其中,对于诱发的交通量(或运输量)应按下式计算:

$$B_{hjy} = \frac{1}{2}(C_{hwm} - C_{hy}) \times Q_{hky} \tag{10-4}$$

$$B_{kjy} = \frac{1}{2}(C_{kwm} - C_{ky}) \times Q_{kky} \tag{10-5}$$

式中:B_{hjy}、B_{kjy}——诱发的交通量的货运、客运经济效益;

C_{hwm}、C_{kwm}——其他各种运输方式中最小的单运输成本;

Q_{hky}、Q_{kky}——诱发的客、货运周转量。

(2)减少拥挤所产生的效益

无此项目时,原有的相关公路的交通量不断增加,平均行车速度相应降低,单位运输成本亦不断提高。有此项目后,使原有的相关公路部分交通量向拟建公路上转移,拥挤减少,运输成本下降,此项运输成本的降低即为效益。其公式为:

$$B_{hy} = (C_{hw} - C_{hyy}) \times Q_{hk} \tag{10-6}$$

$$B_{ky} = (C_{kw} - C_{kyy}) \times Q_{kk} \tag{10-7}$$

式中:B_{hy}、B_{ky}——由于公路新建使原有公路减少拥挤的货、客运输效益(万元);

C_{hw}、C_{kw}——无此项目时,原有相关公路的货、客单位运输成本(元/千吨公里、元/千人公里);

C_{hyy}、C_{kyy}——有此项目时,原有相关公路减少拥挤的货、客运输的单位成本(元/千吨公里、元/千人公里);

Q_{hk}、Q_{kk}——有此项目后,原有相关公路剩余的货物、旅客周转量(千万吨公里、千万人公里)。

当缺乏旅客运输成本资料时,暂时可采用换算吨公里按货物运输成本进行间接计算。

(3)缩短里程而产生的效益

公路因改建而缩短里程,节约了旅客货物运输费用,其节约金额,以改建时交通量状况下的货物运输成本来计算。即:

$$B_{hd} = C_{ho} \times Q_{hdk} \quad (10-8)$$

$$B_{kd} = C_{ko} \times Q_{kdk} \quad (10-9)$$

式中:B_{hd}、B_{kd}——公路改建缩短里程而降低的货客运输成本(万元);

C_{ho}、C_{ko}——公路改建时交通量状况下的货客运输成本(元/千吨公里、元/千人公里);

Q_{hdk}、Q_{kdk}——公路缩短里程上的货客周转量(千万吨公里、千万人公里)。

此公式也适用于研究新建项目。

对于诱发的交通量的缩短里程的效益,应在公式中乘以0.5的系数(其理由同前面介绍的晋级效益的分析和计算)。

缩短里程上的周转量可按下式计算:

周转量 = 新路交通量 × 被缩短的里程 × 平均吨位 × 实载率 × 365天

对于诱发的交通量的缩短里程的效益,应在公式中乘以0.5的系数(其理由同前面介绍的晋级效益的分析和计算)。

缩短里程上的周转量可按下式计算:

周转量 = 新路交通量 × 被缩短的里程 × 平均吨位 × 实载率 × 365天

(4)货物节约在途时间的效益

货物节约在途时间的效益,以货物运送速度提高,在途时间缩短,引起资金周转期缩短而获得效益来考虑并按在途物资在期间占用资金的利息(国民经济评价时采用社会贴现率)的减少来计算。计算公式为:

$$B_{hs} = P_r \times Q_{hk} \times i \times \frac{T}{(16 \times 365)L} \quad (10-10)$$

式中:B_{hs}——货物节约在途时间的效益(万元);

P_r——在途货物平均价格(元/t);

Q_{hk}——新建或改建公路货物周转量(万吨公里);

i——社会贴现率(%);

T——全程节约小时数(h);

L——公路线路全长(km)。

对于诱发的货运周转量,公式中同样应乘以0.5的系数。

在计算货物时间节约效益时,由于当前公路汽车运输企业大都达不到昼夜连续运送货物的水平,故将节约16h在途时间按相当于减少了1天的货物流动资金周转时间考虑。

(5)旅客节约在途时间的效益

旅客节约在途时间的效益,以旅客旅行时间缩短,可多创造的国民收入来考虑,其金额以每人平均创造国民收入(净产值)的份额来计算。即:

$$B_{ks} = \frac{I_c \times Q_{kk} \times T}{(8 \times 240)L} \quad (10-11)$$

式中:B_{ks}——旅客节约在途时间的价值(万元);

I_c——计算年度每一旅客的国民收入的份额(元/人);

Q_{kk}——新建或改建公路上的旅客周转量(万人公里);

T——全程节约小时数;

L——公路线路全长(km)。

如考虑节约的时间只有一半用于生产目的,则公式中还应乘以 0.5 的系数。对于诱发的客运交通量,则应在上述计算的基础上,还应乘以 0.5 的系数(理由同前)。

每个旅客所能创造的国民收入,可根据当地的统计资料测算。计算方法为:

$$\text{平均每个旅客所创造的国民收入} = \frac{\text{国民收入总额(万元)}}{\text{总人口数(万人)}}$$

应说明几点:

①计算旅客节约在途时间的价值必须要符合计算范围对应一致的原则,若时间价值指标以全社会人口数求得,则计算效益时应以旅客总数为乘数;如果旅客按年龄、职业、出行目的分组进行计算,则时间价值指标也要分组测算。

②按照国家计委《建设项目经济评价方法与参数》的规定,计算期内各年使用同一价格,国民收入应以评价年度的第一年(项目开工的当年)的价格为基准计算。

③在计算旅客国民收入时,按每天 8h 工作制并扣除法定节假日(按每年工作 240 天计)来计算旅客每小时的国民收入。

(6)公路减少交通事故而节约的费用的效益

拟建项目实施后导致交通事故减少,其节约的费用以事故率及事故平均损失费用计算:

$$B_{jsh} = P_{jsh} \times (J_w - J_y) M_k \tag{10-12}$$

式中:B_{jsh}——减少交通事故节约的费用的效益(万元);

P_{jsh}——公路交通事故平均损失费(万元/次);

J_w——无此项目事故率(次/万车公里);

J_y——有此项目事故率(次/万公里);

M_k——车辆行驶量(万年公里)。

(7)减少货损事故节约的费用的效益

减少公路货损事故所节约的费用的效益,按货损率差及评价年度在途货物平均价格计算。即:

$$B_{ssh} = (S_w - S_y) \times Q_{hk} \times \frac{P_r}{L} \tag{10-13}$$

式中:B_{ssh}——货损事故减少节约的费用的效益(万元);

S_w——无此项目时的货损率(%);

S_y——有此项目时的货损率(%);

Q_{hk}——货物周转量(万吨公里);

P_r——在途货物平均价格(元/吨);

L——平均运距(公里)。

对于诱增交通量同样应在公式中乘以 0.5 的系数。

(8)全社会公路使用者的效益

全社会公路使用者的效益即为上述 7 项效益之和。公式为:

$$B = B_{hj} + B_{kj} + B_{hy} + B_{ky} + B_{hd} + B_{kd} + B_{hs} + B_{ks} + B_{jsh} + B_{ssh} \tag{10-14}$$

式中符号意义同前。

(9) 效益计算应注意的几个问题

在分项效益计算举例中,都是利用货、客换算周转量和货、客综合运输成本进行计算,如果将货、客车分开计算,其运输成本也应分别测算。但是货、客车节约在途时间价值要分开计算效益。

在效益计算中,交通量在项目开工后的预测年限与评价计算期应相一致。这期间在未来年交通量达到公路通行能力后,交通量和效益拟不再变化。例如,2015年建成一条新路,交通量预测和效益计算应到2035年,假设预测的交通量到2025年已达到最大通行能力,则2026~2035年的交通量与效益等同于2025年,不再变化。

四、交通运输项目的经济评价

交通运输项目经济评价主要采用费用效益分析方法,就是将交通运输项目的费用与其效益进行比较,从而判断该项目在经济上是否合理可行。在比较时,项目的费用和效益必须具有可比性,即两者的计算范围要一致。

交通运输项目经济评价采用的主要指标有效益费用比、净现值、内部收益率等。

第二节　房地产开发项目经济评价

一、概述

房地产项目应根据社会经济发展的需要和城市总体规划的要求,运用微观效益分析与宏观效益分析相结合,定量分析与定性分析相结合,动态分析与静态分析相结合的方法,做好经济评价工作,经济评价应在房地产市场调查与预测,房地产项目策划,房地产项目投资与成本费用估算,房地产项目收入估算与资金筹措的基础上进行。同时应注意对房地产项目进行不确定分析和多方案比选。

房地产项目经济评价的结论可以为房地产开发商服务,作为房地产开发商投资决策的依据;可以为政府管理部门服务,作为政府管理部门审批房地产项目的依据;可以为金融机构服务,作为金融机构审查贷款可行性的依据。

房地产项目经济评价人员收集基础数据的准确性和选择参数的合理性,对房地产项目经济评价结论的正确性有着重要的影响,这就要求房地产项目经济评价人员具有较高的素质,以便在进行房地产项目经济评价时做出正确的分析和判断。

1. 房地产项目分类

在房地产项目经济评价中,按照房地产项目未来获取收益的方式,可将房地产项目主要分为下列类型:

(1) 出售型房地产项目

此类房地产项目以预售或开发完成后出售的方式得到收入,回收开发资金,获取开发收益,以达到盈利的目的。

(2) 出租型房地产项目

此类房地产项目以预租或开发完成后出租的方式得到收入,回收开发资金,获取开发收益,以达到盈利的目的。

(3) 混合型房地产项目

此类房地产项目以预售、预租或开发完成后出售、出租、自营的各种组合方式得到收入,回收开发资金,获取开发收益,以达到盈利的目的。

2. 房地产项目经济评价的分类

房地产项目经济评价分为财务评价和综合评价。对于一般的房地产项目只需进行财务评价;对于重大的、对区域社会经济发展有较大影响的房地产项目,如经济开发区项目,成片开发项目,在做出决策前应进行综合评价。

财务评价应根据现行财税制度和价格体系,计算房地产项目的财务收入和财务支出,分析项目的财务盈利能力,清偿能力以及资金平衡状况,判断项目的财务可行性。

综合评价应从区域社会经济发展的角度,分析和计算房地产项目对区域社会经济的效益和费用,考察项目对社会经济的净贡献,判断项目的社会经济合理性。

3. 房地产市场调查与预测

通过房地产市场调查与预测,以了解房地产市场的过去和现状,把握房地产市场的发展动态,认识房地产市场的未来发展趋势,为分析和确定房地产项目建设的必要性、用途、规模、档次、时机、开发经营方式以及估算收入、投资与成本费用等提供可靠的依据。

房地产市场调查与预测的内容和方法,应根据房地产项目的用途,未来获取收益的方式及所在地区的具体情况确定。按照用途可将房地产项目分为下列类型:

①居住用途的房地产项目:包括普通住宅、高档公寓、别墅等;

②商业用途的房地产项目:包括商场、购物中心、商业店铺、超级市场、批发市场等;

③办公用途的房地产项目:包括商务办公楼(写字楼)等;

④旅馆用途的房地产项目:包括饭店、酒店、宾馆、度假村、旅店、招待所等;

⑤餐饮用途的房地产项目:包括酒楼、美食城、餐馆、快餐店等;

⑥娱乐用途的房地产项目:包括游乐场、娱乐城、康乐中心、俱乐部、影剧院等;

⑦工业用途的房地产项目:包括厂房、仓库等;

⑧特殊用途的房地产项目:包括停车楼等;

⑨土地开发项目:是指在生地或毛地上进行"三通一平"等,将其开发成为建设熟地的房地产项目。

房地产市场调查与预测包括房地产投资环境的调查与预测和房地产市场状况的调查与预测。

房地产投资环境的调查与预测应在国家、区域、城市、邻里的层次上进行,主要内容包括:政治、法律、经济、文化教育、自然条件、城市规划、基础设施等方面,特别是要预计已经发生或将要发生的重大事件或政策对房地产项目的影响。

房地产市场状况的调查与预测应在房地产投资环境调查与预测的基础上进行,主要内容包括:

①供求状况:包括相关地段、用途、规模、档次、价位、平面布置等的房地产的供求状况,如供给量、有效需求量、空置量和空置率等。其中供给量应包括已完成的项目、在建的项目、已审批立项的项目、潜在的竞争项目及预计它们投入市场的时间。

②房地产商品的价格、租金以及经营收入。

③房地产开发和经营的成本、费用、税金等的种类及其支付的标准和时间等。

在进行市场状况的调查与预测时,还应进行房地产项目竞争能力的分析。

房地产市场调查的方法根据调查的对象、内容和目的的不同而有所不同。通常采用的方法有:普查法、抽样调查法、直接调查法、间接调查法。

房地产市场预测一般分为定性预测和定量预测。定性预测主要是通过对历史资料的分析和对未来条件的研究,凭借预测人员实践经验和逻辑推理能力,对房地产市场未来表现的性质进行推测和判断;定量预测是在了解历史资料和统计数据的基础上,运用数学方法和其他分析技术,建立可以表现数量关系的数量模型,并以此为基础分析,计算和确定房地产市场要素在未来可能的数量。

房地产市场预测的具体方法因预测的对象、内容、期限不同而有所不同。通常采用的方法有:

①直观判断法:包括德尔菲法和专家小组法等。

②历史引申法:包括简单平均数法、移动平均数法、加权移动平均数法、趋势预测法、指数平滑法和季节指数法等。

③因果预测法:包括回归分析法和相关分析法等。

二、房地产开发项目策划

房地产项目应进行系统的项目策划,以形成和优选出较具体的项目开发经营方案。项目策划主要包括项目区位的分析与选择、开发内容和规模的分析与选择、开发时机的分析与选择、开发合作方式的分析与选择、项目融资方式的分析与选择、开发完成后的房地产产品经营方式的分析与选择。

1. **房地产项目区位的分析与选择**

房地产项目区位的分析与选择,包括地域的分析与选择和具体地点的分析与选择。地域的分析与选择是战略性选择,是对项目宏观区位条件的分析与选择,主要考虑项目所在地区的政治、法律、经济、文化教育、自然条件等因素;具体地点的分析与选择、是对房地产项目坐落地点和周围环境、基础设施条件的分析与选择、主要考虑项目所在地点的交通、城市规划、土地取得代价、拆迁安置难度、基础设施完备程度以及地质水文、噪声、空气污染等因素。

2. **房地产项目开发内容和规模的分析与选择**

房地产项目开发内容和规模的分析与选择,应在符合城市规划的前提下按照最高最佳利用原则(最高最佳利用是法律上允许、技术上可能、财务上可行、经过充分合理的论证、能够带来最高收益的利用),选择最佳的用途和最合适的开发规模,包括建筑总面积、建设和装修档次、平面布置等。此外,还可考虑仅将生地或毛地开发成为可进行房屋建设的熟地后租售的情况。

3. **房地产项目开发时机的分析与选择**

房地产项目开发时机的分析与选择,首先应考虑开发完成后的市场前景,再倒推出应获取开发场地和开始建设的时机,并应充分估计到办理前期手续和征地拆迁的难度等因素对开发进度的影响。大型房地产项目可考虑分期分批开发(滚动开发)。

4. **房地产项目开发合作方式的分析与选择**

房地产项目开发合作方式的分析与选择,主要是考虑开发商自身在土地、资金、开发经营专长、经验和社会关系等方面的实力或优势程度,以及从分散风险的角度出发,对独资、合资、合作(包括合建)、委托开发等开发合作方式进行选择。

5. **房地产项目融资方式的分析与选择**

房地产项目融资方式的分析与选择,主要是结合项目开发合作方式设计资金结构,确定合作各方在项目投资的资本金中所占的份额,并通过分析可能的投资来源和经营方式,对项目所需的短期和长期资金的筹措做出合理的安排。

6. 开发完成后的房地产产品经营方式的分析与选择

开发完成后的房地产产品经营方式的分析与选择，主要是考虑近期利益和长远利益的兼顾、资金压力、自身的经营能力以及市场的接受程度等，对出售（包括预售）、出租（包括预租、短租或长租）、自营等经营方式进行选择。

三、房地产开发项目投资与成本费用估算

1. 房地产项目总投资

房地产项目总投资是指在开发期内投入的全部资金以及维持开发企业正常经营活动的周转资金，主要包括开发建设投资和经营资金。开发期是指从房地产项目研究到开发建设完成的期间。

开发建设投资是指在开发期内完成房地产产品开发建设所需投入的各项费用，主要包括：土地费用、前期工程费用、基础设施建设费用、建筑安装工程费用、公共配套设施建设费用、开发间接费用、财务费用、管理费用、销售费用、开发期税费、其他费用以及不可预见费用等。

开发建设投资在开发建设过程中形成出售、出租目的的开发产品成本和自营自用目的的固定资产及其他资产，应注意开发建设投资在开发产品成本与固定资产和其他资产之间的合理分摊划转。

经营资金是指用于开发企业日常经营的周转资金。

2. 房地产开发项目成本

(1) 开发产品成本

开发产品成本是指房地产项目产品建成时，按照国家有关财务和会计制度转入房地产产品的开发建设投资。当房地产项目有多种产品时，可分别估算每种产品的成本费用，但应注意开发建设投资在不同开发产品之间的合理分摊。

(2) 经营成本

经营成本是指房地产产品出售、出租时，将开发产品成本按照国家有关财务和会计制度结转的成本，主要包括：土地转让成本、出租土地经营成本、房地产销售成本、出租经营成本。

对于分期收款的房地产项目，房地产销售成本和出租经营成本可按其当期收入占全部销售收入和租金收入的比率，计算本期应结转的经营成本。

3. 房地产项目总投资的各项费用

(1) 房地产项目土地费用

是指为取得房地产项目用地而发生的费用。房地产项目取得土地有多种方式，所发生的费用各不相同，主要有下列几种：划拨或征用土地的土地征用拆迁费、出让土地的土地出让地价款、转让土地的土地转让费、租用土地的土地租用费、股东投资入股土地的投资折价。

① 土地征用拆迁费。土地征用拆迁费分为：农村土地征用拆迁费和城镇土地拆迁费。

a. 农村土地征用拆迁费主要包括：土地补偿费、青苗补偿费、地上附着物补偿费、安置补助费、新菜地开发建设基金、征地管理费、耕地占用税、拆迁费、其他费用。

b. 城镇土地拆迁费主要包括：地上建筑物、构筑物、附着物补偿费、搬家费、临时搬迁安置费、周转房摊销以及对于原用地单位停产停业补偿费、拆迁管理费和拆迁服务费等。

② 土地出让地价款。土地出让地价款是指国家以土地所有者的身份将土地使用权在一定年限内让与土地使用者，并由土地使用者向国家支付土地使用权出让地价款。主要包括向政

府缴付的土地使用权出让金和根据土地原有状况需要支付的拆迁补偿费、安置费、城市基础设施建设费或征地费等。例如：以出让方式取得城市熟地土地使用权、土地出让、地价款由土地出让金加上拆迁补偿费和城市基础设施建设费构成。

土地出让地价款的数额由土地所在城市、地区、地段、土地的用途以及使用条件、合同条件等许多方面的因素决定。许多城市对土地制定了基准地价，具体宗地的土地出让地价款要在基准地价的基础上加以适当调整确定。

③土地转让费。土地转让费是指土地受让方向土地转让方支付土地使用权的转让费。依法通过土地出让或转让方式取得的土地使用权可以转让给其他合法使用者。土地使用权转让时，地上建筑物及其他附着物的所有权随之转让。

④土地租用费。土地租用费是指土地租用方向土地出租方支付的费用。以租用方式取得土地使用权可以减少项目开发的初期投资，但在房地产项目开发中较为少见。

⑤土地投资折价。房地产项目土地使用权可以来自房地产项目的一个或多个投资者的直接投资。在这种情况下，不需要筹集现金用于支付土地使用权的获取费用，但一般需要对土地使用权评估作价。

（2）房地产项目前期工程费

房地产项目前期工程费主要包括项目前期规划、设计、可行性研究；水文、地质勘测以及"三通一平"（通水、通电、通路、土地平整）等阶段的费用支出。项目规划、设计、可行性研究所需费用支出一般可按占项目总投资的一定百分比估算，也可按估计的工作量乘以正常工日费率估算；项目水文、地质勘测所需费用支出根据所需工作量估算；土地开发中，"三通一平"工程费用根据实际工作量估算。

（3）基础设施建设费

基础设施建设是指建筑物2m以外和项目用地规划红线以内的各种管线和道路工程，其费用包括供水、供电、供气、排污、绿化、小区、道路、路灯、环卫设施等建设费用，以及各项设施与市政设施干线、干管、干道的接口费用。一般按实际工程量估算。

（4）建筑安装工程费

建筑安装工程费是指建造房屋建筑物所发生的建筑工程费用，设备采购费用和安装工程费用等。在可行性研究阶段，建筑安装工程费用估算可以采用单元估算法、单位指标估算法、工程量近似框算法、概算指标估算法、概预算定额法，也可以根据类似工程经验进行估算。具体估算方法的选择应视资料的可获得性和费用情况而定。

当房地产项目包括多个单项工程时，应对各个单项工程分别估算建筑安装工程费用。

（5）公共配套设施建设费

公共配套设施建设费是指居住小区内为居民服务配套建设的各种非营利性的公共配套设施（又称公建设施）的建设费用，主要包括：居委会、派出所、托儿所、幼儿园、公共厕所、停车场等。一般按规划指标和实际工程量估算。

（6）开发间接费用

开发间接费用是指房地产开发企业内部独立核算单位在开发现场组织管理所发生的各项费用。主要包括：工资、福利费、折旧费、修理费、办公费、水电费、劳动保护费、周转房摊销和其他费用等。

当开发企业不设立现场机构，由开发企业定期或不定期派人到开发现场组织开发建设活动时，所发生的费用可直接计入开发企业的管理费用。

（7）管理费用

管理费用是指房地产开发企业行政管理部门为组织和管理房地产开发经营活动而发生的各项费用。主要包括：行政管理人员工资、职工福利费、办公费、差旅费、折旧费、修理费、工会经费、职工教育经费、劳动保险费、待业保险费、董事会费、咨询费、审计费、诉讼费、排污费、绿化费、房地产税、车船使用税、土地使用税、技术转让费、技术开发费、无形资产摊销、开办费摊销、业务招待费、坏账损失、存货盘亏、毁损和报废损失以及其他管理费用。

（8）财务费用

财务费用是指房地产开发企业为筹集资金而发生的各项费用。主要包括借款和债券的利息、金融机构手续费、代理费、外汇汇兑净损失以及其他财务费用。

（9）销售费用

销售费用是指房地产开发企业在销售房地产产品过程中发生的各项费用以及专设销售机构的各项费用。主要包括销售人员工资、奖金、福利费、差旅费、销售机构的折旧费、修理费、物料消耗、广告费、宣传费、代销手续费、销售服务费及预售许可证申领费等。

（10）其他费用

其他费用主要包括临时用地费和临时建设费、施工图预算或标底编制费、工程合同预算或标底审查费、招标管理费、总承包管理费、合同公证费、施工执照费、工程质量监督费、工程监理费、竣工图编制费、工程保险费等。

（11）与房地产投资有关的各种税金和地方政府或有关部门征收的费用

房地产项目投资估算中应考虑项目所负担的与房地产投资有关的各种税金和地方政府或有关部门征收的费用。主要包括：固定资产投资方向调节税、土地使用税、市政支管线分摊费、供电贴费、用电权费、绿化建设费、电话初装费、分散建设市政公用设施建设费等。在一些大中型城市，这部分税费已经成为房地产项目投资费用中占较大比重的费用。各项税费应根据当地有关法规标准估算。

（12）不可预见费用

房地产项目投资估算应考虑适当的不可预见费用。

4. 房地产开发项目的经营资金

（1）运营费用

运营费用是指房地产项目开发完成后，在项目经营期间发生的各种运营费用，主要包括：管理费用、销售费用等。

（2）修理费用

修理费用是指以出租或自营方式获得收益的房地产项目在经营期间发生的物料消耗和维修费等。

5. 资金使用计划表

房地产项目应根据可能的建设进度和将会发生的实际付款时间和金额编制资金使用计划表。在房地产项目可行性研究阶段，资金使用计划可按年、半年或季度编制。编制资金使用计划应考虑各种投资款项的付款特点，要考虑预付款、欠付款、预付定金以及按工程进度中间结算付款等方式对编制资金使用计划的影响。

四、房地产开发项目收入估算与资金筹措

房地产项目应在项目策划方案的基础上，制定切实可行的出售、出租、自营等计划（以下

简称租售计划)。租售计划应遵守政府有关房地产租售的规定,与开发商的投资策略相结合。

房地产项目租售计划包括拟租售的房地产类型、时间和相应的数量、租售价格、租售收入及收款方式。

确定拟租售的房地产类型和相应的数量,应在房地产项目可供租售的房地产类型、数量的基础上进行,注意租售期内房地产市场状况的变化对可能租售数量的影响。

确定租售价格应根据房地产项目的特点,选择在位置、规模、功能和档次等方面可比的交易实例,通过对其成交价格的分析与修正,最终得到房地产项目的租售价格。

确定租售价格要与开发商市场营销策略相一致,在考虑政治、经济、社会等宏观环境对项目租售价格影响的同时,还应对房地产市场供求状况进行分析,考虑已建成的、正在建设的以及潜在的竞争项目对房地产项目租售价格的影响。

1. 收入估算

房地产项目的租售收入主要包括销售收入、租金收入和自营收入。

(1) 销售收入和租金收入

销售收入和租金收入等于可供租售的房地产数量乘以单位租售价格。各期(年、半年或季度,以下同)可能获得的收入,主要包括土地转让收入、商品房销售收入、出租房租金收入、配套设施销售收入等。

应注意可租售面积比例的变化对租售收入的影响;空置期(项目竣工后暂时找不到租户的时间)和空置率(未出租面积占总出租面积的百分比)对年租金收入的影响;以及由于规划设计的原因导致不能销售面积比例的增大对销售收入产生的影响。

(2) 自营收入

自营收入是指开发企业以开发完成后的房地产为其进行商业和服务业等经营活动的载体,通过综合性的自营方式得到的收入。

在进行自营收入估算时,应充分考虑目前已有的商业和服务业设施对房地产项目建成后产生的影响,以及未来商业、服务业市场可能发生的变化对房地产项目的影响,进行谨慎的分析。

确定收款方式应考虑房地产交易的付款习惯和惯例,以及分期付款的期数和各期付款的比例。

2. 资金筹措

资金筹措计划主要是根据房地产项目对资金的需求以及投资、成本与费用使用计划,确定资金的来源和相应的数量。资金来源通常有资本金、预租售收入及借贷资金三种渠道。

在进行房地产项目经济评价时,应按期编制销售收入、经营税金及附加估算表;租金收入、经营税金及附加估算表;自营收入、经营税金及附加估算表;投资计划与资金筹措表。

五、房地产开发项目财务评价

房地产项目财务评价是在房地产市场调查与预测、项目策划、投资、成本与费用估算、收入估算与资金筹措等基本资料和数据的基础上,通过编制基本财务报表,计算财务评价指标,对房地产项目的财务盈利能力、清偿能力和资金平衡能力进行分析。

1. 基本报表

应编制的基本财务报表主要有:现金流量表、资金来源与运用表和损益表。基本财务报表按照独立法人房地产项目(项目公司)的要求进行科目设置;非独立法人房地产项目基本财务报表的科目设置,可参照独立法人项目进行,但应注意费用与效益在项目上的合理分摊。

(1) 现金流量表

现金流量表反映房地产项目开发经营期内各期的现金流入和现金流出,用以计算各项动态和静态评价指标,进行房地产项目财务盈利能力分析。按照投资计算基础的不同,现金流量表一般分为:

①全部投资现金流量表。该表不分投资资金来源,以全部投资作为计算基础,以计算全部投资财务内部收益率,财务净现值及投资回收期等评价指标,考察房地产项目全部投资的盈利能力,为各个投资方案(不论其资金来源及利息多少)进行比较建立共同的基础。

②资本金现金流量表。该表从投资者角度出发,以投资者的出资额作为计算基础,把借款本金偿还和利息支付视为现金流出,用以计算自有资金财务内部收益率,财务净现值等评价指标,考察项目自有资金的盈利能力。

③投资者各方现金流量表。该表以投资者各方的出资额作为计算基础,用以计算投资者各方财务内部收益率,财务净现值等评价指标,反映投资者各方投入资本的盈利能力。

(2) 资金来源与运用表

资金来源与运用表反映房地产项目开发经营期各期的资金盈余或短缺情况,用于选择资金筹措方案,制定适宜的借款及偿还计划。

(3) 损益表

损益表反映房地产项目开发经营期内各期的利润总额,所得税及各期税后利润的分配情况,用以计算投资利润率,资本金利润率等评价指标。

①利润总额的计算:

利润总额 = 经营收入 − 经营成本 − 管理费用 − 销售费用 − 财务费用 − 经营税金及附加 − 土地增值税

经营收入 = 销售收入 + 租金收入 + 自营收入

销售收入 = 土地转让收入 + 商品房销售收入 + 配套设施销售收入

租金收入 = 出租房租金收入 + 出租土地租金收入

经营税金及附加 = 营业税 + 城市维护建设税 + 教育费附加

经营成本 = 土地转让成本 + 商品房销售成本 + 配套设施销售成本 + 出租房经营成本

②弥补亏损。房地产开发企业发生的年度亏损,可以用下一年度的所得税前利润弥补,下一年度税前利润不足弥补的,可以在5年内延续弥补;5年内不足弥补的,用税后利润弥补。

③利润分配。房地产开发企业交纳所得税后的利润,一般按照下列顺序分配:

a. 弥补企业以前年度亏损。

b. 提取法定盈余公积金(法定盈余公积金按照税后利润扣除前项后的10%提取,法定公积金已达到注册资本的50%时可不再提取)。

c. 提取公益金。

d. 向投资者分配利润。

2. 盈利能力分析

财务盈利能力分析主要是考察房地产项目的财务盈利能力水平。根据房地产项目研究阶段、研究深度以及项目类型的不同,可以通过上述基本报表,有选择地计算下列评价指标:财务内部收益率(FIRR)、财务净现值(FNPV)、投资回收期(主要适用于出租和自营的房地产项目)、投资利润率、资本金净利润率。

3. 清偿能力分析

房地产项目清偿能力分析主要是考察房地产项目开发经营期内各期的财务状况及偿债能力。

(1) 借款利息的计算

① 按期计息。按期计息时为简化计算,定借款发生当期均在期中支用,按半期计息,其后各期按全期计息;还款当期按期末偿还,按全期计息。

② 等额偿还本金和利息。还本付息中偿还的本金和利息各期不等,偿还的本金部分将逐期增多,支付的利息部分将逐期减少。

③ 等额还本,利息照付。各期之间的本金及利息之和是不等的,偿还期内每期偿还的本金额是相等的,利息将随本金逐期偿还而减少。

国外借款除支付银行利息外,还要另计管理费和承诺费等财务费用;为简化计算,可采用适当提高利率的方法进行处理。

(2) 借款偿还期的计算

① 国内借款偿还期。具有自营的房地产项目,应计算国内借款偿还期。产品租售的房地产项目一般可不计算国内借款偿还期。

国内借款偿还期是指在国家规定及房地产项目具体财务条件下,房地产项目开发经营期内使用可用作还款的利润、折旧、摊销及其他还款资金偿还房地产项目借款所需要的时间。

借款偿还期可由资金来源与运用表及国内借款还本付息计算表直接计算;其详细计算公式为:

$$P_d = 借款偿还后开始出现盈余期数 - 开始借款期数 +$$
$$(当期偿还借款额 \div 当期可用于还款的资金额)$$

② 国外借款偿还期。涉及利用外资的房地产项目,其国外借款的还本利息,一般是按已经明确或预计可能的借款偿还条件(包括宽限期、偿还期及偿还方式等)计算。当借款偿还期满足贷款机构的要求期限时,即认为房地产项目具有清偿能力。

4. 资金平衡分析

资金平衡分析主要是考察房地产项目开发经营期间的资金平衡状况。作为房地产项目开发经营的必要条件,各期累计盈余资金不应出现负值(即资金缺口)。如果出现资金缺口,应采取适当的措施(如短期贷款等)予以解决。资金平衡分析一般通过资金来源与运用表进行。

六、房地产开发项目不确定性分析

房地产项目不确定性分析是分析未来不确定性因素对项目的影响,分析这些不确定性因素对项目可能造成的风险。不确定性分析是房地产项目经济评价的重要组成部分,对房地产项目投资决策的成败有着重要的影响。房地产项目不确定性分析可以帮助投资者根据房地产项目投资风险的大小和特点,确定合理的投资收益水平,提出控制风险的方案,有重点地加强对投资风险的防范和控制。

房地产项目不确定性分析主要包括敏感性分析、临界点分析和概率分析。进行不确定性分析的因素主要有:租售价格、销售进度、出租比例、可租售房地产面积、开发周期、项目总投资、土地费用、建安工程费、融资比例、融资成本等。

1. 敏感性分析

敏感性分析是通过分析、预测房地产项目不确定性因素发生变化时,对项目成败和经济效益产生的影响;通过确定这些因素的影响程度,判断房地产项目经济效益对于各个影响因素的敏感性,并从中找出对于房地产项目经济效益影响较大的不确定性因素。

2. 临界点分析

临界点分析是分析计算一个或多个不确定性因素变化时,房地产项目达到允许的最低经济效益时的极限值,并以不确定性因素的临界值组合显示项目的风险程度。不确定性因素临界值的分析计算可以采用列表或图解的方法。通常进行的临界点分析有:

(1) 最低售价和最低销售量

最低租金、售价和销售量是房地产项目重要的不确定性因素,能否在预定的价格下销售出预想的数量,通常是房地产项目成败的关键。最低售价是指房地产项目产品售价下降到预定可接受的最低盈利水平时的价格,售价低于这一价格时,项目盈利水平将不能满足预定的要求。最低销售量是指在预定的房屋售价下,要达到预定的最低盈利水平,所必须达到的销售量。最低售价与预测售价之间的差距越大,最低销售量与房地产产品商品量之间的差距越大,说明房地产项目抗市场风险的能力越强。

当房地产产品以出租为主时,可相应进行最低租金和最高空置率的分析。

(2) 最高土地取得价格

土地费用是影响房地产项目盈利性的重要因素,是重要的不确定性因素。最高土地价格是指在房地产项目销售额和其费用不变的条件下,保持预期收益水平所能承受的最高土地费用。当土地费用超过这一价格时,项目将无法获得足够的收益。最高土地取得价格与实际估测的土地价格之间差距越大,最高土地取得价格越高,房地产项目承受土地使用权价格风险的能力就越强。

(3) 最高工程费用

最高工程费用是指在预定销售额下,满足预期的项目收益要求所能承受的最高工程费用。当土地开发工程量不大时,最高工程费用是指最高建筑安装工程费用。最高工程费用与预测的可能工程费用之间差距越大,说明房地产项目承受工程费用增加风险的能力越强。

3. 概率分析

概率分析是使用概率研究预测不确定性因素对房地产项目经济效益影响的一种定量分析方法,通过预测分析不确定性因素的概率分布,计算在不同概率分布条件下房地产项目经济评价指标的期望值,说明房地产项目在特定收益状态下的风险程度。

七、房地产开发项目方案比选

房地产项目方案比选是寻求合理的房地产开发方案的必要手段。对于房地产项目策划中提出的各种可供选择的开发经营方案,应首先进行经济分析和计算,筛选出满足最低满意收益率要求的可供比较方案,并在此基础上进行方案比选。

在进行可供比较方案的比选时,应注意各方案之间的可比性,遵循费用与效益计算口径对应一致的原则,并根据项目实际情况,选择适当的经济评价指标作为比选指标。通常采用的房地产项目方案比选指标有:差额投资内部收益率、净现值、净年值。

当可供比较方案的开发经营期相同时,可直接选用差额投资内部收益率,净现值或净年值指标进行方案比选。当开发经营期不同时,宜采用净年值指标进行比选。如果采用差额投资内部收益率指标或净现值指标进行方案比选,应首先对各可供比较方案的开发经营期和计算方法作适当处理后再进行比选。

对于开发经营期较短的出售型房地产项目,也可直接采用利润总额、投资利润率等静态指标进行方案比选。

对效益相同或基本相同的房地产项目方案进行比选时,为简化计算,可采用费用现值指标和费用年值指标直接进行项目方案费用部分的比选。

八、房地产开发项目综合评价

房地产开发项目综合评价是从区域社会经济发展的角度,考察房地产项目的效益和费用,评价房地产项目的合理性。房地产开发项目综合评价包括综合盈利能力分析和社会影响分析。

1. 综合评价中的效益与费用

综合评价中项目的效益是指房地产项目对区域经济的贡献,分为直接效益和间接效益。费用是指区域经济为项目付出的代价,分为直接费用和间接费用。

(1) 直接效益

直接效益是指在房地产项目范围内,政府能够得到的收益,一般包括以下方面:

①出让国有土地使用权所得的收益。

②因土地使用权转让而得到的收益,如土地增值税等。

③项目范围内的工商企业缴纳的税费,如房产税、土地使用税、车船使用税、印花税、进口关税和增值税、营业税、城市维护建设税及教育费附加、消费税、资源税、所得税等。

④项目范围内基础设施的收益,如供电增容费、供水增容费、排水增容费、城市增容费、电费、水费、电讯费等。

(2) 间接效益

间接效益是指由房地产项目引起的,在项目直接效益中未得到反映的那部分效益。主要有:增加地区就业人口,繁荣地区商贸服务,促进地区旅游业发展等带来的收益。

(3) 直接费用

直接费用是指在项目范围内,政府所花费的投资和经营管理费用。一般包括以下方面:

①征地费用;

②土地开发和基础设施投资费用;

③建筑工程和城市配套设施费用;

④经营管理费用。

(4) 间接费用

间接费用是指由项目引起的、在直接费用中未得到反映的那部分费用。主要有:在项目范围外为项目配套的基础设施投资,为满足项目需要而引起的基础服务供应缺口使区域经济产生的损失等。当基础服务(如电力)供不应求时,为满足项目需求而使区域经济产生的损失,可用该项服务的当地最高价格计算。

2. 综合评价的原则

综合评价应遵循费用与效益计算口径对应一致的原则,防止重复计算或漏算。例如:

(1) 具有行政职能的开发企业在开发过程中上缴政府的税费如耕地占用税、建设期间的土地使用税等,在综合评价中应视作区域经济中的转移支付,不计为项目的效益或费用。外资或一般商业性开发企业在开发过程中上缴政府的税费,在综合评价中应作为效益处理。

(2) 同类基础服务在不同情况下,可能使项目产生不同的效益和费用,对此应注意识别。

3. 盈利能力分析

(1)综合评价盈利能力分析是根据房地产项目的直接效益和直接费用,以及可以用货币计量的间接效益和间接费用,计算经济内部收益率和投资回收期指标,考察房地产项目投资的盈利水平。

经济内部收益率可根据综合评价现金流量表中的净现金流量用试差法计算求得,并可与政府的期望收益值或银行的贷款利率进行比较,判断项目的盈利能力。

(2)综合评价盈利能力分析的主要报表是综合评价现金流量表。该表不分投资资金来源,以全部投资作为计算的基础,用以计算经济内部收益率指标,考察房地产项目的盈利能力。房地产项目的计算期,可根据项目的实际情况自行确定,一般可不超过10年。

4. 社会影响分析

社会影响分析是对房地产项目难以用货币计量的间接效益和间接费用,就其影响做出定性和定量的描述。社会影响分析主要包括下列内容:

(1)就业效果分析。主要是指考察房地产项目对区域劳动力就业的影响。如果当地并无就业压力,项目范围内主要使用外来劳动力,则不必进行就业效果分析。就业效果以就业成本和就业密度两项指标来进行描述,并可与当地的相应指标进行比较。

就业成本 = 项目开发总投资(万元)/项目范围内总就业人数

就业密度 = 项目范围内总就业人数/项目占地面积(平方米)

(2)对区域资源配置的影响。

(3)对环境保护和生态平衡的影响。

(4)对区域科技进步的影响。

(5)对区域经济发展的影响。主要包括:对繁荣商业服务的影响,对促进旅游业的影响,对发展第三产业的影响等。

(6)对减少进口(节汇)和增加出口(创汇)的影响。

(7)对节约及合理利用国家资源(如土地,矿产等)的影响。

(8)对提高人民物质文化生活及社会福利的影响。

(9)对远景发展的影响。

【本章小结】

本章主要介绍了交通运输项目和房地产开发项目经济评价的相关知识。

交通运输项目一般都需要进行国民经济评价,收费项目还要进行财务评价。在进行国民经济评价时,应按照国民经济评价理论将财务成本调整成经济费用,并按照影子价格计算净收益。

房地产项目应根据社会经济发展的需要和城市总体规划的要求,运用微观效益分析与宏观效益分析相结合、定量分析与定性分析相结合、动态分析与静态分析相结合的方法,做好经济评价工作。经济评价应在房地产市场调查与预测、房地产项目策划、房地产项目投资与成本费用估算、房地产项目收入估算与资金筹措的基础上进行。同时应注意对房地产项目进行不确定分析和多方案比选。

【复习思考题】

1. 交通运输项目经济评价时应注意哪些要求?

2. 如何测算公路建设项目的经济费用？
3. 交通运输项目的效益是怎样分类的？
4. 公路建设项目的直接效益有哪些？
5. 简述房地产开发项目总投资的构成。
6. 什么是房地产开发项目的开发产品成本和经营成本？
7. 房地产开发项目的收入估算需要估算哪些收入？
8. 如何进行房地产开发项目的财务评价？
9. 如何进行房地产开发项目的综合经济评价？

第十一章 工程经济学在工程中的应用

【教学目标】

1. 了解设计方案的经济评价原则,掌握设计方案经济评价方法,熟悉设计方案优化的途径;
2. 掌握施工组织设计经济评价方法,熟悉施工组织设计定量分析指标;
3. 掌握设备更新的相关概念,掌握设备经济寿命的计算方法;
4. 掌握新添设备的优劣比较方法以及设备更新方案的经济比较方法。

第一节 工程设计中的经济分析

工程设计方案的好坏对工程经济性影响很大。它不仅影响工程的造价,而且直接关系到将来工程投入使用后运营或使用费用的高低,因此工程设计中的经济分析是一项很有必要的工作。

一、设计方案评价原则

为了提高工程建设投资效果,从项目投资决策开始,设计、施工、竣工验收,直至运营阶段,都应对多个方案进行技术经济分析,从中选出技术先进、经济合理的最佳方案。设计方案评价应遵循以下原则:

（1）设计方案必须要处理好经济合理性与技术先进性之间的关系。经济合理性要求工程造价尽可能低,如果一味地追求经济效果,可能会导致项目的功能水平偏低,无法满足使用者的要求;技术先进性追求技术的尽善尽美,项目功能水平先进,但可能会导致工程造价偏高。因此,技术先进性和经济合理性是一对矛盾,设计者应尽量处理好两者的关系。一般情况下,要在满足使用者要求的前提下,尽可能降低工程造价。但是如果资金有限制,也可以在资金限制范围内,尽可能提高功能水平。

（2）设计方案必须兼顾建设与使用,考虑项目全寿命费用。工程在建设过程中,控制造价是一个非常重要的目标。但是造价水平的变化,又会影响到项目将来的使用成本。如果单纯降低造价,建造质量得不到保障,就会导致使用过程中的维修费用过高,甚至有可能发生重大事故,给社会财产和人民生命安全带来严重损害。一般情况下,项目技术水平与工程造价及使用成本之间的关系见图11-1。在设计过程中应兼顾建设过程和使用过程,力求项目全寿命费用最低。

（3）设计必须兼顾近期与远期的要求。一项工程建成后,往往会在很长的时间内发挥作用。如果按照目前的要求设计工程,在不远的将来,可能会出现由于项目功能水平无法满足需要而重新建造的情况。但是如果按照未来的需要设计工程,又会出现由于功能水平过高而资源闲置浪费的现象,所以设计者要兼顾近期和远期要求,选择项目合理的功能水平。同时也要根据远景发展需要,适当留有发展余地。

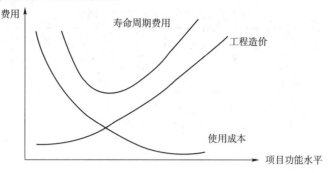

图 11-1　工程造价、使用成本与项目功能水平之间的关系

二、设计方案的技术经济评价方法

设计方案技术经济评价的目的,是采用科学的方法,按照工程项目经济效果评价原则,用一个或一组主要指标对设计方案的项目功能、造价、工期和设备、材料、人工消耗等方面进行定性与定量相结合的综合评价,从而择优选定技术经济效果好的设计方案。

1. 多指标评价法

通过对反映建筑产品功能和耗费特点的若干技术经济指标的计算、分析、比较,评价设计方案的经济效果。又可分为多指标对比法和多指标综合评分法。

(1) 多指标对比法

这是目前采用比较多的一种方法。它的基本特点是使用一组适用的指标体系,将对比方案的指标值列出,然后一一进行对比,根据指标值的高低分析判断方案的优劣。

利用这种方法首先需要将指标体系中的各个指标,按其评价中的重要性,分为主要指标和辅助指标。主要指标是能够比较充分地反映工程的技术经济特点的指标,是确定工程项目经济效果的主要依据。辅助指标在技术经济分析中处于次要地位,是主要指标的补充,当主要指标不足以说明方案的技术经济效果优劣时,辅助指标就成了进一步进行技术经济分析的依据。但是要注意参选方案在功能、价格、时间、风险等方面的可比性。如果方案不完全符合对比条件,要加以调整,使其满足对比条件后再进行对比,并在综合分析时予以说明。

这种方法的优点是:指标全面,分析确切,可通过各种技术经济指标定性或定量直接反映方案技术经济性能的主要方面。其缺点是:不便于考虑对某一功能评价,不便于综合定量分析,容易出现某一方案有些指标较优,另一些指标较差;而另一方案则可能是有些指标较差,另一些指标较优。这样就使分析工作复杂化。有时也会因方案的可比性而产生客观标准不统一的现象。因此,在进行综合分析时,要特别注意检查对比方案在使用功能和工程质量方面的差异,并分析这些差异对各指标的影响,避免导致错误结论。

通过综合分析,最后应给出如下结论:

①分析对象的主要技术经济特点及适用条件;

②现阶段实际达到的经济效果水平;

③找出提高经济效果的潜力和途径以及相应采取的主要技术措施;

④预期经济效果。

【例 11-1】某公路建设方案,分南线(方案Ⅰ)、北线(方案Ⅱ)两大方案,将全线分 CF 至

FY、FY 至 PX 和 PX 至 JYS 三段进行分段讨论,其中 CF 至 FY 段(途径 XY 市)方案比较如表 11-1 所示。

CF 至 FY 比较段路线方案比较表　　　　　　　　　　表 11-1

项　目	单　位	方案Ⅰ K366+241.893~K402+150.913	方案Ⅱ K366+241.893~K402+103.457
路线长度	公里	35.909 02	35.861 564
路基土石方	立方千米	4 740.922	4 059.954
防护工程	立方米	215 860.8	185 348.8
特大桥	米/座		
大、中桥	米/座	6 107	902/7
小桥	米/座	544/19	469/16
涵洞	道	172	162
互通立交	处	2	2
分离立交	处	27	20
通道	道	60	53
连接线长	公里	8.32	12.93
占用土地	亩	2 757.6	2 634.18
建筑安装工程费	万元	59 059.3	59 113.5
优缺点		优点:①与 XY 市城市规划吻合;②互通接线短;③占用耕地少;④造价低。 缺点:①路线长 48m;②沿线村庄较密,对群众生产生活干扰较大	缺点:①与 XY 市城市规划偏差较大;②互通接线长;③占用耕地多;④造价高。 优点:①路线短 48m;②沿线村庄较少,对群众生产生活干扰较小

(2)多指标综合评分法

多指标综合评分法是一种定量分析评价与定性分析评价相结合的方法。它是通过对需要进行分析评价的设计方案设定若干个评价指标,并按其重要程度分配权重,然后按评价标准给各指标打分,将各项指标所得分数与其权重相乘并汇总,得出各设计方案的评价总分,以总分最高的方案为最佳方案。

多指标综合评分法的计算公式为:

$$S = \sum_{i=1}^{n} S_i W_i \tag{11-1}$$

式中:S——某设计方案的总分;

S_i——某方案在某评价指标的评分;

W_i——某评价指标的权重;

i——评价指标系数,$i=1、2、3\cdots$。

这种方法非常类似于价值工程中的加权评分法,区别就在于:加权评分法中不将成本作为一个评价指标,而将其单独拿出来计算价值系数;多指标综合评分法则不将成本单独剔除,如果需要,成本也是一个评价指标。

【例 11-2】某桥梁工程有 4 个设计方案,选定评价指标为:施工难度、造价、实用性、美观性 4 项,各指标权重及各方案的得分(10 分制),见表 11-2,试选择最优设计方案。

解:计算结果见表11-2。

多指标综合评分法计算表　　　　　　　　　　　　　　　　　表11-2

评价指标	权重	方案A 得分	方案A 加权得分	方案B 得分	方案B 加权得分	方案C 得分	方案C 加权得分	方案D 得分	方案D 加权得分
施工难度	0.4	9	3.6	8	3.2	7	2.8	6	2.4
造价	0.2	8	1.6	7	1.4	8	1.6	9	1.8
实用性	0.3	9	2.7	7	2.1	9	2.7	8	2.4
美观性	0.1	7	0.7	9	0.9	8	0.8	9	0.9
合计	—		8.6	—	7.6	—	7.9	—	7.5

由表11-2可知方案A的加权得分最高,因此方案A最优。

这种方法的优点在于避免了多指标对比法指标间可能发生矛盾的现象,评价结果是唯一的。但是在确定权重及评分过程中存在主观臆断成分。同时,由于分值是相对的,因而不能直接判断各方案的各项功能实际水平。

2.静态经济评价指标

(1)投资回收期法

设计方案的比选往往是比选各方案的功能水平及成本。功能水平先进的设计方案一般所需的投资较多,方案实施过程中的效益一般也比较好。用方案实施过程中的效益回收投资,即投资回收期反映初始投资补偿速度,衡量设计方案优劣也是非常必要的。投资回收期越短的设计方案越好。

不同设计方案的比选实际上是互斥方案的比选,首先要考虑到方案的可比性问题。当相互比较的各设计方案能满足相同的需要时,就只需比较它们的投资和经营成本的大小,用差额投资回收期比较。差额投资回收期是指在不考虑时间价值的情况下,用投资大的方案比投资小的方案所节约的经营成本,回收差额投资所需要的时间,其计算公式为:

$$\Delta P_t = \frac{K_2 - K_1}{C_1 - C_2} \tag{11-2}$$

式中:K_2——方案2的投资额;

K_1——方案1的投资额,且$K_2 > K_1$;

C_2——方案2的年经营成本;

C_1——方案1的年经营成本,且$C_1 > C_2$;

ΔP_t——差额投资回收期。

当$\Delta P_t > \Delta P_c$(基准投资回收期)时,投资大的方案优;反之,投资小的方案优。

如果两个比较方案的年业务量不同,则需将投资和经营成本转化为单位业务量的投资和成本,然后再计算差额投资回收期,进行方案比选。此时差额投资回收期的计算公式为:

$$P_t = \frac{\dfrac{K_2}{Q_2} - \dfrac{K_1}{Q_1}}{\dfrac{C_1}{Q_1} - \dfrac{C_2}{Q_2}} \tag{11-3}$$

式中:Q_1、Q_2——各设计方案的年业务量;

其他符号意义同前。

【例11-3】某项目有两个设计方案:方案甲总投资1 500万元,年经营成本400万元,年产量1 000件;方案乙总投资1 000万元,年经营成本360万元,年产量为800件。基准投资回收期 $P_c=6$ 年,试选出最优设计方案。

解:试计算各方案单位交通量的分配费用:

$$K_甲/Q_甲 = 1\ 500 \div 1\ 000 = 1.5(万元/件)$$
$$K_乙/Q_乙 = 1\ 000 \div 800 = 1.25(万元/件)$$
$$C_甲/Q_甲 = 400 \div 1\ 000 = 0.4(万元/件)$$
$$C_甲/Q_甲 = 400 \div 800 = 0.45(万元/件)$$
$$\Delta P_t = \frac{1.5-1.25}{0.45-0.4} = 5(年)$$

$\Delta P_t < 6$ 年,所以方案甲较优。

(2)计算费用法

这是指用货币表示的计算费用来反映设计方案对物化劳动和活化劳动量消耗的多少,并以此评价设计方案优劣的方法,其中计算费用最小的设计方案为最佳方案。所以计算费用法又称最小费用法。

计算费用法是技术经济中应用非常广泛的一种方法,对多方案进行分析时,采用的计算费用法较简便,计算方式有两种,即年费用计算法和总费用计算法。

其数学表达式为:

$$C_年 = K \times E + V \tag{11-4}$$
$$C_总 = K + V \times t \tag{11-5}$$

式中:$C_年$——年计算费用;

$C_总$——项目总计算费用;

K——总投资额;

E——投资效果系数(它是投资回收期的倒数);

V——年生产成本;

t——投资回收期(年)。

【例11-4】某建设项目有两个设计方案,其已知条件是:

方案1:投资总额 $K_1 = 2\ 050$ 万元,年生产成本 $V_1 = 2\ 400$ 万元;

方案2:投资总额 $K_2 = 2\ 800$ 万元,年生产成本 $V_2 = 2\ 150$ 万元。

标准回收期 $t=5$ 年,投资效果系数 $E=0.2$,试优选出最佳设计方案。

解:方案1: $C_年 = K_1 \times E + V_1 = 2\ 050 \times 0.2 + 2\ 400 = 2\ 810(万元)$

$C_总 = K_1 + V_1 \times t = 2\ 050 + 2\ 400 \times 5 = 14\ 050(万元)$

方案2: $C_年 = K_2 \times E + V_2 = 2\ 800 \times 0.2 + 2\ 100 = 2\ 660(万元)$

$C_总 = K_2 + V_2 \times t = 2\ 800 + 2\ 150 \times 5 = 13\ 550(万元)$

由以上计算结果可见,方案2的计算费用最低,所以方案2是最佳方案,从该方案可说明,它的投资为最大,但投产后生产成本最低,即投资效益最佳。

静态经济评价指标简单直观,易于接受,但是它没有考虑时间价值以及各方案寿命差异。

3.动态经济评价指标

动态经济评价指标是考虑时间价值的指标,这一部分在前面第三章已作了详细论述。对于寿命期相同的方案,可以采用净现值法、净年值法、差额内部收益率法等。寿命期不同的设计方案比选,可以采用净年值法、最小公倍数法。

三、工程设计优化途径

1. 通过设计招标和设计方案竞选优化设计方案

建设单位首先就拟建工程的设计任务通过报刊、信息网络或其他媒介发布公告,吸引设计单位参加设计招标或设计方案竞选,以获得众多的设计方案;然后组织7~11人的专家评定小组,其中技术专家人数应占2/3以上;最后,专家评定小组采用科学的方法,按照经济、适用、美观的原则,以及技术先进、功能全面、结构合理、安全适用、满足建设节能及环境等要求,综合评定各方案的优劣,从中选择最优的设计方案,或将个方案的可取之处重新组合,提出最佳方案。建设单位使用未中选单位的设计成果时,须征得该单位同意,并实行有偿转让,转让费由建设单位承担。中选单位完成设计方案后,如建设单位另择设计单位承担初步设计和施工图设计,则应付给中选单位方案设计费,金额不低于改项目标准设计费的30%。专家评价法有利于多种设计方案的比较与选择,能集思广益,吸收众多设计方案的优点,使设计更完美。同时这种方法有利于控制建设工程造价,因为选中的项目投资概算一般能控制在投资者限定的投资范围内。

2. 运用价值工程优选设计方案

价值工程理论已在第九章做了详细介绍,这里仅以案例说明其在设计方案优选中的应用。

【例11-5】某房地产公司对某公寓项目的开发征集到若干设计方案,经筛选后对其中较为出色的4个设计方案作进一步的技术经济评价。有关专家决定从5个方面(分别以$F_1 \sim F_5$表示)对不同方案的功能进行评价,并对各功能的重要性达成以下共识:F_2和F_3同样重要,F_4和F_5同样重要,F_1相对于F_4很重要,F_1相对于F_2较重要;此后,各专家对该4个方案的功能满足程度分别打分,其结果见表11-3。

据估算,A、B、C、D 4个方案的单方造价分别为 1 420 元/m²、1 230 元/m²、1 150 元/m²、1 360 元/m²。

方案功能得分 表11-3

功 能	方案功能得分			
	A	B	C	D
F_1	9	10	9	8
F_2	10	10	8	9
F_3	9	9	10	9
F_4	8	8	8	7
F_5	9	7	9	6

问题:(1)计算各功能的权重。
(2)用价值指数法选择最佳设计方案。

解:(1)根据背景资料所给出的条件,各功能权重的计算结果见表11-4。

各功能权重计算 表11-4

项目	F_1	F_2	F_3	F_4	F_5	得分	权重
F_1	×	3	3	4	4	14	14/40=0.350
F_2	1	×	2	3	3	9	9/40=0.225
F_3	1	2	×	3	3	9	9/40=0.225

续上表

项目	F_1	F_2	F_3	F_4	F_5	得分	权重
F_4	0	1	1	×	2	4	4/40 = 0.100
F_5	0	1	1	2	×	4	4/40 = 0.100
合计						40	1.000

(2)分别计算各方案的功能指数、成本指数、价值指数如下：

①计算功能指数。将各方案的各功能得分分别与该功能权重相乘，然后汇总即为该方案的功能加权得分，各方案的功能加权得分为：

$$W_A = 9 \times 0.350 + 10 \times 0.225 + 9 \times 0.225 + 8 \times 0.100 + 9 \times 0.100 = 9.125$$
$$W_B = 10 \times 0.350 + 10 \times 0.225 + 9 \times 0.225 + 8 \times 0.100 + 7 \times 0.100 = 9.275$$
$$W_C = 9 \times 0.350 + 8 \times 0.225 + 10 \times 0.225 + 8 \times 0.100 + 10 \times 0.100 = 8.900$$
$$W_D = 8 \times 0.350 + 9 \times 0.225 + 9 \times 0.225 + 7 \times 0.100 + 6 \times 0.100 = 8.150$$

各方案的功能加权得分为：

$$W = W_A + W_B + W_C + W_D = 9.125 + 9.275 + 8.900 + 8.150 = 35.45$$

因此，各方案的功能指数为：

$$F_A = 9.125 \div 35.45 = 0.257$$
$$F_B = 9.275 \div 35.45 = 0.262$$
$$F_C = 8.900 \div 35.45 = 0.251$$
$$F_D = 8.150 \div 35.45 = 0.230$$

②计算各方案的成本指数为：

$$C_A = 1\,420 \div (1\,420 + 1\,230 + 1\,150 + 1\,360) = 1\,420 \div 5\,160 = 0.275$$
$$C_B = 1\,230 \div 5\,160 = 0.238$$
$$C_C = 1\,150 \div 5\,160 = 0.223$$
$$C_D = 1\,360 \div 5\,160 = 0.264$$

③计算各方案的价值指数为：

$$V_A = F_A \div C_A = 0.257/0.275 = 0.953$$
$$V_B = F_B \div C_B = 0.262/0.238 = 1.101$$
$$V_C = F_C \div C_C = 0.251/0.223 = 1.126$$
$$V_D = F_D \div C_A = 0.230/0.264 = 0.871$$

由于C方案的价值指数最大，所以C方案为最佳方案。

3. 推广标准化设计，优化设计方案

标准化设计又称定型设计、通用设计，是工程建设标准化的组成部分。各类工程建设的构件、配件、零部件、通用的建筑物、构筑物、公用设施等，只要有条件的，都应该实施标准化设计。设计标准规范是重要的技术规范，是进行工程建设、勘察设计施工及验收的重要依据。设计标准规范按其实施范围分，可以分为全国统一的设计规范及标准设计、行业范围内统一设计的设计规范及标准设计、省市自治区范围内统一的设计规范及标准设计、企业范围内统一的设计规范及标准设计。随着工程建设和科学技术的发展，设计规范和标准的设计必须经常补充，及时修订，不断更新。

广泛采用标准设计，是提高设计质量，加快实现建筑工业化的客观要求。因为标准化设计来源于工程建设实际经验和科技成果，是将大量成熟的、行之有效的实际经验和科技成果，按照统一简化,协调优选的原则,提炼上升为设计规范和标准设计。所以设计质量都比一般工程设计质量要高。另外,由于标准化设计采用的都是标准构配件,建筑构配件和工具式模板的制作过程可以从工地转移到专门的工厂中批量生产,使施工现场变成"装配车间"和机械化浇筑场所。把现场的工程量压缩到最小的程度。

广泛采用标准设计,可以提高劳动生产率,加快工程建设进度。设计过程中,采用标准构件,可以节省设计力量,加快设计图纸的提供速度,大大缩短设计时间。一般可以加快设计速度1~2倍。从而使施工准备工作和定制预制构件等生产准备工作提前,缩短整个建设周期。另外,由于生产工艺定型,生产均衡,统一配料,劳动效率提高,因而使标准配件的生产成本大幅度降低。

广泛采用标准化设计,可以节约建筑材料,降低工程造价。由于标准构配件的生产是在工厂内批量生产,便于预制厂统一安排,合理配置资源,发挥规模经济的作用,节约建筑材料。

标准设计是经过多次反复实践,加以检验和补充完善的,所以较好地贯彻国家技术经济政策,密切结合自然条件和技术发展水平,合理利用能源资源,充分考虑施工生产、使用维修的要求,既经济又优质。

4. 实施限额设计,优化设计方案

(1)限额设计的概念

限额设计就是按照设计任务书批准的投资估算额进行初步设计,按照初步设计概算造价限额进行施工图设计,按施工图预算造价对施工图设计的各个专业设计文件做出决策。在整个设计过程中,设计人员与经济管理人员密切配合,做到技术与经济的统一,设计人员在设计时考虑经济支出,做出方案比较,有利于强化设计人员的工程造价意识,优化设计;经济管理人员及时进行造价计算,为设计人员提供信息,使设计小组内部形成有机整体,克服相互脱节现象,改变了设计过程不算账、设计完成见分晓的现象,达到动态控制投资的目的。

(2)限额设计的目标

①限额设计目标确定。限额设计目标是在初步设计开始前,根据批准的可行性研究报告及其投资估算确定的。限额设计指标经项目经理或总设计师提出,经主管院长审批下达,其总额度一般指下达直接工程费的90%,以便项目经理或总设计师和室主任留有一定的调节指标,限额指标用完后,必须经批准才能调整。专业之间或专业内部节约下来的单项费用,未经批准,不能相互调用。

②采用优化设计,确保限额目标实现。所谓优化设计是以系统工程理论为基础,应用现代数学方法对工程设计方案、设备选型、参数匹配、效益分析等方面进行最优化的设计方法。它是控制投资的重要措施。在进行优化设计时,必须根据问题的性质,选择不同的优化方法。一般来说,对于一些确定性问题,如投资、资源消耗、时间等有关条件已确定的,可采用线性规划、非线性规划、动态规划等理论和方法进行优化;对于一些非确定性问题,可以采用排队论、对策论等方法进行优化;对于涉及流量的问题,可以采用网络理论进行优化。

优化设计通常是通过数学模型进行的。一般工作步骤是:首先,分析设计对象综合数据,建立设计目标;其次,根据设计对象的数据特征选择合适的优化方法,并建立模型;最后,用计算机对问题求解,并分析计算结果的可行性,对模型进行调整,直到得到满意结果为止。

优化设计不仅可选择最佳设计方案,提高设计质量,而且能有效控制投资。

(3)限额设计的全过程

①投资分配。投资分配是实行限额设计的有效途径和主要方法。设计任务书或批准后,

设计单位在设计之前,应在设计任务书的总框架内将投资先分解到各专业,然后再分配到各单项工程和单位工程,作为进行初步设计的造价控制目标。这种分配往往不是只凭设计任务书就能办到,而是要进行方案设计,在此基础上做出决策。

②限额进行初步设计。初步设计应严格按分配的造价控制目标进行设计。在初步设计开始之前,项目总设计师应将设计任务书规定的设计原则、建设方针和投资限额项涉及人员交底,将投资限额分专业下达到设计人员,发动设计人员认真研究实现投资限额的可能性,切实进行多方案比选,对各个技术经济方案的关键设备、工艺流程、总图方案、总图建筑和各项费用指标进行比较和分析,从中选出既能达到工程要求,又不超过投资限额的方案,作为初步设计方案。如果发现重大设计方案或某项费用指标超出任务书的投资限额,应及时反映,并提出解决问题的办法。不能等到设计概算编出后,才发觉投资超额,再被迫压低造价、减项目、减设备,这样不但影响设计进度,而且造成设计上的不合理,给施工图设计超投资埋下隐患。

③施工图设计的造价控制。已批准的初步设计及初步设计概算是施工图设计的依据,在施工图设计中,无论是建设项目总造价,还是单项工程造价,均不应该超过初步设计概算造价。设计单位按照造价控制目标确定施工图设计的构造,选用材料和设备。

进行施工图设计应把握两个标准:一是质量标准;二是造价标准,并应做到两者协调一致,相互制约。防止只顾质量而放松经济要求的倾向。当然也不能因为经济上的限制而消极地降低质量。因此,必须在造价限额的前提下优化设计。在设计过程中,要对涉及结果进行技术经济分析,看是否有利于造价目标的实现。每个单位工程施工图设计完成后,要做出施工图预算,判别是否满足单位工程造价限额的要求,如果不满足,应修改施工图设计,直到满足限额要求。只有施工图预算造价满足施工图设计造价限额时,施工图才能归档。

④设计变更。在初步设计阶段,由于外部条件的制约和人们主观认识的局限,往往会造成施工图设计阶段,甚至施工过程中的局部修改和变更。这是使设计、建设更趋完善的正常现象,但是由此却会引起对已经确认的概算价值的变化。这种变化在一定范围内是允许的,但必须经过核算和调整。如果施工图设计变化涉及建设规模、产品方案、工艺流程或设计方案的重大变更,使原初步设计失去指导施工图设计的意义时,必须重新编制或修改初步设计文件,并重新报原审查单位审批。对于非发生不可的设计变更,应尽量提前,以减少变更对工程造成的损失。对影响工程造价的重大设计变更,更要采取先算账后变更的办法解决,以使工程造价得到有效控制。

限额设计控制工程造价可以从两个角度入手,一种是按照限额设计过程从前往后依次进行控制,成为纵向控制;另外一种途径是对设计单位及其内部专业、科室及设计人员进行考核、实行奖惩,进而保证设计质量的一种控制方法,成为横向控制。横向控制首先必须明确各设计单位以及设计单位内部各专业科室对限额设计所负的责任,将工程投资按专业进行分配,并分段考核,下段指标不得突破上段指标,责任落实越接近于个人,效果就越明显。并赋予责任者履行责任的权利;其次,要建立健全奖惩制度。设计单位在保证工程安全和不降低工程功能的前提下,采用新材料、新工艺、新设备、新方案节约了投资规模和提高标准而导致工程静态投资超支,要视其超支比例扣减相应比例的设计费。

(4)限额设计的要点

①严格按建设程序办事。限额设计的前提是严格按建设程序办事,即按建设规律的要求依次进行。每项工作都必须在其前一步工作真正完成,能为本项工作提供可靠基础的前提下进行。换句话说,后一项工作必须承认前一步工作的决策结果并使它付诸实施。限额设计就

是根据这一思想,将设计任务书的投资额作为初步设计造价的控制限额,将初步设计概算造价作为施工图设计的造价控制限额,以施工图预算造价作为施工图决策的依据。

②在投资决策阶段,要提高投资估算的准确性,据以确定限额设计。为了适应限额设计的要求,在可行性研究阶段就要树立限额设计观念、充分收集资料,提出多种方案,认真进行技术经济分析和论证,从中选出技术先进可行、经济合理的方案,作为最优方案。并以批准的可行性研究报告和下达的设计任务书中的投资估算额,作为控制设计概算的限额。

为了使投资估算真正起到控制作用,必须维护投资估算的严肃性。编制投资估算要尊重科学,实事求是。反对迁就不合理要求和故意压低造价、有意漏项的"钓鱼"工程,使投资控制失效;同时也反对有意提高建设标准,向投资者多要钱,使投资控制毫无意义的做法。

③充分重视、认真对待每个设计环节及每项专业设计。在满足功能要求的前提下,每个设计环节和每项专业设计都应按照国家的有关规定、设计规范和标准进行,注意它们对造价的影响。在造价限额确定的前提下,通过优化设计满足设计要求的途径非常多,这就要求设计人员善于思考,在设计中多做经济分析,发现偏离限额时立即改变设计。只有在每一个局部把关,总的投资限额才不会突破。

④加强设计审核。设计单位和监理单位必须做好设计审核工作,既要审技术,又要审造价;既要把住总造价关,又要把住分部分项造价关。要把审核设计作为造价动态控制的一项重要措施。

⑤建立设计单位经济责任制。设计单位要进行全员的经济控制,必须在目标分解的基础上,科学地确定造价限额,然后把责任落实到每个人身上。建立设计质量保证体系时,必须把造价作为设计质量控制的内容之一。

⑥施工图设计应尽量吸收施工单位人员意见,使之符合施工要求。施工图设计交底会审后,进行一次性洽商修改,以尽量减少施工过程中的设计变更,避免造成造价失控。

(5)限额设计的完善

①限额设计的不足。在积极推行限额设计的同时,应清醒地认识它的不足,从而在实践过程中不断加以改进和完善。限额设计的不足主要有:

a. 限额设计的本质特征是投资控制的主动性,因而贯彻限额设计,重要的一环是在初步设计和施工图设计前就对各工程项目、各单位工程、各分部工程进行合理的投资分配,以控制设计,体现投资控制的主动性。如果在设计完成后发现概预算超了再进行设计变更,满足限额设计要求,则会使投资控制处于被动地位,也会降低设计合理性。因此限额设计的理论及其操作技术有待于进一步发展。

b. 限额设计由于突出地强调了设计限额的重要性,而忽视了工程功能水平的要求,即功能与成本的匹配性,可能会出现功能水平过低而增加工程运营维护成本的情况,或者在投资限额内没有达到最佳功能水平的现象。这样也就限制了设计人员在这两方面的创造性,有一些新颖别致的设计往往受设计限额的限制不能得以实现。

c. 限额设计中的限额包括投资估算、设计概算、施工图预算等,均是指建设项目的一次性投资,而对项目建成后的维护使用费、项目使用期满后的报废拆除费用则考虑较少,这样就可能出现限额设计效果较好,但项目的全寿命费用不一定很经济的现象。

②限额设计的完善。在分析限额设计不足之后,不难发现,限额设计中要正确处理好投资限额与项目功能之间的对立统一的辩证关系。在总结限额设计的实践经验和教训之后,可在限额设计的理论发展及其操作技术上作如下改进和完善。

a. 合理确定和正确理解限额设计。为合理确定设计限额,要在各设计阶段运用价值工程原理进行设计,尤其在限额设计目标值(限额额度)确定之前的可行性研究、方案设计时,加强价值工程活动分析,认真选择出工程造价与功能最佳匹配的设计方案,包括适当提高造价、功能较大提高和造价不变、功能提高两种情况。如确实在投资限额确定之后,才发现有更好设计方案,包括适当增加投资,可获得功能大改善的设计方案,经认真、全面、科学可靠的方案论证,技术经济评价,并报请主管部门批准之后,允许调整或重新确定限额。这就是对"限额"的理解和认识上需求得共识、研究和完善之处。

b. 合理分配和使用投资限额。现行限额设计的投资限额(限额设计目标)大多以可行性研究投资估算造价为最高限额,按直接工程费的90%下达分解,留下10%作为调节使用。提高投资估算的科学性是有效控制投资的前提。为了克服投资限额的不足,可以根据项目的具体情况适当增加调节使用比例,如留15%～20%作调节使用,按80%～85%下达分解。这样对设计过程中出现的具有创造性、确有成效的设计方案脱颖而出创造了有利条件,也为好的设计变更提供了方便。

第二节 工程施工中的经济分析

工程施工中的经济分析主要是对施工组织设计进行技术经济分析评价、比较与选择以及工程施工中采用新工艺、新技术的经济分析评价。

一、施工组织设计技术经济分析

施工组织设计是对工程施工活动实行科学管理的重要手段,它编制的成功与否直接影响工程经济组织管理。对施工组织设计进行技术经济分析的目的就是论证所编制的施工组织设计在技术上是否可行、在经济上是否合理,从而选择满意的方案,并寻求节约的途径。

对施工方案作技术经济分析有助于在保证质量的前提下优化施工方案,并选择满足方案;对施工进度计划进行分析有助于优化进度与搭接关系、确定工期,并选择满意的施工进度计划;对施工平面图进行分析,是为了使施工平面图布置合理、方便使用,有利于节约、辅助决策;综合分析的目的在于通过分析各主要指标,评价施工组织设计的优劣,并为领导批准施工组织设计提供决策依据。

二、施工组织设计技术经济分析方法

1. 定性分析方法

定性分析法是根据经验对施工组织设计的优劣进行分析。例如,工期是否适当,可按一般规律或工期定额进行分析;选择的施工机械是否适当,主要看它能否满足使用要求、机械提供的可能性等;流水段的划分是否适当,主要看它是否给流水施工带来方便;施工平面图设计是否合理,主要看场地是否合理利用、临时设施费用是否适当。定性分析法比较方便,但不精确,不能优化,决策易受主观因素制约。

2. 定量分析方法

(1) 多指标比较法

该法简便实用,也用得较多,在应用时要注意应选用适当的指标,以保证指标的可比性。多指标比较法主要用于在待比较的方案中有一个方案的各项指标均优于其余的方案、优劣对

比明显时的情况。如果各个方案的指标优劣不同,分析比较时要进行加工,形成单指标,然后采用下面的其他方法。

(2)评分法

即组织专家对施工组织设计进行评分,采用加权计算法计算总分,高者为优。

【例11-6】某工程的流水段划分、安全性及施工顺序安排的评分结果如表11-5所示。

评分法评分结果　　　　　　　　　　　　　　　表11-5

指　标	权　数	第一方案	第二方案	第三方案
流水段	0.35	95	90	85
安全性	0.3	90	93	95
施工顺序	0.35	85	95	90

第一方案的总分:
$$m_1 = 95 \times 0.35 + 90 \times 0.30 + 85 \times 0.35 = 90$$

第二方案的总分:
$$m_2 = 90 \times 0.35 + 93 \times 0.30 + 95 \times 0.35 = 92.65$$

第三方案的总分:
$$m_3 = 85 \times 0.35 + 95 \times 0.30 + 90 \times 0.35 = 89.75$$

由于第二方案分数最高,故应选择第二方案。

(3)价值法

即对各方案均计算出最终价值,用价值大小评定方案优劣,表11-6是某工程焊接方法用价值法进行优选的实例。

某工程焊接方法用"价值法"选择表　　　　　　　　　　表11-6

项　目	电渣压力焊		帮条焊		绑扎	
	用量(工日)	金额(元)	用量(工日)	金额(元)	用量(工日)	金额(元)
钢材	0.189kg	0.095	4.04kg	3.02	7.1kg	3.55
材料(焊药、焊条、铅丝)	0.5kg	0.4	1.09kg	1.64	0.022kg	0.023
人工	0.14	0.28	0.20	0.4	0.025	0.05
电量消耗	2.1度	0.168	25.2度	2.02	—	—
合计	—	0.934	—	6.08	—	3.623

从每个接头所消耗的价值看,电渣压力焊最省,共有1 200个接头,可耗金额1 131.6元,比帮条焊节省6 164.4元,比绑扎节省3 216元,故应采用电渣压力焊。

三、工期—造价、质量—造价的关系分析

在施工组织设计中,应正确处理工期、质量和造价三者之间的关系,使施工组织设计做到:在保证质量达到合同要求的前提下,工期合理,造价节约,为工程实施提供积极可靠的控制目标。

1. 工期与造价的关系

工期与造价的关系见图11-2。

由图11-2可知,工期与造价有着对立统一的关系。它们之间的合理关系是图中的阴影部分。当工期为t_0时,造价最低(C_0);工期小于或大于t_0,造价均比C_0高。这是因为,加快工期

需要增加投入,而延缓工期则会导致管理费用的提高。因此,要经过优化确定合理的工期。施工组织设计,要求进度计划的工期小于定额工期及合同工期;在该工期下的造价,应小于合同造价。

2. 质量与造价的关系

工程质量与造价的关系见图 11-3。

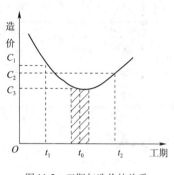

图 11-2 工期与造价的关系

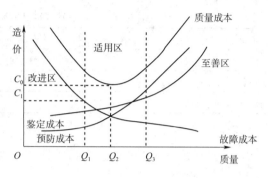

图 11-3 质量成本关系曲线

图 11-3 说明,工程质量和成本之间也有着对立统一的关系。它有一个最佳点,该点的质量水平 Q_0 可使造价最低(C_0),围绕该点有一个区间 Q_1 至 Q_2。两虚线之间的区间,称为最佳区。Q_1 为质量合格水平,Q_2 为质量优良水平。质量水平大于 Q_2,造成造价大幅上升,故该质量水平以右的区域称为至善区;质量水平低于 Q_1 时,造价亦有所上升,该质量水平以左的区域称为改进区。在施工组织设计时,处理质量和造价关系的关键是降低质量成本,尤其是改进区上下功夫。

施工组织的施工方案,应努力使质量水平处于适用区内,质量绝不能低于 Q_1;在一般情况下也没有必要高于 Q_2。如果从提高企业信誉出发或对工程质量有特别高的要求,质量水平需要高于 Q_2,处于至善区,则应作财务上的准备,较多地增加投入。鉴于目前许多企业质量保证能力不足的实际情况,特别应在改进区中下功夫,即大力降低故障成本,避免质量水平低于 Q_1。分析施工组织设计是否可行,必须分析其保证质量的措施是否是使故障成本(含内部故障成本和外部故障成本)降低到 Q_1 对应的造价水平。

四、工程施工组织总设计技术经济分析

施工组织总设计是以整个建设项目为对象,根据初步设计或扩大初步设计图纸以及其他有关资料和现场施工条件编制,用以指导全工地各项施工准备和施工活动的技术经济文件。

施工组织总设计的技术经济分析以定性分析为主,定量分析为辅。分析服从于施工组织总设计每项设计内容的决策,应避免忽视认真技术经济分析而盲目做出决定的倾向。进行定量分析时,主要应计算以下指标:

1. 施工周期

施工周期是指建设项目从正式工程开工到全部投产使用为止的持续时间。应计算的相关指标有:

(1)施工准备期。从施工准备开始到主要项目开工为止的全部时间。

(2)投产期。从主要项目开工到第一批项目投产使用为止的全部时间。

(3)单位工程工期。指建设群中的各单位工程从开工到竣工为止的全部时间。

2. 劳动生产率

(1) 全员劳动生产率(元/人·年)

$$全员劳动生产率 = 完成的建安工作量(元)/全体职工平均人数 \qquad (11-6)$$

(2) 单位用工(工日/m²竣工面积)

(3) 劳动力不均衡系数

$$劳动力不均衡系数 = 施工期高峰人数/施工期平均人数 \qquad (11-7)$$

3. 单位工程质量优良率(略)

4. 降低成本

$$降低成本额 = 全部承包成本 - 全部计划成本 \qquad (11-8)$$

$$降低成本率 = \frac{降低成本额}{承包成本额} \times 100\% \qquad (11-9)$$

5. 安全指标(略)

6. 机械指标

(1) 施工机械完好率

(2) 施工机械利用率

7. 预制加工程度

$$预制加工程度 = \frac{预制加工所完成的工作量}{总工作量} \qquad (11-10)$$

8. 临时工程

$$临时工程投资比例 = \frac{全部临时工程投资}{建安工程总值} \qquad (11-11)$$

$$临时工程费用比例 = \frac{临时工程投资 - 预计回收费 + 租用费}{建安工程总值} \qquad (11-12)$$

9. 节约三大材百分比(施工组织设计节约量与设计概算用量比较)

(1) 节约钢材百分比

(2) 节约木材百分比

(3) 节约水泥百分比

五、单位工程施工组织设计技术经济分析

单位工程施工组织设计是以一个单位工程(一个建筑物、构筑物或一个交工系统)为编制对象,用以指导其施工全过程的各项施工活动的技术、经济和组织的综合性文件,对其进行技术经济分析需掌握以下内容。

1. 单位工程施工组织设计技术经济分析

(1) 全面分析。要对施工的技术方法、组织方法及经济效果进行分析,对需要与可能进行分析,对施工的具体环节及全过程进行分析。

(2) 技术经济分析时应抓住施工方案、施工进度计划和施工平面图三大重点内容,并据此建立技术经济分析指标体系。

(3) 作技术经济分析时,要灵活运用定性方法和有针对性地应用定量方法。在做定量分析时,应对主要指标、辅助指标和综合指标区别对待。

(4) 技术经济分析应以设计方案的要求、有关的国家规定及工程的实际需要为依据。

2.施工组织设计技术经济分析的指标体系

单位工程施工组织设计中技术经济指标应包括:工期指标、劳动生产率指标、质量指标、安全指标、降低成本率、主要工程工种机械化程度、三大材料节约指标。这些指标应在施工组织设计基本完成后进行计算,并反映在施工组织设计的文件中,作为考核的依据。

3.主要指标的计算要求

(1)总工期指标。从破土动工至单位工程竣工的全部日历天数。

(2)单方用工。它反映劳动的使用和消耗水平。不同建筑物的单方用工之间有可比性,其计算公式:

$$单项工程单方用工数 = 总用工数(工日)/建筑面积(m^2) \tag{11-13}$$

(3)质量优良品率。这是在施工组织设计中确定的控制目标,主要通过保证质量措施实现,可分别对单位工程、分部工程和分项工程进行确定。

(4)主要材料节约指标。可分别计算主要材料节约量、主要材料节约额或主要材料节约率。

$$主要材料节约量 = 技术组织措施节约量$$

或:

$$主要材料节约量 = 预算用量 - 施工组织设计计划用量 \tag{11-14}$$

$$主要材料节约率 = \frac{主要材料计划节约量(元)}{主要材料预算金额(元)} \times 100\%$$

或:

$$主要材料节约率 = \frac{主要材料计划节约量}{主要材料预算用量} \times 100\% \tag{11-15}$$

(5)大型机械耗用台班数及费用

$$大型机械单方耗用台班数 = \frac{耗用总台班(台班)}{建筑面积(m^2)} \tag{11-16}$$

$$单方大型机械费 = \frac{计划大型机械台班费(元)}{建筑面积(m^2)} \tag{11-17}$$

(6)节约工日

①节约总量

$$工日节约总量 = 施工图预算总量 - 施工组织设计用量 \tag{11-18}$$

②分工种工日节约量

$$分工种工日节约量 = 施工图预算某工种工日 - 施工组织设计某工种工日 \tag{11-19}$$

(7)降低成本指标

①降低成本额:计算方法与施工组织总设计相同。

②降低成本率:计算方法与施工组织总设计相同。

4.单位工程施工组织设计技术经济分析指标的重点

技术经济分析应围绕质量、工期、成本三个主要方面。先用某一方案的原则是在质量能达到优良的前提下,工期合理,成本节约。

对于单位工程施工组织设计的施工方案,不同的设计内容,应有不同的技术经济分析重点指标。

(1)基础工程应以土方工程、现浇混凝土、打桩、排水和防水、运输进度与工期为重点。

(2)结构工程应以垂直运输机械选择、流水段划分、劳动组织、现浇钢筋混凝土支模、浇灌及运输、脚手架选择、特殊分项工程施工方案、各项技术组织措施为重点。

(3)装修阶段应以施工顺序、质量保证措施、劳动组织、分工协作配合、节约材料、技术组织措施为重点。

（4）单位工程施工组织设计的综合技术经济分析指标应以工期、质量、成本、劳动力节约、材料节约、机械台班节约为重点。

六、项目施工方案技术经济分析案例

【例 11-7】某项目混凝土总需要量为 5 000m³，混凝土工程施工有两种方案可供选择：方案 A 为现场制作，方案 B 为购买商品混凝土。已知商品混凝土平均单价为 410 元/m³，现场制作混凝土的单价计算公式为：

$$C = \frac{C_1}{Q} + \frac{C_2 \times T}{Q} + C_3$$

式中：C——现场制作混凝土的单价（元/m³）；

C_1——现场搅拌站一次性投资（元），本案例 C_1 为 200 000 元；

C_2——搅拌站设备装置的租金和维修费（与工期有关的费用），本案例 C_2 为 15 000 元/月；

C_3——在现场搅拌混凝土所需费用（与混凝土数量有关的费用），本案例 C_3 为 320 元/m³；

Q——现场制作混凝土的数量；

T——工期（月）。

问题：

（1）若混凝土浇筑工期不同时，A、B 两个方案哪一个较经济？

（2）当混凝土浇筑工期为 12 个月时，现场制作混凝土的数量最少为多少立方米才比买商品混凝土经济？

（3）假设该工程的一根 9.9m 长的现浇钢筋混凝土梁可采用三种设计方案，其断面尺寸均满足强度要求。该三种方案分别采用 A、B、C 三种不同的现场制作混凝土，有关数据见表 11-7。经测算，现场制作混凝土所需费用如下：A 种混凝土为 220 元/m³，B 种混凝土为 230 元/m³，C 种混凝土为 225 元/m³。另外，梁侧模 21.4 元/m²，梁底模 24.8 元/m²；钢筋制作，绑扎为 3 390 元/t。

试选择一种最经济的方案。

各方案基础数据表　　　　　　　　　　　表11-7

方　案	断面尺寸(mm)	钢筋(kg/m³混凝土)	混凝土种类
一	300×900	95	A
二	500×600	80	B
三	300×800	105	C

分析要点：

问题（1）和问题（2）都是对现场制作混凝土与购买商品混凝土的比较分析，是同一个问题的两个方面。

问题（1）的条件是混凝土的数量一定而工期不定。

问题（2）的条件是工期一定而混凝土数量不定。由现场制作混凝土的单价计算公式可知，该单价与工期成正比，即工期越长单价越高；与混凝土数量成反比，即混凝土数量越多单价越低。

问题(3)要注意的是,若背景资料仅给出模板单价(即侧模与底模单价相同),在计算模板面积时,不能以梁的周长与其长度相乘,因为梁的顶面无模板。

解:(1)现场制作混凝土的单价与工期相关,当A、B两个方案的单价相等时,工期T满足以下关系:

$$\frac{200\,000}{5\,000}+\frac{15\,000\times T}{5\,000}+320=410$$

$$T=\frac{(410-320-200\,000/5\,000)}{15\,000}\times 5\,000$$

$$=16.67(月)$$

由此可得到以下结论:

当工期$T=16.67$个月时,A、B两方案单价相同。

当工期$T<16.67$个月时,A方案(现场制作混凝土)比B方案(购买商品混凝土)经济。

当工期$T>16.67$个月时,B方案比A方案经济。

(2)当工期为12个月时,现场制作混凝土的最少数量计算如下:

设该最少数量为X,根据公式有:

$$\frac{200\,000}{X}+\frac{15\,000\times 12}{X}+320=410$$

$$X=4\,222.22\,m^3$$

即当$T=12$个月时,现场制作混凝土的数量必须大于$4\,222.22\,m^3$时才比购买商品混凝土经济。

(3)三种方案的费用计算见表11-8。

三种方案费用计算　　　　　　　表11-8

项　　目		方案一	方案二	方案三
混凝土	工程量(m³)	2.673	2.970	2.376
	单价(元/m³)	220	230	225
	费用小计(元)	588.06	683.10	534.60
钢筋	工程量(kg)	253.94	237.60	249.48
	单价(元/kg)		3.39	
	费用小计(元)	860.86	805.46	845.74
梁侧模板	工程量(m²)	17.82	11.88	15.84
	单价(元/m²)		21.4	
	费用小计(元)	381.35	254.23	338.98
梁底模板	工程量(m²)	2.97	4.95	2.97
	单价(元/m²)		24.8	
	费用小计(元)	73.66	122.76	73.66
费用合计(元)		1 903.93	1 865.55	1 792.98

由表11-8的计算结果可知,第三种方案的费用最低,为最经济的方案。

【例11-8】某城市高新技术开发区软件园电子大楼工程吊顶工程量为$18\,000\,m^2$,根据软件生产工艺的要求,车间的吊顶要具有防静电、防眩光、防火、隔热、吸音等5种基本功能以及样式新颖、表面平整、易于清理3种辅助功能。工程技术人员采用价值工程选择生产车间的吊顶材料,取得了较好的经济效果。以下是它们的分析过程。

(1)情报收集

工程人员首先对吊顶材料进行广泛调查,收集各种建筑吊顶材料的技术性能资料和有关经济资料。

(2)功能分析

技术人员对软件生产车间吊顶的功能进行了系统分析,绘出了功能系统图,如图11-4所示。

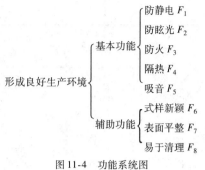

图11-4 功能系统图

(3)功能评价

根据功能系统图,技术人员组织使用单位、设计、施工单位共同确定各种功能权重。使用单位、设计单位、施工单位评价的权重分别设定为50%、40%和10%,各单位对功能权重的打分采用10分制,各种功能权重见表11-9所示。

吊顶功能重要程度系数　　　　　　　　　　表11-9

功　能	使用单位评价(50%)		设计单位评价(40%)		施工单位评价(10%)		功能权重
F_1	4.12	2.060	4.26	1.704	3.18	0.318	0.408
F_2	1.04	0.520	1.35	0.540	1.55	0.155	0.122
F_3	0.82	0.410	1.28	0.512	1.33	0.133	0.106
F_4	0.91	0.455	0.55	0.220	1.06	0.106	0.078
F_5	1.10	0.550	0.64	0.256	1.08	0.108	0.091
F_6	0.98	0.490	1.12	0.448	1.04	0.104	0.104
F_7	0.64	0.320	0.48	0.192	0.53	0.053	0.056
F_8	0.39	0.195	0.32	0.128	0.23	0.023	0.035
合计	10	5	10	4	10	1	1

(4)方案创建与评价

①计算成本系数。根据车间工艺对吊顶功能的要求,吊顶材料考虑铝合金加腈棉网、膨胀珍珠岩板和PVC板3个方案。3个方案的单方造价、工程造价、年维护费等见表11-10。基准折现率为10%,吊顶寿命为10年。各方案成本系数计算如表11-10所示。

各方案成本系数计算表　　　　　　　　　　表11-10

方　案	铝合金加腈棉板	膨胀珍珠岩板	PVC板
单方造价(元)	112.53	26.00	20.00
工程造价(万元)	202.54	46.80	36.00
年维护费(元)	35 067	23 400	36 000
折现系数	6.144 6	6.144 6	6.144 6
维护费现值(万元)	3.506 7×6.144 6=21.55	2.340 0×6.144 6=14.38	3.600 0×6.144 6=22.12
总成本现值	224.09	61.18	58.12
成本系数	224.09/(224.09+61.18+58.12)=0.653	61.18/(224.09+61.18+58.12)=0.178	58.12/(224.09+61.18+58.12)=0.169

②计算功能系数。对3个方案采用10分制进行功能评价。各分值乘以功能权重得功能加权分,对功能加权分的和进行指数处理后可得各方案的功能系数。计算过程见表11-11。

各方案功能系数计算 表11-11

功能	功能权重	铝合金加腈棉板		膨胀珍珠岩板		PVC板	
		分值	加权分值	分值	加权分值	分值	加权分值
防静电 F_1	0.408	8	3.264	9	3.672	5	2.04
防眩光 F_2	0.122	7	0.854	9	1.098	8	0.976
防火 F_3	0.106	5	0.53	9	0.954	6	0.636
隔热 F_4	0.078	8	0.624	6	0.468	4	0.312
吸音 F_5	0.091	8	0.728	10	0.91	5	0.455
式样新颖 F_6	0.104	10	1.04	9	0.936	8	0.832
表面平整 F_7	0.056	10	0.56	9	0.504	8	0.448
易于清理 F_8	0.035	9	0.315	8	0.28	9	0.315
合计	1	65	7.915	69	8.822	53	6.014
加权分值指数化		7.915/(7.915+8.822+6.014)		8.822/(7.915+8.822+6.014)		6.014/(7.915+8.822+6.014)	
功能系数		0.348		0.388		0.264	

③计算价值系数。根据各方案的功能系数和成本系数计算其价值系数,计算结果见表11-12。

各方案价值系数计算 表11-12

方案	铝合金加腈棉板	膨胀珍珠岩板	PVC板
功能系数	0.348	0.388	0.264
成本系数	0.653	0.178	0.169
价值系数	0.533	2.180	1.562
最优方案		√	

(5)方案优选

根据各方案的价值系数,生产车间的吊顶材料应选膨胀珍珠岩板。

第三节 设备的选择与更新

一、设备更新的概念

设备更新是指对技术上或经济上不宜继续使用的设备,用新的设备更换或用先进的技术对原有设备进行局部改造。设备更新包括原型更新和新型更新两类:①原型更新:用相同的设备去更换有形磨损严重而不能继续使用的旧设备;②新型更新:用技术更先进、结构更完善、效率更高、性能更好、耗费能源和原材料更少的新型设备来替换那些在物理上不能继续使用或在经济上不宜继续使用的旧设备。前者只解决设备的损坏问题,不具有技术更新的性质,不能促进技术进步;而后者具有技术更新的性质,可以促进技术进步。

设备更新同技术方案选择一样,应遵循有关的技术政策,进行技术论证和经济分析,做出最佳选择。如果因设备暂时故障而草率做出报废的决定,或者片面追求现代化,一味购买最新式设备,都会造成资本的流失;而如果延缓设备更新,失去设备更新的最佳时机,同时竞争对手又积极利用现代化设备降低产品成本和提高产品质量时,则企业必定会丧失竞争力。因此,工程经济学要解决的重要问题就是确定一个最佳的设备更新时间以及选择合理的设备更新方式。

二、设备磨损

设备在使用或闲置过程中,由于物理作用、化学作用或技术进步的影响等,使设备遭受了损耗,称为设备磨损。设备磨损包括有形磨损和无形磨损两种形式。

设备在使用或闲置过程中,实体所遭受的损坏,称为设备的有形磨损。有形磨损包括物理磨损和化学磨损。机器设备受到外力的作用,其零部件发生摩擦、振动和疲劳,导致机器设备的实体发生的磨损为物理磨损;机器设备由于使用或保养不当,或由于不可抗拒的自然力的影响使设备发生如金属件生锈腐蚀、橡胶件老化等化学现象的磨损为化学磨损。有形磨损有的是可以通过修理或大修理消除并回复到可继续使用状态的,有的无法修复到可继续使用状态。

由于技术进步引起的设备相对贬值,称为设备的无形磨损。无形磨损包括设备绝对价值的降低和设备相对价值的降低两种形式。

受技术进步的影响,生产工艺不断改进,劳动生产率不断提高,使生产同样结构、同样性能的设备所需的社会必要劳动时间相应减少,生产成本和价格不断降低,会使原有设备绝对贬值;受技术进步的影响,性能更完善、生产效率更高、可靠性更好的新型设备不断出现,会使原有设备相对贬值。

无形磨损不改变原有设备的特性和功能,但由于效率更高、性能更好的设备出现,使原有设备在技术上相对陈旧落后。若要继续使用,其使用成本相对较高或者其生产的产品质量和性能等已不符合目前的要求,就意味着现有设备部分或完全丧失了价值。

一般情况下,有形磨损和无形磨损在设备在使用过程中是同时存在的,有形磨损比较严重的设备在修复补偿之前,往往不能正常运转,大大降低了作用性能;而有形磨损程度比较小的设备,则无论其无形磨损的程度如何,均不影响正常使用,但其经济性能必定发生变化,需要经过经济分析以决定是否继续使用。

三、设备的补偿

为维持设备正常工作所需要的特性和功能,必须对已遭磨损的设备进行及时合理的补偿,补偿的方式有修理、更换、现代化改装。

若设备磨损主要是由有形磨损所致,则应视有形磨损情况决定补偿方式。如磨损较轻,可通过修理进行补偿;如磨损较重,则应通过经济分析比较,来决定选择更新还是修理。若磨损非常严重,根本无法修复或及时修复了也不能达到精度要求,则应以更新作为补偿手段。

若设备磨损主要是由无形磨损所致,则应进行局部更新或全部更新;若设备仅是绝对价值磨损则不必进行补偿,可继续使用。

四、设备的寿命

设备的寿命是指设备从投入使用开始,由于磨损,直到设备在技术上或经济上不宜使用为止的时间。由于受到有形磨损和无形磨损的影响,设备寿命有几种不同的形态:

(1)物理寿命

也称自然寿命,指设备从开始投入使用时起,直到设备通过大修也无法恢复原有用途而只能报废时为止所经历的时间。它是由有形磨损决定的。

(2)技术寿命

是指从设备以全新状态投入使用开始,直到由于技术进步而使现有设备因技术落后而被淘汰所经历的时间。它是由无形磨损决定的,一般短于物理寿命。科学技术发展越快,设备技术寿命越短。

(3)折旧寿命

即设备的折旧年限,它是指按现行的会计制度规定的折旧方法和原则,将设备的原值通过折旧方式转入产品成本,直到设备的折旧余额达到或接近于零时所经历的时间过程。

(4)经济寿命

是指设备从投入使用的全新状态开始到如果继续使用经济上已经不合理为止的整个时间过程。它是由有形磨损和无形磨损共同作用决定的,一般是设备的最合理的使用年限,这时的年费用最小。设备更新的理论基础就是设备经济寿命的思想和计算原理。

五、设备的经济寿命

一台设备在其整个寿命期内发生的费用包括原始费用(设备原价、运输费、安装费)、使用费(运行费、维修费)和设备残值。通常,新设备原始费用高但使用费用低,而旧设备恰恰相反。当一台全新设备投入使用后,随着使用年限的延长,平均每年分摊的设备原始费用将越来越少,而设备的使用费却是逐年增加的,慢慢地,原始费用的减少不足以抵消使用费用的增加,如果继续使用设备就不经济了,所以就存在设备的经济寿命。设备的经济寿命就是指设备的平均年费用最低的使用年限。它由资金的恢复费用和年平均使用费两部分构成。资金的恢复费用是指设备的原始费用扣除设备弃置不用时的估计残值后分摊到设备使用各年上的费用。设备的经济寿命分为不考虑资金时间价值的经济寿命和考虑资金时间价值的经济寿命。

1. 不考虑资金时间价值的经济寿命计算

若考虑资金时间价值,则 n 年内设备的总成本为:

$$TC_n = P - L_n + \sum_{j=1}^{n} C_j \tag{11-20}$$

式中:TC_n——n 年内设备的总成本;
    P——设备购置费;
    C_j——第 j 年的运营成本;
    L_n——第 n 年末的残值;
    n——使用年限。

$$AC_n = \frac{TC_n}{n} = \frac{P - L_n}{n} + \frac{1}{n}\sum_{j=1}^{n} C_j \tag{11-21}$$

式中:AC_n——n 年内设备的年等额总成本。

一般而言,随着设备使用期限的增加,年运营成本每年以某种速度在递增,这种运营成本的逐年递增称为设备的劣化。现假定每年运营成本的增量是均等的,即运营成本呈线性增长,如图 11-5 所示。

设备第 j 年的经营成本为:

$$C_j = C_1 + (j-1)\lambda \tag{11-22}$$

式中:C_j——第 j 年的经营成本;
    C_1——第 1 年的经营成本;

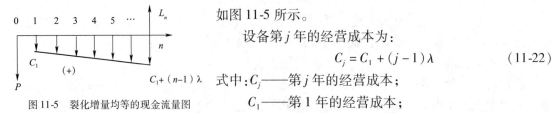

图 11-5 裂化增量均等的现金流量图

λ——年经营成本的增加额。

n 年内设备的年等额总成本为：

$$\text{AC}_n = \frac{P-L_n}{n} + \frac{1}{n}\sum_{j=1}^{n}C_j = \frac{P-L_n}{n} + C_1 + \frac{n-1}{2}\lambda \tag{11-23}$$

式中：AC_n——n 年内设备的年等额总成本；

P——设备购置费；

n——使用年限；

L_n——第 n 年末的残值。

设 L_n 为一常数，若使 AC_n 最小，则令：

$$\frac{d(\text{AC}_n)}{dn} = -\frac{P-L_n}{n^2} + \frac{\lambda}{2} = 0 \Rightarrow n = \sqrt{\frac{2(P-L_n)}{\lambda}} \tag{11-24}$$

解出 n，即为设备的经济寿命 m。

【例11-9】设有一台设备，购置费为8 000元，预计残值800元，运营成本初始值为600元，年运行成本每年增长300元，求该设备的经济寿命。

解：由式(11-24)可得

$$m = \sqrt{\frac{2(8\,000-800)}{300}} = 7(年)$$

2. 考虑资金时间价值的经济寿命计算

若考虑资金时间价值，则 n 年内设备的总成本现值为：

$$\text{TC}_n = P - L_n(P/F, i_c, n) + \sum_{j=1}^{n}C_j(P/F, i_c, j) \tag{11-25}$$

式中：TC_n——n 年内设备的总成本现值；

i_c——基准收益率；

其他符号意义同前。

n 年内设备的年等额总成本为：

$$\begin{aligned}\text{AC}_n &= \text{TC}_n(A/P, i_c, n)\\ &= (P-L_n)(A/P, i_c, n) + L_n \cdot i_c + \sum_{j=1}^{n}C_j(P/F, i_c, j)(A/P, i_c, n)\end{aligned} \tag{11-26}$$

若每年运营成本的增量是均等的，则有：

$$\begin{aligned}\text{AC}_n &= P(A/P, i_c, n) - L_n(A/F, i_c, n) + C_1 + \lambda(A/G, i_c, n)\\ &= [(P-L_n)(A/P, i_c, n) + L_n \times i_c] + [C_1 + \lambda(A/G, i_c, n)]\end{aligned} \tag{11-27}$$

【例11-10】原始费用200 000元，每年的使用费及年末的残值见表11-13，试分别计算这台设备不考虑资金时间价值的经济寿命和考虑资金时间价值的经济寿命（$i_c = 10\%$）。

年度使用费与年末残值（单位:元） 表11-13

服务年限	1	2	3	4	5	6	7	8	9	10
年度使用费	22 000	33 000	44 000	55 000	66 000	77 000	88 000	99 000	110 000	120 000
年末残值	100 000	90 000	80 000	70 000	60 000	50 000	40 000	30 000	20 000	10 000

解：(1)列表计算不考虑资金时间价值的经济寿命，见表11-14。

从表11-14可看出第四年的年平均费用最低，因此该设备不考虑资金时间价值的经济寿命为4年。

(2)列表计算考虑资金时间价值的经济寿命，见表11-15。

不考虑资金时间价值的经济寿命（单位：元）　　　　　　　　　　表 11-14

使用年限	年度使用费	年度使用费之和	年平均使用费	年末的估计残值	年末退出使用的资金恢复费用	该年限内的年平均费用
(1)	(2)	(3) = Σ(2)	(4) = (3)/(1)	(5)	(6) = [200 000 − (5)]/(1)	(7) = (4) + (6)
1	22 000	22 000	22 000	100 000	100 000	122 000
2	33 000	55 000	27 500	90 000	55 000	82 500
3	44 000	99 000	33 000	80 000	40 000	73 000
4	55 000	154 000	38 500	70 000	32 500	71 000
5	66 000	220 000	44 000	60 000	28 000	72 000
6	77 000	297 000	49 500	50 000	25 000	74 500
7	88 000	385 000	55 000	40 000	22 860	77 860
8	99 000	484 000	60 500	30 000	21 250	81 750
9	110 000	594 000	66 000	20 000	20 000	86 000
10	121 000	715 000	71 500	10 000	19 000	90 500

考虑资金时间价值的经济寿命（单位：元）　　　　　　　　　　表 11-15

使用年限	年度使用费	各年现值系数	各年使用费现值	累计现值之和	资金恢复费用系数	年平均使用费	年末的估计残值	年末退出使用的资金恢复费用	该年限内的年度费用
(1)	(2)	(3) = [P/F, 10%, (1)]	(4) = (2)×(3)	(5) = Σ(4)	(6) = [A/P, 10%, (1)]	(7) = (5)×(6)	(8)	(9)=200 000×(6) − (8)×[A/F,10%,(1)]	(10) = (7) + (9)
1	22 000	0.909 1	20 000	20 000	1.100 0	22 000	100 000	120 000	142 000
2	33 000	0.826 4	27 271	47 271	0.576 2	27 238	90 000	72 382	99 620
3	44 000	0.751 3	33 057	80 328	0.402 1	32 300	80 000	56 252	88 552
4	55 000	0.683 0	37 565	117 893	0.315 5	37 195	70 000	48 015	85 210
5	66 000	0.620 9	40 979	158 872	0.263 8	41 910	60 000	42 932	84 833
6	77 000	0.564 5	43 467	202 339	0.229 6	46 457	50 000	39 440	85 897
7	88 000	0.513 2	45 162	247 501	0.205 4	50 837	40 000	36 864	87 701
8	99 000	0.466 5	46 184	293 685	0.187 4	55 037	30 000	34 858	89 895
9	110 000	0.424 1	46 651	340 336	0.173 6	59 082	20 000	33 248	92 330
10	121 000	0.385 5	46 646	386 982	0.162 7	62 962	10 000	31 913	94 875

从表 11-15 可以看出，考虑资金的时间价值，设备的经济寿命为 5 年。虽然用两种不同的方法计算的结果有差别，但可看出，在表 11-14 和表 11-15 中，4 年和 5 年的年平均费用很接近。因此，经济寿命差别一两年是没有太大影响的。

六、新添设备优劣的比较

1. 新购设备的优劣比较

新购设备的优劣比较，首先是确定需要比较的各型号的经济寿命，然后通过比较经济寿命内各方案的年费用来判断方案的优劣。

2.购置设备和租赁设备的优劣比较

购置设备与租赁设备的优劣比较步骤如下：

(1)确定不同方案的净现金流量

①设备租赁方案的净现金流量

设备租赁的形式有经营性租赁和融资性租赁。租赁设备方案的净现金流量为：

$$净现金流量 = 销售收入 - 经营成本 - 租赁费 - 销售税及附加 - 所得税 \quad (11-28)$$

其中：

$$经营性租入设备方案的所得税 = (销售收入 - 经营成本 - 租赁费 - 销售税及附加) \times 所得税税率 \quad (11-29)$$

$$融资性租赁设备方案的所得税 = (销售收入 - 经营成本 - 折旧费 - 租赁费中的手续费和利息 - 销售税及附加) \times 所得税税率 \quad (11-30)$$

经营性租赁设备的租赁费计入企业成本,可减少企业的所得税;融资性租赁的设备对于承租人来说属于固定资产,可以计提折旧计入企业成本,而租赁费一般不直接列入企业成本,由企业税后支付,但租赁费中的利息和手续费可在支付时计入企业成本,可以从纳税所得额中扣除。

②购置设备方案的净现金流量

$$购置设备方案的净现金流量 = 销售收入 - 经营成本 - 设备购置费 - 销售税及附加 - 所得税$$

$$所得税 = (销售收入 - 经营成本 - 折旧费 - 利息 - 销售税及附加) \times 所得税税率$$

$$(11-31)$$

(2)采用第三章方案比选方法进行比选

下面通过例子说明设备租赁方案与购置方案的比较方法。

【例11-11】某企业需要某种设备,其购置费为10 000元,以自有资金购买,估计使用期为10年,10年后的残值为0。如果采用融资租赁的,同类设备年租赁费为1 600元(其中利息部分为200元)。当设备投入使用后,企业每年的销售收入为6 000元,销售税及附加为销售收入的10%,设备年经营成本为1 200元/年,所得税税率为33%,折旧采用直线折旧法,该企业的基准收益率为10%。要求比较租赁方案和购置方案。

解:(1)采用购置方案

$$年折旧 = 10\ 000 \div 10 = 1\ 000(元)$$

$$年利润 = 6\ 000 - 6\ 000 \times 10\% - 1\ 200 - 1\ 000 = 3\ 200(元)$$

$$税后利润 = 3\ 200 \times (1 - 33\%) = 2\ 144(元)$$

$$投入使用后年净现金流量 = 2\ 144 + 1\ 000 = 3\ 144(元)$$

$$净现值 = -10\ 000 + 3\ 144(P/A, 10\%, 10) = 9\ 329.88(元)$$

(2)采用租赁方案

折旧同购置方案。

$$年利润 = 6\ 000 - 6\ 000 \times 10\% - 1\ 200 - 1\ 000 - 200 = 3\ 000(元)$$

$$税后利润 = 3\ 000 \times (1 - 33\%) = 2\ 010(元)$$

$$投入使用后年净现金流量 2\ 010 + 1\ 000 - (1\ 600 - 200) = 1\ 610(元)$$

$$净现值 = 1\ 610(P/A, 10\%, 10) = 9\ 893.45(元)$$

(3)比较两方案

通过计算,租赁方案的净现值高于购置方案的净现值,因此可以认为租赁方案优于购置方案。

3. 设备更新方案的经济分析

设备更新方案的经济分析就是确定一套正在使用的设备什么时候应该以及是否应该用更经济的设备来替代或者改进现有设备。

(1)设备更新方案比选的原则

设备更新方案比选的基本原理和评价方法与互斥性投资方案比选相同。但在设备更新方案比选时,应遵循如下原则:

①对于寿命期内不会过时的设备,以其经济寿命作为更新的时间点。

②对于因过时而需要更新的设备,更新的关键是新设备与现有设备相比的节约额低于新设备的购置费,如符合这一条件就应更新,但要注意分析时不能考虑现有设备的沉没成本。

③对于在使用中性能不断降低的设备,应逐年滚动比较以确定设备更新的最佳时机。

④如果需要扩大生产能力,则应从更换现有设备和增加新设备两个角度进行比选。

【例11-12】某公司用旧设备A加工某产品的关键零件,设备A是8年前买的,当时的购置及安装费为8万元,设备A目前市场价为18 000元,估计设备A可再使用2年,退役时残值为2 750元。目前市场上出现了一种新的设备B,设备A的购置及安装费为120 000万元,使用寿命为10年,残值为原值的10%。旧设备A和新设备B加工100个零件所需时间分别为5.24小时和4.22小时,该公司预计今后每年平均能销售44 000件该产品。该公司人工费为18.7元/每小时。旧设备动力费为4.7元/每小时,新设备动力费为4.9元/每小时。基准折现率为10%,试分析是否应采用新设备B更新旧设备A。

解:选择旧设备A的剩余使用寿命2年为研究期,采用年值法计算新旧设备的等额年总成本。

$$AC_A = (18\ 000 - 2\ 750)(A/P,10\%,2) + 2\ 750 \times 10\% + 5.24 \div 100 \times 44\ 000 \times (18.7 + 4.7)$$
$$= 63\ 012.94(元)$$

$$AC_B = (120\ 000 - 12\ 000)(A/P,10\%,10) + 12\ 000 \times 10\% + 4.22 \div 100 \times 44\ 000 \times (18.7 + 4.9)$$
$$= 62\ 596.98(元)$$

$$AC_A - AC_B = 63\ 012.94 - 62\ 596.98 = 415.96(元)$$

从以上计算结果可以看出,使用新设备B比使用旧设备A每年节约415.96元,故应立即用设备B更新设备A。

【例11-13】由于市场需求量增加,某钢铁集团公司高速线材生产线面临两种选择:第1方案是在保留现有生产线A的基础上,3年后再上一条生产线B,使生产能力增加一倍;第2方案是放弃现在的生产线A,直接上一条新的生产线C,使生产能力增加一倍。

A生产线是10年前建造的,其剩余寿命估计为10年,到期残值为100万元,目前市场上有厂家愿以700万的价格收购A生产线。生产线今后第一年的经营成本为20万元,以后每年等额增加5万元。

B生产线3年后建设,总投资6 000万元,寿命期为20年,到期残值为1 000万元,每年经营成本为10万元。

C生产线目前建设,总投资8 000万元,寿命期为30年,到期残值为1 200万元,年运营成本为8万元。

基准折现率为10%,试比较方案1和方案2的优劣,设研究期为10年。

解:两种方案的现金流量图如图11-6所示。

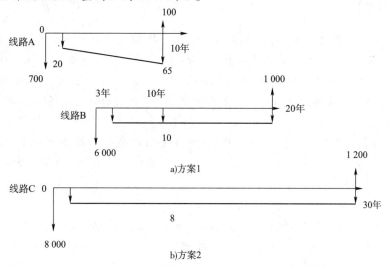

图11-6 现金流量图(单位:万元)

方案1:

$$AC_A = 700(A/P,10\%,10) - 100(A/F,10\%,10) + 20 + 5(A/G,10\%,10)$$
$$= 700 \times 0.1627 - 100 \times 0.0627 + 20 + 5 \times 3.725 = 146.25(万元)$$
$$AC_B = [6000(A/P,10\%,20) - 1000(A/F,10\%,20) + 10](F/A,10\%,7)(A/F,10\%,10)$$
$$= [6000 \times 0.1175 - 1000 \times 0.0175 + 10] \times 9.4872 \times 0.0672 = 413.58(万元)$$
$$AC_1 = 146.25 + 413.58 = 559.83(万元)$$

方案2:

$$AC_C = 8000(A/P,10\%,30) - 1200(A/F,10\%,30) + 8 = 849.48(万元)$$
$$AC_2 = 849.48(万元)$$

从以上比较结果来看,应采用方案1。

【本章小结】

工程设计方案的好坏对工程经济性影响很大。它不仅影响工程的造价,而且直接关系到将来工程投入使用后运营或使用费用的高低,因此工程设计中的经济分析是一项很有必要的工作。设计方案应注意处理好经济合理性与技术先进性之间的关系,兼顾建设与使用,考虑项目全寿命费用,兼顾近期与远期的要求。

设计方案的技术经济评价方法有多指标评价法、静态经济评价和动态经济评价等方法,注意掌握不同方法的适用情况,并熟悉设计方案优化的途径。

工程施工中的经济分析主要是对施工组织设计进行技术经济分析评价、比较与选择以及工程施工中采用新工艺、新技术的经济分析评价。应掌握工程施工组织设计经济分析的定量分析指标并掌握评分法、价值法的应用。

设备更新是指对技术上或经济上不宜继续使用的设备,用新的设备更换或用先进的技术对原有设备进行局部改造。设备更新中涉及设备的磨损、设备的补偿、设备的寿命、设备的经济寿命等相关概念,应理解这些概念并掌握设备经济寿命的计算以及新添设备的优劣比选和设备更新方案的比较计算。

【复习思考题】

1. 某城市修建跨某河的大桥,有南北两处可以选择桥址。南桥方案是通过河面最宽的地方,桥头连接两座小山,且须跨越铁道和公路,所以要建吊桥。其初始投资为 5 000 万元,年维护费 8 万元,水泥桥面每 10 年翻修一次 50 万元;北桥方案跨度较小,建桁架桥即可,但需补修附近道路,预计初始投资 4 800 万元,年维修费 15 万元,该桥每 3 年粉刷一次需 3 万元,每 10 年喷砂整修一次,需 10 万元。若 $i_c=8\%$,试对两方案进行比选。

2. 某公司准备建仓库,现有木结构和钢筋混凝土结构两个方案可供选择。木结构方案的造价为 100 万元,寿命期为 15 年;钢筋混凝土结构方案的造价为 200 万元,寿命期为 60 年;建成后,木结构仓库将比钢筋混凝土结构年维修费用多 3 万元。设 $i_c=10\%$,试分析采用哪个方案有利。

3. 现有一个挖土工程,有两个施工方案:一个是人工挖土,单价为 10 元/m^3;另一个是机械挖土,单价为 8 元/m^3,但需机械购置费 30 000 元。如何选择机械?

4. 某涵洞工程管涵预制混凝土总需要量为 6 000 m^3,混凝土工程施工有两种方案可供选择。方案 A 为现场制作,方案 B 为购买商品混凝土。已知现场搅拌站一次性投资为 200 000 元,搅拌站设备的租金及维修费为 15 000 元/月,搅拌站混凝土所需的其他费用为 350 元/m^3,商品混凝土的平均单价为 440 元/m^3。问:①若混凝土的施工工期不同时,A、B 两个方案那一个经济?②当混凝土施工工期为 14 个月时,现场制作混凝土最少为多少 m^3 才比购买商品混凝土经济?

5. 某项目进行施工方案设计时,为了选择确定能保证钢结构质量的焊接方法,已初选出电渣焊、埋弧焊、CO_2 焊、混合焊等 4 种方案。根据调查资料和实践经验,已定出各评价要素的权重及方案的评分值见表 11-16,试对焊接方案进行评选。

评价要素的权重及方案满意程度　　　　　　　　　表 11-16

序号	评价要素	权值(%)	方案满足程度(%)			
			电渣焊	埋弧焊	CO_2 焊	混合焊
1	焊接质量	40	80	70	40	60
2	焊接效率	10	80	70	80	70
3	焊接成本	30	80	100	100	100
4	操作难易	10	50	100	70	90
5	实现条件	10	40	100	100	100

6. 某企业增加生产能力,需要添置一台设备。现有两种方案可供选择:一种是用自有资金购置,设备价格为 60 000 元,经济寿命为 10 年,10 年后无残值,使用该设备每年可获利 50 000 元,折旧以外的成本为 35 570 元/年,所得税税率为 33%。另一种是融资租赁,每年年末支付租金 9 764 元。设备价格、使用期、折旧以外成本、销售收入、利率与所得税税率均相同,$i_c=14\%$,试比较两方案的优劣。

7. 某厂 5 年前花 27 000 元安装了一套输送设备系统,估计系统的使用寿命为 20 年,年度使用费为 1 350 元。由于输送零件的零件数增加了一倍,现在有两种方案可供选择:

方案 A:保留原输送设备系统再花 22 000 元安装一套输送能力、使用寿命、年度费用等和原系统完全相同的输送设备系统。

方案 B:花 31 000 元安装一套输送能力增加一倍的系统。其年度使用费为 2 500 元,使用寿命为 20 年。安装此系统后,原系统可以 6 500 元转让。

三种系统使用寿命期末的残值均为原始费用的 10%,$i_c = 12\%$。选择研究期为 15 年,完全承认设备未使用价值,试比较 A、B 两种方案。

8. 某工厂正在考虑某种机器的更新。这种机器是在 4 年前花 35 000 元购置的。假如将现有机器保留使用 1 年、2 年、3 年。其年度使用费分别为 25 000 元、27 000 元、29 000 元。机器的残值为 9 000 元,每保留使用 1 年贬值 2 000 元。当前新机器的购置费为 42 000 元,年度使用费固定为 19 000 元,以经济寿命为准,5 年后的残值估计为 10 000 元。$i_c = 12\%$,问旧机器是否应该更换? 如果应更换,以何时更换最经济?

9. 某工厂在 13 年前用 63 000 元购买了一台车床,用来制造管子套头,每副需要 0.047 6 工时。现在出现了一种新的车床,原始费用为 15 000 元,用来制造这种套头每副只需 0.038 4 工时。假定该工厂每年准备生产套头 5 万副。新旧车床的运行费每小时均为 8.5 元。现将旧车床出售,可得 2 000 元。旧车床还可使用 2 年,2 年后的残值为 500 元。新车床估计可使用 10 年,残值为原始费用的 10%。基准收益率为 12%。试确定是继续使用旧车床,还是更换为新车床?

10. 某工厂安装一台新设备,购置费用为 10 000 元,估计可用 10 年,各年的年度使用费及年末残值见表 11-17,$i_c = 10\%$,试在考虑资金时间价值和不考虑资金时间价值的两种情况下,计算设备的经济寿命。

年度使用费与年末残值(单位:元)　　　　　　　　　　　　　　　　　　表 11-17

年末	1	2	3	4	5	6	7	8	9	10
年度使用费	1 200	1 350	1 500	1 700	1 950	2 250	2 600	3 000	3 500	4 000
估计残值	7 000	5 000	3 500	2 000	1 000	800	600	400	200	100

11. 某设备可继续使用 3 年,其目前价值为 7 000 元,各年使用费和残值见表 11-18。如果立即将该设备大修,可使用 7 年,大修理费用为 12 000 元;若延期 1 年大修,大修理费用将增加 3 000 元;若延期 2 年,大修理费将增加 5 000 元。基准收益率为 15%,试根据下列条件决定大修理的方案:①设备只需要再使用 2 年;②设备需要再使用 3 年。

年使用费及年末残值(单位:元)　　　　　　　　　　　　　　　　　　表 11-18

继续使用年数	继续使用设备原设备		设备大修理	
	年使用费	年末残值	年使用费	年末残值
1	3 000	5 000	750	16 000
2	4 000	3 000	1 000	13 000
3	6 000		1 500	10 000
4			2 500	7 000
5			3 000	5 000
6			4 000	3 000
7			6 000	2 000

第十二章 建设项目经济评价案例

【教学目标】
1. 熟悉房地产开发项目财务评价过程、评价内容与评价方法;
2. 熟悉公路建设项目经济评价过程、评价内容与评价方法。

第一节 房地产开发项目财务评价案例

一、项目概况

根据城市规划,计划将某厂改造为居住区,由稳进集团房地产开发部负责开发建设。根据需要,项目要进行财务评价,目的是通过市场供需研究和财务经济分析,确定项目的规划功能、开发档次、开发成本和市场营销对象,并对项目的经济可行性做出评价,为委托方投资决策及开发项目融资提供依据。

1. 项目位置及占地面积

拟建居住区位于城市市区,包括现状厂区和四建公司的用地。总占地面积53.23公顷,其中:规划用地面积45.63公顷,市政代征地7.6公顷。本项目规划建设用地面积中,目前属四建公司使用的有7.652公顷,如表12-1所示。

项目用地面积及其分布(单位:m²)　　　　表12-1

用地单位	规划用地面积(m²)	可开发用地面积(m²)	保留建筑占地面积(m²)
某厂	379 800	33 2037	47 763
四建	76 520	71 200	5 320
合计	456 320	403 237	53 083

2. 项目现状特点

项目用地内的现状建筑主要是厂房、仓库和住宅,将来都要予以拆除,但由于生产水泥制品的需要,以铁路专用线将厂区分为南北两部分,南部为第一期开发,北部为第二期开发,中间铁路线及其南北两侧为第三期开发。

规划范围内有三组拟保留建筑:厂区南侧的住宅楼为某厂新建的宿舍区;规划范围内西北角是一组旧住宅楼,分属某厂和四建公司,目前保留,待将来有条件时再改造;厂区中央正在兴建的一栋12层综合楼。另外,现状厂区内的锅炉房也将予以保留,用于未来小区供热。

保留建筑占地面积和建筑面积情况如表12-2所示。

项目规划范围以北是住宅小区,西侧是住宅小区,南侧也已建成居住区,东侧隔铁路专用线为仓储区。铁路专用线以西,本项目周围已形成规模居住区,将厂区改造为住宅区符合规划要求。

项目用地范围内保留建筑占地面积和建筑面积(单位:m²)　　表12-2

土地使用者 用途	稳进集团		四建	
	占地面积(m²)	建筑面积(m²)	占地面积(m²)	建筑面积(m²)
住宅	43 488	100 000	5 320	30 000
地区公建	0.427 5	22 092	0	0
合计	47 763	122 092	5 320	30 000

3. 项目拟建规模

按照初步规划方案,某厂居住区由保留建筑和新建建筑两部分组成,其中新建建筑包括高层和多层住宅、非配套公建和配套公建(见表12-3)。建设用地面积456 300m², 总建筑面积912 600m², 总容积率为2.00。

项目拟建规模和建筑面积分配　　表12-3

类 型		建筑面积(m²)	建筑面积所占比例(%)
保留建筑		152 092	—
新建建筑	高层住宅	437 908	57.6
	多层住宅	137 600	18.1
	地区商服	85 000	11.2
	配套公建	100 000	13.1
	小计	760 508	100.0
合计		912 600	—

4. 项目服务对象

居住区将规划建设一处地区级公建中心和一所医院,为附近地区和小区内居民提供服务,其余建筑为多层、高层住宅和配套公建。其中,部分新建住宅为该集团其他开发项目提供拆迁安置房,部分住宅为公开销售商品房,所占比例分别为30%和70%。

5. 市政工程和基础设施

据测算,某厂居住区建成后,对热力、电力、电讯和煤气的需求预测如下:

(1)供热

小区内将自建锅炉房,负责整个小区的供热。

(2)供电

根据《某厂住宅区供电可行性咨询报告》,某厂住宅区的能源供应方式采用锅炉房(或热力网)供热,煤气或天然气炊事,集中与分散空调相结合方案,新建住宅和新建公建用电定额分别按$25W/m^2$和$50W/m^2$计算,则该小区用电总计约20 000kW。同时使用系数为0.8,则最大负荷约16 000kW,需安装24 000kV 安变压器。

根据测算,新建小区内开闭站和由变电站引至住宅区的电缆分别需400万元和480万元,需交纳的供电贴费为2 880万元,以上3项共计3 760万元。另外,居住区还应承担地方电力建设基金4 000万元,此项费用可分期交纳。

(3)煤气

据市煤气公司测算,按小区内住宅7 736户、其他建筑15.86万m²计,日用煤气量为2.1万m³,高峰用气量为3 500m³。

(4)电信

据市电信管理局测算,按居住人口2万多、住户7 736户计,某厂居住区至少需电话9 000部(包括公建),初期至少需安装程控交换机1万门。

二、市场研究

1. 该市当前房地产市场概况(略)
2. 该市普通住宅市场分析(略)
3. 市场供需关系分析

经过对该市的投资环境和市场供求关系分析,我们提出如下建议:

本项目所处位置紧邻该市房地产投资的热点地区之一,建议市场定位如下:

(1)功能分配。小区内以普通住宅为主,配以适当的写字楼、商业及公建用房。普通住宅占70%,其中多层与高层并重,为提高项目的建筑面积,适当增加高层的比例。

(2)销售对象。普通住宅销售对象以企事业单位、集团购买和该集团内部其他项目的拆迁用房为主,兼顾散户。

(3)户型与功能。考虑到销售对象,普通住宅户型以三室一厅、三室二厅、二室二厅为主,约占70%;四室二厅为辅,占10%,其余为二室或一室。面积约60~120m^2。在节约成本的前提下,应尽量使功能达到中档水平,如设计冰箱、洗衣机、空调的预留位置。

4. 该市写字楼市场分析(略)
5. 该市商业用房市场分析(略)

三、项目规划建设方案和建设条件

1. 项目用地功能布局

小区内现状住宅主要分布在厂区西北角和南端。规划住宅主要集中在小区中央,部分布置于靠近铁路的东北角,在高度控制方面,本着中间高、两边低的原则,越靠近铁路高度越低,以减少铁路噪音对居民的干扰。

根据需要,要建的配套设施有:地区级公建中心、医院、农贸市场、商服用地。居住区东部目前是仓储区,有一组电气化铁路从居住区边经过,规划中将锅炉房、公交首末站和其他市政场站布置在铁路沿线,另外将中小学用地也靠近铁路布置,但要建绿化隔离带,以减少铁路噪音干扰。其余绿地集中在现状综合楼以东的一块占地0.88公顷的用地内。另外,居住区还将配备30班中学一所,24班小学两所,9班幼儿园两所,4班、6班托儿所各一所。

2. 项目规划控制指标

综合考虑该项目所处的区位及有关规划要求,对该小区容量、用地性质和开发强度提出的控制指标如下:

(1)用地情况

总占地面积:532 320m^2

其中,代征地面积76 000m^2

规划建设用地面积456 320m^2

其中,地区公建用地52 900m^2

住宅用地163 400m^2

配套公建用地124 000m^2

道路用地56 000m^2

绿化用地 60 000m²

（2）用地性质

使用性质：住宅及配套、非配套公建。

（3）用地强度

总容积率：2.00

其中，保留建筑：2.865

新建住宅：2.06

配套公建：0.806

地区商服：3.83

（4）建筑设计指标

总建筑面积：912 600m²

其中，保留建筑面积：152 092m²

新建住宅建筑面积：575 508m²

地区公建建筑面积：85 000m²

配套公建建筑面积：100 000m²

建筑高度：≤60m

其中，多层住宅：≤18m

高层住宅：45～60m

地区商服：≤60m

配套公建：≤24m

中、小学：≤12m

建筑层数：板式 6～12 层，塔式 18 层

3. 市政建设条件（略）

四、建设方式及进度安排

1. 建设方式

本项目的设计应采用总承包制，小区集中规划，统一设计。施工采用监理制，采用公开招标的形式选择工程承包人，以使项目的工期、成本、质量得以确保。工程应达到优良工程水准。

2. 建设进度安排

由于该项目规模较大，因此应考虑采用滚动开发、分期建设的方式，这样既可以使项目迅速启动，又可以按照市场需求变化情况适时调整开发方案，降低投资风险。从项目本身的规模和所处的市场条件来看，本项目的开发建设分 3 期为宜，预计用 6 年时间可全部建成投入使用。各期开发的土地面积和建筑面积如表 12-4 所示。

项目建设分期安排（单位：m²）　　　表 12-4

分　期	第 1 期	第 2 期	第 3 期	3 期合计
总占地面积	183 000	179 320	170 000	532 320
代征地面积	26 000	25 000	25 000	76 000
规划建设用地面积	157 000	154 320	145 000	456 320
保留建筑占地面积	23 498	4 275	25 310	53 083

续上表

分　期	第1期	第2期	第3期	3期合计
拆迁土地面积	159 502	175 045	144 690	479 237
可开发占地面积	133 502	150 045	119 690	403 237
可开发建筑面积	229 000	262 000	269 508	760 508

注：第2期可开发土地面积中，有71 200m^2占地为当前四建用地，相应分摊的代征地面积为11 860m^2。

工程建设进度，直接影响着项目的经济效益。严密的工程进度安排和高质量的施工组织设计，是保证项目实施的关键，为了确保资金滚动使用，于2015年1月初开始一期工程拆迁及整个项目规划设计和前期准备工作，2015年3月底进行规划设计方案比选，2015年10月初开始第一期基础工程，2015年4月起就可进行市场推广和销售。第二期工程于2017年4月初开始启动，第三期工程从2019年4月启动。整个住宅小区的开发建设于2021年3月完成，2023年9月底销售完毕。

五、投资估算与资金筹措

1. 项目总投资估算

（1）项目投资概况

据估算，本项目包括土地费用、前期工程费、房屋开发费、管理费、财务费用、开发期税费等总投资为293 745.36万元人民币，可销售面积的单方造价为3 877.5元/m^2。更详细的投资规划可能随设计的深入而调整。

（2）估算依据

①业主提供的"某厂居住区控制性详细规划说明"。

②市煤气公司"某厂居住区煤气供应咨询意见"。

③市电信管理局"某厂居住区电信配套建设方案"。

④整个项目按中、低档建造水平计算。

⑤估算中的有关税金和费用按市里的现行规定和同类项目的平均水平测算。

⑥假定该项目在5年内分3期全部建设完成。

⑦假定该项目在第一年开始预售，至项目建成后一年内全部销售完毕。

⑧项目总投资中自有资金比率按10%计算。

⑨贷款的年利率按12%计取。

⑩整个项目的投资费用是在专业的投资监理工程师监督下使用。

（3）估算范围

上述估算投资按该市目前通常的取费标准计取，但尚未包括室内二次精装修及拆迁房享受安居房减免的10项税费。

（4）估算结果

投资估算的结果汇总如表12-5所示。

某厂居住区开发项目成本估算表　　表12-5

序　号	项目或费用名称	投资金额（万元）	单方造价（元/m^2）
一	土地费用	107 342.76	1 417.0
1	出让金	13 145.09	

续上表

序 号	项目或费用名称	投资金额(万元)	单方造价(元/m²)
2	城市建设配套费	19 717.63	
3	拆迁安置补偿费	72 893.70	
4	手续费及税金	1 586.35	
二	前期工程费	5 099.04	67.3
1	规划设计	3 187.36	
2	项目可行性研究	382.48	
3	地质勘探测绘	637.47	
4	三通一平费	891.73	
三	房屋开发费	127 494.50	1 683.0
(一)	建筑安装工程费	111 837.28	1 476.3
1	商品住宅		
A	多层	30 724.97	
B	高层	22 434.11	
2	拆迁房		
A	多层	13 655.54	
B	高层	6 827.77	
3	地区公建		
A	商场	14 021.32	
B	写字楼	13 460.46	
4	可销售配套公建	5 462.22	
5	不可销售配套公建	5 250.88	
(二)	附属工程费	5 591.86	73.8
(三)	室外工程费	8 946.98	118.1
(四)	其他费用	1 118.37	14.8
四	管理费	5 998.41	79.2
五	财务费用	28 792.36	380.1
六	开发期税费	10 462.60	138.1
1	电贴费	2 880.00	
2	用电权费	4 000.00	
3	其他税费	3 582.60	
七	不可预见费	8 555.69	112.9
	总计	293 745.36	3 877.5

注：计算单方造价时，其面积的基础是可销售面积(不含不可销售配套公建之建筑面积)。

2. 投资分年度使用计划

按照项目建设进度计划安排，本项目资金投入计划详见表12-6。

3. 资金筹措计划

本项目的投资来源包括自有资金、销售收入和贷款三个部分。其中自有资金投入26 495.30

万元人民币,销售收入投入 220 121.23 万元人民币,需向金融机构贷款 18 336.47 万元人民币。在估算中,考虑到当年投资是随工程的进度分期投入的,销售收入也是在一年中逐步实现的,故假定当年销售收入(扣除销售税费)全部用于当年投资,如有盈余,结转下年。

投资计划与资金筹措表(单位:万元)   表 12-6

序号	项目	合计	开发经营期					
			2015	2016	2017	2018	2019	2020
1	开发总投资							
1.1	土地费用	107 342.76	23 853.95	11 926.97	23 853.95	11 926.97	17 890.46	17 890.46
1.2	前期工程费	5 099.04	1 699.68	453.25	1 019.81	453.25	1 019.81	453.25
1.3	房屋开发费	127 494.50	25 498.90	19 124.17	19 124.17	19 124.17	19 124.17	25 498.90
1.4	管理费	5 998.41	1 199.68	959.75	959.75	959.75	959.75	959.75
1.5	其他费用							
1.6	开发期税费	10 462.60	2 325.02	1 162.51	2 325.02	1 162.51	2 325.02	1 162.51
1.7	不可预见费	8 555.69	1 425.95	1 425.95	1 425.95	1 425.95	1 425.95	1 425.95
	小计	264 953.00	56 003.18	35 052.60	48 708.65	35 052.60	42 745.16	47 390.81
2	资金筹措							
2.1	自有资金	26 495.30	26 495.30	0.00	0.00	0.00	0.00	0.00
2.2	销售收入	220 121.23	11 171.41	35 052.60	48 708.65	35 052.60	42 745.16	47 390.81
2.3	贷款	18 336.47	18 336.47	0.00	0.00	0.00	0.00	0.00
2.4	其他	0.00	0.00	0.00	0.00	0.00	0.00	0.00
	小计	264 953.00	56 003.18	35 052.60	48 708.65	35 052.60	42 745.16	47 390.81

六、投资分析基础数据的预测和选定

本报告对项目经济效益进行分析过程中,所使用的基础数据和基本条件是根据该市同类开发项目的实际状况,在分析该市相关类型物业市场前景的基础上,结合本项目的具体情况而预测和选定的。

1. 销售收入的测算

根据市场研究的结果,并考虑本项目的具体情况,确定普通住宅售价:高层为 5 000 元/m^2,多层为 5 200 元/m^2;拆迁房售价:高层为 4 500 元/m^2,多层为 4 800 元/m^2;商业用房售价:6 500元/m^2;办公用房售价:6 000 元/m^2;可售配套公建售价:4 000 元/m^2。可销售面积的平均价格为 5 073.50 元/m^2。

本项目的销售面积包括商品住宅、拆迁房与各类公建,总计为 757 558 m^2,分年度的总销售收入见表 12-7。

某厂居住区开发项目销售收入汇总表(单位:万元)   表 12-7

序号	期间	2015	2016	2017	2018	2019	2020	2021	总计
1	商品住宅销售收入	9 495.48	28 486.44	36 926.87	33 761.71	31 651.60	43 257.19	27 431.39	211 010.67
2	拆迁楼销售收入	4 645.32	13 935.97	18 065.15	18 065.15	18 065.15	19 613.59	10 839.09	103 229.41

续上表

序号	期间	2015	2016	2017	2018	2019	2020	2021	总计
3	地区公建销售收入	0.00	4 381.66	1 1392.32	13 144.99	11 392.32	15 773.98	14 021.32	70 106.59
	销售收入总计	14 140.80	46 804.07	66 384.33	64 971.84	61 109.07	78 644.76	52 291.79	384 346.67

注:可销售面积平均价格 5 073.50 元/m²,销售收入具体估算过程略。

2. 成本及税金

(1)投资成本测算

本项目固定资产投资总额为 26 493.0 万元人民币,融资费用为 28 792.36 万元人民币,本项目的投资成本为 293 745.36 万元人民币。

(2)销售费用测算

根据该市同类项目和国家有关部门资料,销售费用取总销售收入的 2%。

销售费用 = 38 4346.67 × 2% = 7 686.93(万元)

(3)税金

房地产开发项目的主要税金为经营税费和所得税。根据国家有关规定,经营税费的税率为 5.45%,按总销售额征收;所得税税率为 33%,以销售利润为基数征收。该市现已开征土地增值税。该税按开发项目销售利润水平以累进税率征收,对 20% 以内的开发利润,免征土地增值税。根据测算,本项目不需缴纳土地增值税。

3. 利润分配

开发项目的税后利润等于销售收入扣除投资成本、销售费用和有关税金。预计本项目的总税后利润为 38 685.58 万元人民币。详见表 12-8。

项目损益表(单位:万元) 表 12-8

序号	项目	合计	开发经营期						
			2015	2016	2017	2018	2019	2020	2021
1	项目收入	384 346.67	14 140.80	46 804.07	66 384.33	64 971.84	61 109.07	78 644.76	52 291.79
1.1	销售收入	384 346.67	14 140.80	46 804.07	66 384.33	64 971.84	61 109.07	78 644.76	52 291.79
1.1.1	商品住宅	211 010.67	9 495.48	28 486.44	36 926.87	33 761.71	31 651.60	43 257.19	27 431.39
1.1.2	拆迁楼、可配套公建	103 229.41	4 645.32	13 935.97	18 065.15	18 065.15	18 065.15	19 613.59	10 839.09
1.1.3	地区公建	70 106.59	0.00	4 381.66	1 1392.32	13 144.99	11 392.32	15 773.98	14 021.32
1.2	出租收入	0	0	0	0	0	0	0	0
2	经营成本	264 953.00	9 748.10	32 264.83	45 762.67	44 788.95	42 126.11	54 214.51	36 047.84
2.1	销售成本	264 953.00	9 748.10	32 264.83	45 762.67	44 788.95	42 126.11	54 214.51	36 047.84
3	经营税费	25 174.71	926.22	3 065.67	4 348.17	4 255.66	4 002.64	5 151.23	3 425.11
3.1	销售税费	25 174.71	926.22	3 065.67	4 348.17	4 255.66	4 002.64	5 151.23	3 425.11
3.1.1	营业税及附加	21 139.07	777.74	2 574.22	3 651.14	3 573.45	3 361.00	4 325.46	2 876.05
3.1.2	交易管理费及印花税	4 035.64	148.48	491.44	697.04	682.20	641.65	825.77	549.06
4	销售费用	7 686.93	282.82	936.08	1 327.69	1 299.44	1 222.18	1 572.90	1 045.84

续上表

序号	项目	合计	开发经营期						
			2015	2016	2017	2018	2019	2020	2021
5	财务费用	28 792.36	1 059.32	3 506.21	4 973.01	4 867.20	4 577.83	5 891.47	3 917.31
6	土地增值税	0.00	0.00	0.00	0.00	0.00	0.00	0.00	0.00
7	开发利润	57 739.67	2 124.35	7 031.29	9 972.79	9 760.60	9 180.30	11 814.65	7 855.70
8	所得额		2 124.35	7 031.29	9 972.79	9 760.60	9 180.30	11 814.65	7 855.70
9	所得税	19 054.09	701.03	2 320.32	3 291.02	3 221.00	3 029.50	3 898.84	2 592.38
10	税后利润	38 685.58	1 423.31	4 710.96	6 681.77	6 539.60	6 150.80	7 915.82	5 263.32
10.1	应付利润	13 744.11	0.00	0.00	0.00	0.00	564.98	7 915.82	5 263.32
10.2	归还垫支利润及净投资回收	42 871.53	0.00	0.00	0.00	0.00	0.00	6 823.69	36 047.84
10.3	未分配利润	24 941.47	1 423.31	4 710.96	6 681.77	6 539.60	5 585.82	0.00	0.00

注：投资回收主要用于后续投资和偿还贷款本息，税后利润部分用于后续开发投资和归还贷款本息的，在投资回收不再用于后续投资和还本付息时归还。

七、项目经济效益评价

1. 现金流量分析

本报告从全部资金、自有资金两方面编制了现金流量表，主要评价指标如下：

(1) 全部资金评价指标

财务内部收益率：24.80%。

财务净现值($i_c = 18\%$)：10 938.09 万元人民币。

静态投资回收期：4.84 年。

动态投资回收期($i_c = 18\%$)：6.35 年。

项目全部资金现金流量表详见表 12-9。

项目全部资金现金流量表（单位：万元） 表 12-9

序号	项目	合计	开发经营期						
			2015	2016	2017	2018	2019	2020	2021
1	现金流入								
1.1	销售收入	384 346.67	14 140.80	46 804.07	66 384.33	64 971.84	61 109.07	78 644.76	52 291.79
	小计	384 346.67	14 140.80	46 804.07	66 384.33	64 971.84	61 109.07	78 644.76	52 291.79
2	现金流出								
2.1	固定资产投资								
2.2	经营资金								
2.3	开发总投资	264 953.00	56 003.18	35 052.60	48 708.65	35 052.60	42 745.16	47 390.81	0.00
2.4	销售费用	7 686.93	282.82	936.08	1 327.69	1 299.43	1 222.18	1 572.90	1 045.84
2.5	经营税费	25 174.71	926.22	3 065.67	4 348.17	4 255.66	4 002.64	5 151.23	3 425.11
2.6	土地增值税	0.00	0.00	0.00	0.00	0.00	0.00	0.00	0.00

续上表

序号	项目	合计	开发经营期						
			2015	2016	2017	2018	2019	2020	2021
2.7	所得税	19 054.09	701.03	2 320.32	3 291.02	3 221.00	3 029.50	3 898.84	2 592.38
	小计	316 868.73	57 913.25	41 374.67	57 675.53	43 828.69	50 999.48	58 013.77	7 063.33
3	净现金流量		−43 772.4	5 429.40	8 708.81	21 143.15	10 109.58	20 630.98	45 228.46
4	累计净现金流量		−43 772.4	−38 343.05	−29 634.24	−8 491.10	1 618.49	22 249.47	67 477.94
	现值系数		1.000 000	0.847 457	0.718 184 4	0.608 630 8	0.515 788 8	0.437 109 2	0.370 431 5
5	净现值		−43 772.4	4 601.19	6 254.53	12 868.37	5 214.41	9 017.99	16 754.05
6	累计净现值		−43 772.4	−39 171.2	−32 916.73	−20 048.36	−14 833.95	−5 815.96	10 938.09
	计算指标		IRR = 24.80%				NPV = 10 938.09 万元		
			静态投资回收期 = 4.84 年				动态投资回收期 = 6.35 年		

(2)自有资金评价指标

财务内部收益率:292.33%。

财务净现值($i_c = 18\%$):155 464.96 万元人民币。

静态投资回收期:1.37 年。

动态投资回收期($i_c = 18\%$):1.44。

项目自有资金现金流量表详见表 12-10。

项目自有资金现金流量表(单位:万元) 表 12-10

序号	项目	合计	开发经营期						
			2015	2016	2017	2018	2019	2020	2021
1	现金流入								
1.1	销售收入	384 346.6	14 140.80	46 804.07	66 384.33	64 971.84	61 109.07	78 644.76	52 291.79
	小计	384 346.67	14 140.80	46 804.07	66 384.33	64 971.84	61 109.07	78 644.76	52 291.79
2	现金流出								
2.1	自有资金	26 495.30	26 495.30	0.00	0.00	0.00	0.00	0.00	0.00
2.2	经营税费	25 174.71	926.22	3 065.67	4 348.17	4 255.66	4 002.64	5 151.23	3 425.11
2.3	销售费用	7 686.93	282.82	936.08	1 327.69	1 299.44	1 222.18	1 572.90	1 045.84
2.4	土地增值税	0.00	0.00	0.00	0.00	0.00	0.00	0.00	0.00
2.5	所得税	19 054.09	701.03	2 320.32	3 291.02	3 221.00	3 029.50	3 898.84	2 592.38
2.6	贷款本金偿还	19 845.87	0.00	0.00	1 354.29	14 056.96	4 434.62	0.00	0.00
2.7	贷款利息支付	7 055.84	0.00	1 923.19	2 381.50	2 218.99	532.15	0.00	0.00
	小计	105 312.7	28 405.37	8 245.26	12 702.67	25 052.04	13 221.10	10 622.96	7 063.33
3	净现金流量		−14 264.57	38 558.81	53 681.66	39 919.80	47 887.97	68 021.79	45 228.46
4	累计净现金流量		−14 264.57	24 294.24	77 975.90	117 895.70	165 783.67	233 805.46	279 033.93
	现值系数		1.000 000 0	0.847 457 6	0.718 184 4	0.608 630 8	0.515 788 8	0.437 109 2	0.370 431 54
5	净现值		−14 264.57	32 676.96	38 553.33	24 296.42	24 700.08	29 732.95	19 769.78

续上表

序号	项目	合计	开发经营期						
			2015	2016	2017	2018	2019	2020	2021
6	累计净现值		−14 264.57	18 412.39	56 965.72	81 262.14	105 962.22	135 695.18	155 464.96
	计算指标		IRR = 292.33%				NPV = 155 464.96 万元		
			静态投资回收期 = 1.37 年				动态投资回收期 = 1.44 年		

2. 财务平衡表与贷款偿还分析

资金来源与运用表（财务平衡表）集中体现了项目自身平衡的生存能力，是财务评价的重要依据。分析结果表明，本项目具有基本的资金平衡能力。资金来源与运用表详见表12-11。

资金来源与运用表（单位：万元）　　　　　　　　　　　　　　　　　　　表 12-11

序号	项目	合计	开发经营期						
			2015	2016	2017	2018	2019	2020	2021
1	资金来源								
1.1	销售收入	384 346.67	14 140.80	46 804.07	66 384.33	64 971.84	61 109.07	78 644.76	52 291.79
1.4	自有资金	26 495.30	26 495.30	0.00	0.00	0.00	0.00	0.00	0.00
1.5	贷款	18 336.47	18 336.47	0.00	0.00	0.00	0.00	0.00	0.00
	小计	429 178.44	58 972.57	46 804.07	66 384.33	64 971.84	61 109.07	78 644.76	52 291.79
2	资金运用								
2.1	固定资产投资								
2.2	经营资金								
2.3	开发成本	264 953.00	56 003.18	35 052.60	48 708.65	35 052.60	42 745.16	47 390.81	0.00
2.4	经营管理费用								
2.5	销售费用	7 686.93	282.82	936.08	1 327.69	1 299.44	1 222.18	1 572.90	1 045.84
2.6	财务费用	28 792.36	1 059.32	3 506.21	4 973.01	4 867.20	4 577.83	5 891.47	3 917.31
2.7	经营税费	25 174.71	926.22	3 065.67	4 348.17	4 255.66	4 002.64	5 151.23	3 425.11
2.8	土地增值税	0.00	0.00	0.00	0.00	0.00	0.00	0.00	0.00
2.9	所得税	19 054.09	701.03	2 320.32	3 291.02	3 221.00	3 029.50	3 898.84	2 592.38
2.10	应付利润	13 744.11	0.00	0.00	0.00	0.00	564.98	7 915.82	5 263.32
2.11	各期还本付息	26 901.71	0.00	1 923.19	3 735.79	16 275.95	4 966.78	0.00	0.00
3	归还垫支利润及净投资回收	42 871.53	0.00	0.00	0.00	0.00	0.00	6 823.69	36 047.84
	小计	386 306.90	58 972.57	46 804.07	66 384.33	64 971.84	61 109.07	71 821.06	16 243.95

从表12-12中可以看出，本项目如果操作得当，在正常情况下，项目开发建设完成时，可以从销售收入中还清全部贷款本息，并有基本的利润。

贷款还本付息估算表（单位：万元）　　　　　　　　　　　　　　　　　　表 12-12

序号	项目	合计	开发经营期						
			2015	2016	2017	2018	2019	2020	2021
1	贷款及还本付息								

续上表

序号	项目	合计	开发经营期							
			2015	2016	2017	2018	2019	2020	2021
1.1	期初贷款本息累计		0.00	19 436.66	19 845.87	18 491.58	4 434.62	0.00	0.00
1.1.1	本金		0.00	18 336.47	18 336.47	16 982.18	2 925.23	0.00	0.00
1.1.2	利息		0.00	1 100.19	1 509.40	1 509.40	1 509.40	1 509.40	1 509.40
1.2	本期贷款	18 336.47	18 336.47	0.00	0.00	0.00	0.00	0.00	0.00
1.3	本期应计利息	8 565.24	1 100.19	2 332.40	2 381.50	2 218.99	532.15	0.00	0.00
1.4	本期本金归还	19 845.87	0.00	0.00	1 354.29	14 056.96	4 434.62	0.00	0.00
1.5	本期利息支付	7 055.84	0.00	1 923.19	2 381.50	2 218.99	532.15	0.00	0.00
1.6	期末贷款本息累计		19 436.66	19 845.87	18 491.58	4 434.62	0.00	0.00	0.00
	本年年利率		12%	12%	12%	12%	12%	12%	12%
2	偿还贷款本息的资金来源								
2.1	投资回收	9 736.35	0.00	0.00	0.00	9 736.35	0.00	0.00	0.00
2.2	未分配利润	17 165.36	0.00	1 923.19	3 735.79	6 539.60	4 966.78	0.00	0.00
2.3	其他								

八、风险分析

本项目的风险主要来自：建造成本、售价、销售进度、开发周期、贷款利率等方面，其中主要取决于租售价格的变化和销售进度的快慢。而这些风险因素，又受政治、经济、社会条件的影响。另外自有资金占总投资的比例虽然对整个项目全部资金投资的经济效益没有影响，但是由于贷款的杠杆作用会影响自有资金的经济评价指标，因此需要项目的主办者进行认真考虑。

1. 盈亏平衡分析

本项目的盈亏平衡点为76.42%，即销售面积/收入达到可销售面积/收入的76.42%时，项目能保持盈亏平衡。利润为零的初始平均价格和平均成本分别如图12-1和图12-2所示。

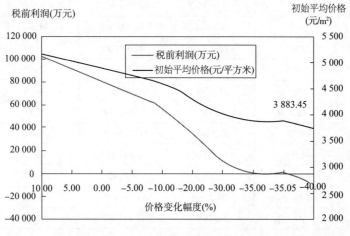

图12-1 利润为零的初始平均价格分析图

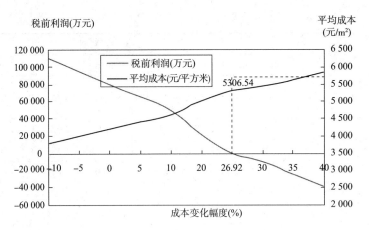

图 12-2 利润为零的平均成本分析图

2. 敏感性分析

影响本项目财务效益的主要风险因素为总投资(建造成本)、售价。针对全部资金和自有资金的评价指标,分别算出当上述因素变化 ±15%、±10%、±5% 时,对主要经济评价指标的影响分析如表 12-13 和表 12-14 所示。其中两种最不利的情况如下:

(1)当投资增加 15% 时,全部资金的评价指标为:

财务内部收益率:18.10%。

财务净现值($i_c=18\%$):170.42 万元人民币。

静态投资回收期:5.62 年。

动态投资回收期($i_c=18\%$):6.99 年。

(2)当租售价格降低 15% 时,全部资金的评价指标为:

财务内部收益率:12.59%。

财务净现值($i_c=18\%$):-8 691.2 万元人民币。

静态投资回收期:6.16 年。

动态投资回收期($i_c=18\%$):7.00 年。

全部投资敏感性分析　　　　　　　表 12-13

项　目		内部收益率 (IRR)	净现值 (NPV)(万元)	静态投资回收期 (年)	动态投资回收期 (年)
基本方案		24.80%	10 938.09	4.84	6.35
租售价格变化	15%	37.07%	30 570.81	3.70	4.99
	10%	32.96%	24 026.27	3.90	5.44
	5%	28.87%	17 482.02	4.25	5.98
	-5%	20.73%	4 394.54	5.31	6.73
	-10%	16.66%	-2 148.58	5.81	7.00
	-15%	12.59%	-8 691.2	6.16	7.00
投资变化	15%	18.10%	170.42	5.62	6.99
	10%	20.21%	3 759.65	5.37	6.78
	5%	22.44%	7 348.87	5.14	6.56
	-5%	27.30%	14 527.31	4.45	6.13

续上表

项 目		内部收益率（IRR）	净现值（NPV）(万元)	静态投资回收期（年）	动态投资回收期（年）
投资变化	−10%	29.95%	18 116.54	4.12	5.83
	−15%	32.78%	21 705.76	3.9	5.47

自有资金敏感性分析表 表 12-14

项 目		内部收益率（IRR）	净现值（NPV）(万元)	静态投资回收期（年）	动态投资回收期（年）
基本方案		292.33%	155 464.96	1.37	1.44
租售价格变化	15%	323.54%	175 815.68	1.34	1.4
	10%	312.36%	16 898.01	1.35	1.41
	5%	301.62%	162 156.68	1.36	1.42
	−5%	284.36%	149 048.79	1.38	1.45
	−10%	273.24%	141 408.82	1.40	1.47
	−15%	257.97%	131 708.35	1.42	1.50
投资变化	15%	277.97%	156 586.73	1.39	1.46
	10%	283.19%	156 563.78	1.38	1.45
	5%	287.55%	156 006.96	1.38	1.44
	−5%	297.82%	155 046.65	1.35	1.43
	−10%	304.64%	154 733.55	1.36	1.42
	−15%	312.21%	154 436.47	1.35	1.41

从计算结果可知，租售价降低 15% 对项目经济效益影响很大，使项目不能满足内部收益率、财务净现值和投资回收期的评价标准。为确保项目获得较好的经济效益，项目主办者应加强市场促销工作，尽量使租售收入计划得以实现。

由于本项目全部投资基本方案的内部收益率为 24.80%，远高于本项目测算中的贷款年利率，因此自有资金的评价指标随自有资金占总开发投资比例有较大的变化，从自有资金占总开发投资比例变化敏感性分析表中可以看出，在确保项目正常运作的情况下，应尽可能降低自有资金的投入，使项目主办者的自有资金再选择其他理想的投资渠道。

九、财务评价的结论与建议

1. 结论

上述分析和财务效益评估的结果表明，本项目具有较好的内部收益率，有基本的贷款偿还和自身平衡能力，且有一般的抗风险能力。评估结果表明，该项目是可行的。

本项目评估中假定可销售面积全部用于销售，开发建设前 4 年期间的全部销售收入均用于项目投资。因此，售价与销售进度是本项目能否达到预期效益的关键。

本项目各类物业的预期售价是在多方考察该市目前同类物业市场的基础上确定的。考虑到今后政府在启动房地产市场和降低普通住宅商品房售价方面将会有一些新政策出台，预期售价将会有所变动。但从当前发展态势看，普通住宅商品房售价不会有太大的回落。

2. 有关建议

（1）本项目的关键是各年度预期销售收入能否实现。若销售进度能加快，则项目投资更有保障，财务收益状况会明显好于评估结果，反之也亦然。因此，项目主办者对此应给予足够的关注和重视，建立一支良好的销售队伍，加强促销手段，并根据销售情况适时调整工程进度和售价。

（2）本项目可销售买家中有30%是拆迁用房，主要面对稳进集团其他开发项目的拆迁对象。这部分销售收入受到其他开发项目进展情况而影响，对此应给予关注，并相应调整各期拆迁房所占比例和进度，如当拆迁房对象确有保证时，在前期可适当增加拆迁房比例，加快进度，以取得更好的经济效益。

（3）按现行规定，对拆迁房可以享受安居工程的有关优惠条件，项目主办者应尽力争取。

（4）本项目的销售在很大程度上取决于周围地区及道路的建设速度，项目主办者对此应给予密切关注，适时调整工程进度与售价。

（5）本报告在测算过程中，选用的贷款年利率为12%。如使用商业性贷款，则其年利率会更高一些，从而增大项目的融资费用，加大整个项目的开发成本，使经济效益降低，因此建议项目的主办者，应力争获得政策性贷款，以减少项目的融资费用，争取更好的投资效益。

（6）建筑工程不可预见因素很多，工期、质量、成本、原材料供应等都会影响到项目总体目标的实现。因此在工程实施进程中，要加强施工管理，施行工程监理制。还应制定材料采购供应计划，落实资金供应计划，以确保项目的顺利进行。

第二节 公路建设项目经济评价案例

一、项目概述

某新建高速公路是国道主干线的一段。现有老路街道化里程长，技术标准低，限制了公路的通行能力。根据经济发展和交通量预测，到2020年，通道内小客车日交通量S市段为26 907～35 291辆，X市段为16 572～21 124辆，原有公路将不能满足日益增长的交通需求。

推荐方案建设里程180.825km，路基宽27.5m，全线路基平均填土高1.9m，路基土方1 110.4万 m^3，平均每公里6.14万 m^3，防护工程44.9万 m^3，永久占地19 653.8亩，施工及取土临时占地13 180.5亩。

本项目计划于2017年7月开工，工期两年半，2019年底建成通车。

二、交通量预测

交通量的预测采用"四阶段法"，预测年限为公路建成后的20年，本项目的开通年定为2020年，预测的特征年为2020年、2025年、2035年和2040年，预测工作的基年为2013年。交通基年的车型分类构成见表12-15。

基年车型分类构成 表12-15

车 型	小客	大客	小货	中货	大货	拖挂车	合计
汽车绝对数	17 116	3 384	8 605	18 675	5 657	8 571	62 023
所占比例（%）	28.7	5.3	13.5	13.5	9.2	13.8	100
汽车折算数	8 558	3 384	8 065	8 605	5 657	12 856	57 736
所占比例（%）	14.8	5.9	14.9	14.9	9.8	22.3	100

新建高速公路特征年交通量预测结果见表12-16。

新建高速公路特征年交通量预测结果　　　　　　　　　　　表12-16

年份	路段1	路段2	路段3	路段4	路段5	路段6	路段7	路段8	路段9	路段10	路段11	平均
2020	10 093	10 451	11 298	15 613	15 466	12 816	10 938	10 748	13 345	13 345	14 521	13 026
2025	13 526	14 169	16 754	23 204	22 697	19 337	16 671	16 596	19 449	19 449	21 036	19 188
2035	19 637	19 461	24 650	35 566	31 843	26 578	23 200	23 183	26 754	26 754	27 326	26 878
2040	22 926	22 612	28 372	38 944	34 782	29 126	25 634	25 607	28 810	28 810	30 011	29 572

三、技术标准

根据交通量预测结果，本项目推荐全线采用双向四车道高速公路标准进行建设，计算行车速度120km/h。

四、投资估算及资金筹措

1. 投资估算

推荐方案建设里程180.825km，估算总投资44.864亿元，静态投资部分为42.685亿元，建设利息2.178亿元，平均每公里造价2 481.05万元。

2. 资金筹措

本项目方案建设资金由资本金、银行贷款两部分组成。资本金按照建设总投资的35%筹措，共计15.70亿元，其中拟申请交通运输部补助，按每公里500万元计算，合计9.04亿元，其余部分由H省自筹，共计6.66元。资本金以外的建设资金采用国内商业银行贷款，共计29.161亿元，其中建设用款26.983亿元，银行年贷款利率按6.21%计，按单利计算，建设期贷款利息2.178亿元。

五、经济评价

本项目是利用国内银行贷款的项目，建设资金贷款部分需要通过收费予以偿还，故针对本报告提出的工程推荐方案，按照交通量预测结果，进行国民经济分析、财务分析、贷款偿还能力分析。项目的评价期包括建设期和营运期，本项目拟于2017年开工，2019年年底竣工，2020年开始通车运营，经济评价的运营期按20年计算，故评价期为23年，即2017~2039年。

1. 国民经济评价

1）参数选择

社会折现率为12%；贸易费用率为6%；影子汇率：外汇牌价1美元=6.15元人民币，影子换算系数1.08%。影子汇率1美元=6.642元人民币。项目残值取工程建设费用的50%，在评价末年以负值计入经济费用。

2）经济费用计算

（1）建设费用

①材料的影子价格。调整后的材料影子价格见表12-17。

材料影子价格调整表　　　　　　　　　　　　　　表12-17

材料	影子价格	口岸价
原木	1 906.97 元/立方米	183.50 美元/立方米
锯材	2 283.28 元/立方米	223.20 美元/立方米

续上表

材　料	影子价格	口岸价
高强钢丝	6 919.62 元/吨	712.32 美元/吨
水泥	478.96 元/吨	32.85 美元/吨
钢材	3 713.56 元/吨	374.09 美元/吨
石油沥青	2 025.86 元/吨	194.46 美元/吨

②土地的影子费用。调整后的单位土地影子费用见表 12-18。

单位土地影子费用　　　　　　　　　　表 12-18

作　物	年净收益(元/亩)	机会成本(元/亩)
玉米小麦复种	740	6 912
棉花	1 200	11 208
蔬菜	2 071	19 343
水果	3 416	31 906

注:1 亩 =666.6m²。

③影子工资。本项目的实施将大量采用机械化施工,影子工资换算系数为 1.0,将投资估算中的人工费用作为劳动力的影子工资。扣除建安工程费用中的税金和其他建设费中的供电贴费等转移性支付,对本项目推荐方案投资估算进行调整,结果见表 12-19。

建设项目费用表(单位:万元)　　　　　　表 12-19

方案分项	推荐方案		
	投资估算	财务费用	经济费用
第一部分建安工程费	294 003.69	294 003.69	293 630.51
第二部分设备购置费	12 829.53	12 829.53	12 829.53
第三部分其他基建费	106 557.52	106 557.52	60 142.70
预留费用	35 244.67	35 244.67	35 244.67
合计	448 635.40	448 635.40	401 847.41

(2)公路大修费用及养护管理费用

本项目大修安排在公路建成使用后的 2030 年,测算大修费用平均每公里 100 万元,年养护管理费为每公里 6 万元,年管理费用平均按每公里 15 万元计列。由于公路建设费用进行了调整,公路的大修及养护管理费也按比例进行了调整,调整后的大修费用为每公里 90 万元,养护管理费用为每公里 5.4 万元,管理费用为每公里 15 万元。

3)经济效益计算

本项目计算国民经济效益时采用"有无比较法"来确定项目经济效益。公路项目的国民经济效益指公路使用者的费用节约,主要有拟建项目和原有相关公路降低运营成本效益,旅客在途时间节约效益和拟建项目减少交通事故效益。

各特征年客车时间价值的计算见表 12-20。

各级公路平均事故损失费见表 12-21。

4)国民经济评价结果

国民经济评价结果汇总见表 12-22。

5)敏感性分析

敏感性分析计算结果见表12-23。

客车时间价值 表12-20

年份	车型	时间价值（元/小时）	休闲时间价值（元/小时）	平均乘车人数（人）	工作出行	休闲出行	时间价值（元/小时）
2015	小客车	7.29	0.73	3	0.7	0.3	16.0
	大客车	7.29	0.73	18	0.6	0.4	84.0
2025	小客车	12.50	1.88	4	0.65	0.35	35.1
	大客车	12.50	1.88	25	0.55	0.45	193.0
2035	小客车	16.67	3.33	4.5	0.6	0.4	51.0
	大客车	16.67	3.33	30	0.5	0.5	300.0
2040	小客车	17.71	4.43	4.5	0.55	0.45	52.8
	大客车	17.71	4.43	30	0.45	0.55	312.1

公路平均事故损失费 表12-21

公路等级	高速公路	一级公路	二级公路
平均事故损失费(元/次)	14 000	10 000	6 500

经济评价计算结果汇总表 表12-22

指标	ENPV（万元）	EIRR（%）	EBCR	EN(年)
计算结果	48 874	13.57	1.15	19.35

敏感性分析计算结果 表12-23

项目指标	费用增加5%效益下降5%	效益下降10%	费用增加10%	费用增加10%效益下降10%
EBCR	1.04	1.03	1.04	0.94
ENPV（万元）	12 725.52	10 281.81	15 169.23	−23 423.21
EIRR（%）	12.4	12.3	12.5	11.3

2．财务评价

（1）总成本估算

根据《建设项目经济评价方法和参数》有关规定，以编制投资估算总额44.864亿元作为财务费用进行财务评价。高速公路财务养护管理费5.4万元/公里，财务大修费90万元/公里，安排在2030年，全线每年的管理费按照每公里15万元计算，总成本费用估算见表12-24。

总成本费用估算表（单位：万元） 表12-24

年份	1 大修及养护	2 折旧费用	3 利息支出	4 摊销开办费	5 总成本(1+2+3+4)	6 经营成本(5−2−3)
2020	3 797	17 945	16 756	723	39 221	4 520
2021	3 797	17 945	16 616	723	39 081	4 520
2022	3 797	17 945	16 363	723	38 828	4 520
2023	3 797	17 945	15 981	723	38 446	4 520
2024	3 797	17 945	15 453	723	37 918	4 520

续上表

年份	1 大修及养护	2 折旧费用	3 利息支出	4 摊销开办费	5 总成本 (1+2+3+4)	6 经营成本 (5-2-3)
2025	3 797	17 945	14 758		36 500	3 797
2026	3 797	17 945	13 577		35 319	3 797
2027	3 797	17 945	12 314		34 056	3 797
2028	3 797	17 945	10 964		32 706	3 797
2029	3 797	17 945	95 24		31 266	3 797
2030	20 795	17 945	7 988		46 728	20 795
2031	3 797	17 945	6 796		28 538	3 797
2032	3 797	17 945	4 908		26 650	3 797
2033	3 797	17 945	2 899		24 641	3 797
2034	3 797	17 945	764		22 506	3 797
2035	3 797	17 945	0		21 742	3 797
2036	3 797	17 945	0		21 742	3 797
2037	3 797	17 945	0		21 742	3 797
2038	3 797	17 945	0		21 742	3 797
2039	3 797	17 945	0		21 742	3 797

运营期内营业税5.525%,当可分配利润累计出现正值的年份开始交纳所得税(最长期限为6年),所得税按33%计,再税后利润中提取盈余公积金和公益金,提取比例为15%;固定资产余值取项目总投资的20%,其余部分采用使用期内直线折旧。

(2)收费标准

参照国家H省已有同等级公路收费标准,并结合本项目的具体情况,确定本项目各车型特征年收费标准,如表12-25所示。

分车型收费标准(单位:万元) 表12-25

年份＼车型	小型	中型	大型	重型
2020~2025	0.35	0.6	1	1.45
2025~2030	0.4	0.7	1.2	1.6
2030~2035	0.45	0.75	1.3	1.8
2035~2040	0.5	0.85	1.45	2

在此基础上,考虑预测交通量的95%作为收费交通量,计算各年度的收费额。

(3)财务盈利能力分析

财务基准折现率取全部投资的综合折算贷款利率,由前面第4项所给数据计算可知全部投资的综合折算贷款利率为:$26.983/44.864 \times 6.21\% = 3.735\%$。

财务评价结果见表12-26。

财务损益表及现金流量表(全部投资和自有资金)见表12-27~表12-29。

财务评价结果汇总表

表 12-26

指 标	全部投资		自有资金投资	
	税前	税后	税前	税后
内部收益率(%)	5.71	4.69	6.74	4.63
净现值(万元)	109 921	48 634	86 613	25 326
投资回收期(年)	20.50	22.19	21.31	22.58

损益表(单位:万元)

表 12-27

年份	收费收入	营业税	总成本费用	利润总额	所得税	税后利润	提公积金	可分配利润	累计可分配利润
2017									
2018									
2019									
2020	24 910	1 376	39 222	-15 688	0	-15 688	0	-15 688	-15 688
2021	26 689	1 476	39 082	-13 869	0	-13 869	0	-13 869	-29 557
2022	28 617	1 581	38 829	-11 793	0	-11 793	0	-11 793	-41 350
2023	30 707	1 679	38 447	-9 419	0	-9 419	0	-9 419	-50 769
2024	32 975	1 822	37 919	-6 766	0	-6 766	0	-6 766	-57 535
2025	40 633	2 245	36 501	1 887	623	1 264	190	1 074	-56 461
2026	41 841	2 312	35 320	4 209	1 389	2 820	423	2 397	-54 064
2027	43 089	2 381	34 057	6 651	2 195	4 456	669	3 787	-50 277
2028	44 378	2 452	32 707	9 219	3 042	6 177	927	5 250	-45 027
2029	45 710	2 525	31 267	11 918	3 922	7 996	1 198	6 798	-38 229
2030	51 791	2 861	46 728	2 202	726	1 476	221	1 255	-36 974
2031	53 356	2 948	28 538	21 870	7 217	14 653	2 198	12 455	-24 519
2032	54 973	3 073	26 651	25 249	8 344	16 905	2 541	14 364	-10 155
2033	56 644	3 130	24 642	28 872	9 528	19 344	2 902	16 442	6 287
2034	58 370	3 225	22 506	32 639	10 771	21 868	3 280	18 588	24 875
2035	67 389	3 723	21 743	41 923	13 835	28 088	4 213	23 875	48 750
2036	68 801	3 801	21 743	43 257	14 275	28 982	4 347	24 635	73 385
2037	70 256	3 882	21 743	44 631	14 728	29 903	4 485	25 418	98 803
2038	71 755								
2039	163 028								

全部投资现金流量表(单位:万元)

表 12-28

年份	现金流入	现金流出				净现金流量	累计净现金流量	税前净现金流量	税前累计净现金流量
	营业收入	固定资产投资	经营成本	营业税	所得税				
2017		89 727				-89 727	-89 727	-89 727	-89 727
2018		179 454				-179 454	-269 181	-179 454	-269 181

续上表

年份	现金流入	现金流出			净现金流量	累计净现金流量	税前净现金流量	税前累计净现金流量
	营业收入	固定资产投资	经营成本	营业税	所得税			
2019		179 454				−179 454	−448 635	−179 454	−448 635
2020	24 910		3 797	1 376	0	19 736	−428 899	19 736	−428 899
2021	26 689		3 797	1 476	0	21 417	−407 482	21 417	−407 482
2022	28 617		3 797	1 581	0	23 239	−384 243	23 239	−384 243
2023	30 707		3 797	1 679	0	25 213	−359 030	25 213	−359 030
2024	32 975		3 797	1 822	0	27 356	−331 674	27 356	−331 674
2025	40 633		3 797	2 245	623	33 968	−297 706	34 590	−297 084
2026	41 841		3 797	2 312	1 389	34 343	−263 363	35 732	−261 352
2027	43 089		3 797	2 381	2 195	34 712	−228 651	36 911	−224 441
2028	44 378		3 797	2 452	3 042	35 086	−193 565	38 126	−186 315
2029	45 710		3 797	2 525	3 922	35 454	−158 111	39 387	−146 928
2030	51 791		20 795	2 861	726	27 408	−130 703	28 134	−118 794
2031	53 356		3 797	2 948	7 217	39 394	−91 309	46 611	−72 183
2032	54 973		3 797	3 073	8 344	39 794	−51 515	48 138	−24 045
2033	56 644		3 797	3 130	9 528	40 186	−113 29	49 717	25 672
2034	58 370		3 797	3 225	10 771	40 577	29 248	51 348	77 020
2035	67 389		3 797	3 723	13 835	46 034	75 282	59 868	136 888
2036	68 801		3 797	3 801	14 275	46 928	122 210	61 202	198 090
2037	70 256		3 797	3 882	14 728	47 845	170 055	62 577	260 667
2038	71 755		3 797	3 964	15 196	48 798	218 853	63 994	324 661
2039	163 028		3 797	4 050	15 678	139 508	358 361	155 181	479 842

自有资金现金流量表(单位:万元)　　　　表 12-29

年份	现金流入	现金流出				营业税	所得税	净现金流量	累计净现金流量
	营业收入	自有资金	借款本金偿还	借款利息支付	经营成本				
2017		31 404						−31 404	−31 404
2018		62 809						−62 809	−94 213
2019		62 809						−62 809	−157 022
2020	24 910		2 257	16 756	4 521	1 376	0	0	−157 022
2021	26 689		4 078	16 616	4 521	1 476	0	0	−157 022
2022	28 617		6 152	16 363	4 521	1 581	0	0	−157 022
2023	30 707		8 509	15 981	4 521	1 679	0	0	−157 022
2024	32 975		11 180	15 453	4 521	1 822	0	0	−157 022
2025	40 633		19 020	14 758	3 797	2 245	623	190	−156 832

续上表

年份	现金流入	现金流出			营业税	所得税	净现金流量	累计净现金流量
	营业收入	自有资金	借款本金偿还	借款利息支付	经营成本				

年份	营业收入	自有资金	借款本金偿还	借款利息支付	经营成本	营业税	所得税	净现金流量	累计净现金流量
2026	41 841		20 343	13 577	3 797	2 312	1 389	423	-156 409
2027	43 089		21 734	12 314	3 797	2 381	2 195	669	-155 740
2028	44 378		23 196	10 964	3 797	2 452	3 042	927	-154 813
2029	45 710		24 733	9 524	3 797	2 525	3 922	1 198	-153 615
2030	51 791		19 199	7 988	20 795	2 861	726	221	-153 394
2031	53 356		30 400	6 796	3 797	2 948	7 217	2 198	-151 196
2032	54 973		32 345	4 908	3 797	3 073	8 344	2 541	-148 655
2033	56 644		34 388	2 899	3 797	3 130	9 528	2 902	-145 753
2034	58 370		12 297	764	3 797	3 225	10 771	27 516	-118 237
2035	67 389		0	0	3 797	3 723	13 835	46 034	-72 203
2036	68 801		0	0	3 797	3 801	14 275	46 928	-25 275
2037	70 256		0	0	3 797	3 882	14 728	47 849	22 574
2038	71 755		0	0	3 797	3 964	15 196	48 798	71 372
2039	163 028		0	0	3 797	4 050	15 678	139 503	210 875

(4)财务清偿能力分析

建设期贷款使用计划列于表12-30。

贷款使用计划表(单位:万元)　　　　　　表12-30

贷款年份	2017	2018	2019	合计
建设银行贷款额	53 965.93	107 931.87	107 931.87	269 829.66
贷款利息	1 675.64	6 702.57	13 405.14	21 783.35

国内银行在建设期内需支付利息,建成运营后每年的收费除必要的管理和养护费外,全部用于偿还国内银行贷款本息。贷款偿还能力分析见表12-31。

贷款偿还能力分析表(单位:万元)　　　　　　表12-31

年份	贷款及还本付息					资金来源		
	年初贷款累计	本年贷款支用	本年利息	本年还本	本年付息	本年末贷款累计	利润	折旧	合计
2017		53 966	1 676		1 676	53 966			
2018	53 966	107 932	6 703		6 703	161 898			
2019	161 898	107 932	13 405		13 405	269 830			
2020	269 830		16 756	2 257	16 756	267 573	-15 689	17 945	2 256
2021	267 573		16 616	4 078	16 616	263 495	-13 868	17 945	4 077
2022	263 495		16 363	6 152	16 363	257 343	-11 793	17 945	6 152
2023	257 343		15 981	8 509	15 981	248 834	-9 436	17 945	8 509
2024	248 834		15 453	11 180	15 453	237 654	-6 766	17 945	11 179

续上表

年份	贷款及还本付息					资金来源		
	年初贷款累计	本年贷款支用	本年利息	本年还本	本年付息	本年末贷款累计	利润	折旧	合计
2025	237 654		14 758	19 020	14 758	218 634	1 074	17 945	19 019
2026	218 634		13 577	20 343	13 577	198 292	2 397	17 945	20 342
2027	198 292		12 314	21 734	12 314	176 558	3 788	17 945	21 733
2028	176 558		10 964	23 196	10 964	153 362	5 250	17 945	23 195
2029	153 362		9 524	24 733	9 524	128 630	6 787	17 945	24 732
2030	128 630		7 988	19 199	7 988	109 431	1 254	17 945	19 199
2031	109 431		6 796	30 400	6 796	79 031	12 455	17 945	30 400
2032	79 031		4 908	32 345	4 908	46 685	14 400	17 945	32 345
2033	46 685		2 899	34 388	2 899	12 297	16 443	17 945	34 388
2034	12 297		764	12 297	7 640	0	18 588	17 945	36 533
2035	0		0	0	0	0	23 875	17 945	41 820
2036	0		0	0	0	0	24 635	17 945	42 580
2037	0		0	0	0	0	25 418	17 945	43 363
2038	0		0	0	0	0	26 224	17 945	44 169
2039	0		0	0	0	0	27 056	17 945	45 001

由上表可知贷款在 2034 年还清,贷款偿还期为 $18-1+12\,297/36\,533=17.34$(年)。

(5)财务敏感性分析

财务敏感性分析结果见表 12-32、表 12-33。

财务敏感性分析(全部投资) 表 12-32

变化因数	营运收入				固定资产投资			
	税后		税前		税后		税前	
变化幅度	-5%	-10%	-5%	-10%	5%	10%	5%	10%
FNPV	17 974	-12 685	79 261	48 601	25 058	1 481	86 344	62 768
FIRR	4.09%	3.47%	5.19%	4.65%	4.21%	3.76%	5.24%	4.80%
FBCR	1.04	0.97	1.17	1.10	1.05	1.00	1.17	1.12

财务敏感性分析表(自有资金)变化因数 表 12-33

变化因数	营运收入				固定资产投资			
	税后		税前		税后		税前	
变化幅度	-5%	-10%	-5%	-10%	5%	10%	5%	10%
FNPV	-5 334	-35 993	55 953	25 293	15 060	4 794	76 347	66 080
FIRR	3.54%	2.40%	5.54%	4.57%	4.25%	3.90%	6.09%	5.72%
FBCR	0.97	0.82	1.27	1.12	1.07	1.02	1.35	1.29

3. 评价结论

由国民经济评价结果显示可知项目的经济内部收益率为 13.57%,大于社会折现率 12%;国民经济评价冬天投资回收期 19.35 年,小于项目的寿命期 23 年,经济净现值为 48 874 万元,大于零；经济效益费用比1.35，大于1；敏感性分析结果可接受。故方案可行。

由财务评价结果显示可知，财务内部收益率不管是自有资金还是全部投资，不管是税前还是税后，都大于综合折算贷款利率3.735%；财务净现值大于零；动态投资回收期小于项目的寿命期；借款偿还期为17.34年；敏感性分析结果可接受。各项数据显示方案可行。

从以上指标看，财务评价和国民经济评价效益均较好，所以项目是可以接受的。

【本章小结】

本章给出了房地产开发项目财务评价案例与公路建设项目经济评价案例，分别介绍了房地产开发项目财务评价的思路、内容和方法以及公路建设项目经济评价的思路、内容和方法。

附录　造价工程师考试相关案例及答案

【案例】

1. 某地拟建一条高速公路,根据交通量需要和全寿命周期成本控制的要求,设计单位提出了 A(沥青混凝土路面)、B(水泥混凝土路面)两个方案进行比选,面层数量为 710 850m²,基层数量为 771 780m²,垫层数量为 832 710m²。为对两个方案进行深入比选,设计单位进行了认真的调查研究和分析,有关情况如下:

(1)公路通车年建设成本为:沥青混凝土面层 120 元/m²、水泥混凝土面层 85 元/m²、路面基层 45 元/m²、路面垫层 28 元/m²,公路使用寿命为 100 年,预计沥青混凝土路面每 15 年大修一次,水泥混凝土路面每 10 年大修一次,大修费用按重新铺筑面层计算。

(2)旧路面挖除费用为:A 方案 4.5 元/m²、B 方案 8.0 元/m²。

(3)假定社会成本为:A 方案 500 000 元/年、B 方案 1 000 000 元/年。

(4)每次大修时,将增加有关社会和经济成本:预计将减少收费收入 100 万元,增加燃油损耗、时间损失等社会成本 200 万元。

问题:假设两个方案营运养护管理成本相等,社会折现率取 5%,请从全寿命周期成本的角度,选择经济合理的方案。

2. 某公路设计有 A、B 两个方案,两条路线的交通量预测结果为日平均流量 5 000 辆。假设该公路营运年限为 20 年,残值为 0,期间不进行大修,基准收益率 10%,其他数据见附表 1,试进行方案比选。

附表 1

项　目	方案 A	方案 B
里程(km)	20	15
初期建设投资(万元)	5 000	6 000
年维护运行费(万元/km·年)	0.8	0.9
运输时间费用节约(元/d·辆)	5	6

3. 某建设项目计算期 8 年,其中建设期 2 年。

(1)项目建设投资 2 400 万元,第 1 年投入 1 000 万元,全部为自有资金,第 2 年投入 1 400 万元,其中 1 000 万元为银行贷款,贷款年利率为 6%,贷款偿还方式为:第 3 年不还本付息,以第 3 年末的本息和为基准,从第 4 年开始,分 4 年等额还本利息照付方式偿还。

(2)项目建设投资中预计形成无形资产 420 万元,其余形成固定资产。固定资产使用年限为 10 年,预计净残值率为 5%,按直线法折旧。无形资产在运营期 6 年中,均匀摊入成本。

(3)建设项目达到设计能力后,全厂定员为 500 人,工资和福利费按照每人每年 2 万元估算。每年其他费用为 160 万元(其中:其他制造费用为 100 万元)。年外购原材料、燃料、动力费估算为 2 700 万元。年均经营成本为 2 400 万元,年营业费用为 300 万元,年修理费占年均经营成本 10%。各项流动资金最低周转天数分别为:应收账款为 30 天,现金为 40 天,各项存货均为40天,应付账款为30天。

(4)项目流动资金投资全部为自有资金。

(5)项目第3年的总成本费用为1 500万元,第4至第8年的总成本费用均为2 000万元。

(6)项目设计生产能力为年产量50万件的某产品,预计营运期第1年产量为设计生产能力年产量的70%,所需流动资金为800万元。以后各年产量均达到设计生产能力。产品售价为50元/件,营业税金及附加费率为6%,所得税率为33%。

(7)行业融资前税前财务基准收益率为8%。

计算结果表中保留三位小数,其余保留两位小数。

问题:(1)用分项详细估算法估算项目的流动资金。

(2)计算项目各年的建设投资贷款还本付息额,并编制借款还本付息计划表(附表2)。

(3)计算各年固定资产折旧额、无形资产摊销额和经营成本。

(4)编制项目投资现金流量表(附表3)。

(5)计算项目投资财务净现值(所得税前)、静态投资回收期(所得税后),评价项目的可行性。

项目建设投资借款还本付息计划表(单位:万元)　　　　　　　　附表2

序号	名称	2	3	4	5	6	7
1	年初累计借款						
2	本年新增借款						
3	本年应计利息						
4	本年应还本金						
5	本年应付利息						

项目投资现金流量表(单位:万元)　　　　　　　　附表3

序号	项目	1	2	3	4	5	6	7
1	现金流入							
1.1	营业收入							
1.2	补贴收入							
1.3	回收固定资产余值							
1.4	回收流动资金							
2	现金流出							
2.1	建设投资							
2.2	流动资金							
2.3	经营成本							
2.4	营业税金及附加							
2.5	维持运营投资							
3	所得税前净现金流量							
4	折算所得税前净现金流量							
5	调整所得税							
6	所得税后净现金流量							
7	累计所得税后净现金流量							

4.某建设项目的行业标准投资回收期 T 为 5 年,该项目通常投资额为 1 100 万元,年生产成本为 1 150 万元。为此,该项目拟定了 A、B、C 三个设计方案,有关情况如附表 4 所示。

资料数据表(单位:万元)   附表 4

项 目	A	B	C
投资额	1 000	1 100	1 400
生产成本	1 200	1 150	1 050
质量水平	一般	一般	高于一般
年纯收入	一般	一般	高于一般
技术水平	中等	中等偏上	先进

经专家组商定的经济评价指标体系、指标权重、指标分等及其标准分列于附表 5。

多因素评分优选法评分表   附表 5

评价指标	权重	指标分等	标准分	方案与评分		
				A	B	C
投资额	0.25	1. 低于一般水平 2. 一般水平 3. 高于一般水平	90 70 60			
年生产成本	0.25	1. 低于一般水平 2. 一般水平 3. 高于一般水平	90 70 60			
质量水平	0.20	1. 一般水平 2. 高于一般水平	70 80			
年纯收入	0.20	1. 一般水平 2. 高于一般水平	70 80			
技术水平	0.10	1. 中等水平 2. 中等偏上 3. 先进水平	60 70 90			

问题:(1)运用多因素评分优选法选出最佳方案。

(2)运用计算费用法选择最佳方案。

(3)假设该项目寿命期为 14 年,正常年份的设计生产能力为 36 万件,投产当年达产率为 70%,其余各年达产率均为 100%,每件产品可变成本为 25 元,售价 48 元,营业税金及附加的税率为 6%,试利用计算费用法选择的方案进行盈亏平衡分析。

①计算正常生产年份每年总成本和每年的最大可盈利额。

②计算年产量盈亏平衡点和单价盈亏平衡点。

③从盈亏平衡分析的角度,判断该项目的可行性。

5.拟建砖混结构住宅工程 3 420 m²,结构形式与已建成的某工程相同,只有外墙保温贴面不同,其他部分均较为接近。类似工程外墙为珍珠岩板保温、水泥砂浆抹面,每平方米建筑面积消耗量分别为:0.044 m³、0.842 m²,珍珠岩板 153.1 元/m³、水泥砂浆 8.95 元/m²;拟建工程外墙为加气混凝土保温、外贴釉面砖,每平方米建筑面积消耗量分别为:0.08m³、0.82m²,加气混凝土 185.48 元/m³,贴釉面砖 49.75 元/m²。类似工程单方造价 588 元/m²,其中,人工费、材料费、机械费、其他直接费、现场经费和间接费占单方造价比例,分别为:11%、62%、6%、4%、5%和12%,拟建工程与类似工程预算造价在这几方面的差异系数分别为:2.01、1.06、1.92、1.02、1.01 和 0.87。

问题:(1)应用类似工程预算法确定拟建工程的单位工程概算造价。

(2)若类似工程预算中,每平方米建筑面积主要资源消耗为:

人工消耗 5.08 工日,钢材 23.8kg,水泥 205kg,原木 0.05m³,铝合金门窗 0.24m²,其他材料费为主材费45%,机械费占定额直接费8%,拟建工程主要资源的现行预算价格分别为:人工 20.31 元/工日,钢材 3.1 元/kg,水泥 0.35 元/kg,原木 1 400 元/m³,铝合金门窗平均 350 元/m²,拟建工程综合费率20%,应用概算指标法,确定拟建工程的单位工程概算造价。

6.某承包商面临 A、B 两项工程投标,因受本单位资源条件限制,只能选择其中一项工程投标,或者两项工程均不投标。根据过去类似工程投标的经验数据,A 工程投高标的中标概率为 0.3,投低标的中标概率为 0.6,编制投标文件的费用为 3 万元;B 工程投高标的中标概率为 0.4,投低标的中标概率为 0.7,编制投标文件的费用为 2 万元。各方案承包的效果、概率及损益情况如附表6所示。

方案评价参数　　　　　　　　　　　　　　　　　附表6

方案	效果	概率	损益值(万元)
A 高	好 中 差	0.3 0.5 0.2	150 100 50
A 低	好 中 差	0.2 0.7 0.1	110 60 0
B 高	好 中 差	0.4 0.5 0.1	110 70 30
B 低	好 中 差	0.2 0.5 0.3	70 30 −10
不投标			0

问题:(1)简述决策树的概念。

(2)试运用决策树法进行投标决策。

(3)选择最优方案。

7.已知年产 1 250t 某种紧俏产品的工业项目,主要设备投资额为 2 050 万元,其他附属项目投资占主要设备投资比例以及由于建造时间、地点、使用定额等方面的因素,引起拟建项目的综合调价系数见附表7。工程建设其他费用占工程费和工程建设其他费之和的20%。

附属项目投资占主要设备投资比例及综合调价系数表　　　　　附表7

序号	工程名称	占主要设备投资比例(%)	综合调价系数	序号	工程名称	占主要设备投资比例(%)	综合调价系数
一	生产项目			6	电气照明工程	10	1.1
1	土建工程	30	1.1	7	自动化仪表	9	1
2	设备安装工程	10	1.2	8	主要设备购置	100	1.2
3	工艺管道工程	4	1.05	二	附属工程	10	1.1
4	给排水工程	8	1.1	三	总体工程	10	1.3
5	暖通工程	9	1.1				

问题:(1)若拟建2 000t同类产品的项目,生产能力指数为1。试估算该项目静态建设投资(基本预备费除外)。

(2)若拟建项目的基本预备费率为5%,建设期一年,项目建设前期年限为1年,建设期物价上涨率3%,静态建设投资的50%向银行贷款,贷款年利率6%,试确定拟建项目建设投资及建设期贷款利息,并编制该项目建设投资估算表。

8.某生产建设项目基础数据如下:

(1)按当地现行价格计算,项目的设备购置费为2 800万元。已建类似项目的建筑工程费、安装工程费占设备购置费的比例分别为45%、25%,由于时间、地点因素引起上述两项费用变化的综合调整系数为1.1,项目的工程建设其他费用按800万元估算。

(2)项目建设期为1年,运营期为10年。

(3)项目建设投资来源为资本金和贷款,贷款总额2 000万元,贷款年利率为6%(按年计息),贷款合同约定的还款方式为运营期前5年等额还本、利息照付方式。

(4)项目建设投资全部形成固定资产,固定资产使用年限10年,残值率5%,直线法折旧。

(5)项目流动资金500万元为自有资金,在运营期第一年投入。

(6)项目运营期第一年营业收入、经营成本、营业税金及附加分别为1 650万元、880万元、99万元。

(7)项目所得税税率25%。

(8)项目计算时,不考虑预备费。

问题:(1)列式计算项目的建设投资。

(2)列式计算项目固定资产折旧额。

(3)列式计算运营期第1年应还银行的本息额。

(4)列式计算运营期第1年的总成本费用、税前利润和所得税。

(5)编制完成"项目投资现金流量表"。

9.某工程有A、B、C三个设计方案,有关专家决定从4个功能(分别以F1、F2、F3、F4表示)对不同方案进行评价,并得到以下结论:A、B、C三个方案中,F1的优劣顺序依次为B、A、C,F2的优劣顺序依次为A、C、B,F3的优劣顺序依次为C、B、A,F4的优劣顺序依次为A、B、C,经进一步研究,专家确定三个方案各功能的评价计分标准均为:最优者得3分,居中者得2分,最差者得1分。

据造价工程师估算,A、B、C三个方案的造价分别为8 500万元、7 600万元、6 900万元。

问题:(1)将A、B、C三个方案各功能的得分填入附表8中。

(2)若四个功能之间的重要性关系排序为 F2>F1>F4>F3,采用 0—1 评分法确定各功能的权重,并将计算结果填入附表 9 中。

(3)已知 A、B 两方案的价值指数分别为 1.127、0.961,在 0—1 评分法的基础上计算 C 方案的价值指数,并根据价值指数的大小选择最佳设计方案。

(4)若四个功能之间的重要性关系为:F1 与 F2 同等重要,F1 相对 F4 较重要,F2 相对 F3 很重要。采用 0—4 评分法确定各功能的权重,并将计算结果填入附表 10 中。(计算结果保留三位小数)。

附表 8

功能 \ 得分 \ 方案	A	B	C
F1			
F2			
F3			
F4			

附表 9

功 能	F1	F2	F3	F4	得分	修正得分	权重
F1							
F2							
F3							
F4							
合计							

附表 10

功 能	F1	F2	F3	F4	得分	权重
F1						
F2						
F3						
F4						
合计						

10. 某拟建工业项目建设投资 3 000 万元,建设期 2 年,生产运营期 8 年。其他有关资料和基础数据如下:

(1)建设投资预计全部形成固定资产,固定资产使用年限为 8 年,残值率 5%,采用直线法折旧。

(2)建设投资来源为资本金和贷款。其中贷款本金为 1 800 万元,贷款年利率为 6%,按年计息。贷款在 2 年内均衡投入。

(3)在生产运营期前 4 年按照等额还本付息方式偿还贷款。

(4)生产运营期第 1 年由资本金投入 300 万元,作为生产运营期间的流动资金。

(5)项目生产运营期正常年份营业收入为 1 500 万元,经营成本为 680 万元。生产运营期第 1 年营业收入和经营成本均为正常年份的 80%,第 2 年起各年营业收入和经营成本均达到正常年份水平。

(6)项目所得税税率为25%,营业税金及附加税率为6%。

问题:(1)列式计算项目的年折旧额。

(2)列式计算项目生产运营期第1年、第2年应偿还的本息额。

(3)列式计算项目生产运营期第1年、第2年的总成本费用。

(4)判断项目生产运营期第1年末项目还款资金能否满足约定还款方式要求,并通过列式计算说明理由。

(5)列式计算项目正常年份的总投资收益率。

(计算结果均保留两位小数)

【答案】

第1题

解:(1)建设成本的计算

A方案:$120 \times 710\ 850 + 45 \times 771\ 780 + 28 \times 832\ 710 = 143\ 347\ 980$(元)

B方案:$85 \times 710\ 850 + 45 \times 771\ 780 + 28 \times 832\ 710 = 118\ 468\ 230$(元)

(2)大修成本的计算

A方案:

$$(120 \times 710\ 850 + 4.5 \times 710\ 850 + 1\ 000\ 000 + 2\ 000\ 000) \times \frac{(1+5\%)^{90} - 1}{[(1+5\%)^{15} - 1](1+5\%)^{90}}$$

$$= 91\ 500\ 825 \times 0.915\ 4 = 83\ 759\ 855(元)$$

B方案:

$$(85 \times 710\ 850 + 8 \times 710\ 850 + 1\ 000\ 000 + 2\ 000\ 000) \times \frac{(1+5\%)^{90} - 1}{[(1+5\%)^{10} - 1](1+5\%)^{90}}$$

$$= 91\ 500\ 825 \times 1.570\ 4 = 108\ 528\ 852(元)$$

(3)社会成本的计算

A方案:

$$500\ 000 \times [(1+5\%)^{100} - 1] \div [5\% \times (1+5\%)^{100}]$$

$$= 500\ 000 \times 19.847\ 9 = 9\ 923\ 950(元)$$

B方案:

$$1\ 000\ 000 \times [(1+5\%)^{100} - 1] \div [5\% \times (1+5\%)^{100}]$$

$$= 1\ 000\ 000 \times 19.847\ 9 = 19\ 847\ 900(元)$$

(4)确定项目全寿命周期成本

A方案:$143\ 347\ 980 + 83\ 759\ 855 + 9\ 923\ 950 = 237\ 031\ 785$(元)

B方案:$118\ 468\ 230 + 108\ 528\ 852 + 19\ 847\ 900 = 246\ 844\ 982$(元)

(5)确定合理方案

由于237 031 785元<246 844 982元,因此A方案比B方案经济(即应选择沥青混凝土路面设计方案)。

第2题

解:按现值法计算

(1)计算项目生命周期成本,包括初期建设成本,运营期维护运行和养护费用。

A 方案初期建设成本:5 000 万元

A 方案年维护运行费:$0.8 \times 20 = 16$(万元/年)

A 方案维护运行费现值:$16 \times \frac{(1+10\%)^{20}-1}{10\% \times (1+10\%)^{20}} = 136.22$(万元)

A 方案生命周期成本现值:$5\ 000 + 136.22 = 5\ 136.22$(万元)

B 方案初期建设成本:6 000 万元

B 方案年维护运行费:$0.9 \times 15 = 13.5$(万元/年)

B 方案维护运行费现值:$13.5 \times \frac{(1+10\%)^{20}-1}{10\% \times (1+10\%)^{20}} = 114.93$(万元)

B 方案生命周期成本现值:$6\ 000 + 114.93 = 6\ 114.93$(万元)

(2)计算各方案效益(即运输时间节约费用)。

A 方案年运输时间节约费用:$365 \times 5\ 000 \times 5 \div 10\ 000 = 912.5$(万元/年)

A 方案效益现值:$912.5 \times \frac{(1+10\%)^{20}-1}{10\% \times (1+10\%)^{20}} = 7\ 768.62$(万元)

B 方案年运输时间节约费用:$365 \times 5\ 000 \times 6 \div 10\ 000 = 1\ 095$(万元/年)

B 方案效益现值:$1095 \times \frac{(1+10\%)^{20}-1}{10\%(1+10\%)^{20}} = 9\ 322.36$(万元)

(3)计算两个方案的净现值。

$NPV_A = 7\ 768.62 - 5\ 136.22 = 2\ 632.4$(万元)

$NPV_B = 9\ 322.36 - 6\ 114.93 = 3\ 207.43$(万元)

(4)确定合理方案。

由于 $NPV_B > NPV_A > 0$,因此 B 方案优于 A 方案。

第 3 题

解:(1)用分项详细估算法估算项目的流动资金。

存货 = 外购原材料、燃料 + 其他材料 + 在产品 + 产成品

外购原料、燃料 = 年外购原料、燃料费 ÷ 分项周转次数 = $2\ 700 \div (360 \div 40) = 300$(万元)

在产品 = (年外购原料燃料动力费 + 年工资及福利费 + 年修理费 + 年其他制造费用) ÷ 在产品周转次数 = $(2\ 700 + 2 \times 500 + 2\ 400 \times 10\% + 100) \div (360 \div 40) = 448.89$(万元)

产成品 = (年经营成本 − 年营业费用) ÷ 产成品周转次数 = $(2\ 400 - 300) \div (360 \div 40)$
 = 233.33(万元)

应收账款 = 年经营成本 ÷ 应收账款周转次数 = $2\ 400 \div (360 \div 30) = 200$(万元)

预付账款 = 外购商品或服务年费用金额 ÷ 预付账款周转次数

现金 = (年工资福利费 + 年其他费用) ÷ 现金周转次数 = $(2 \times 500 + 160) \div (360 \div 40)$
 = 128.89(万元)

应付账款 = 外购原料、燃料动力及其他材料年费用 ÷ 应付账款周转次数 = $2\ 700 \div (360 \div 30) = 225$(万元)

预收账款 = 预收的营业收入年金额 ÷ 预收账款周转次数

流动资金 = 流动资产 − 流动负债 = $300 + 448.89 + 233.33 + 200 + 128.89 - 225 = 1\ 086.11$(万元)

(2)计算项目各年的建设投资贷款还本付息额,并编制还本付息计划表。

项目建设期第 2 年贷款利息 = $(1\ 000 \div 2) \times 6\% = 30$(万元)

第 3 年初的累计借款 = 1 000 + 30 = 1 030(万元)
第 3 年应计利息为 = 1 030 × 6% = 61.8(万元)
第 4 年初的累计借款 = 1 030 + 61.8 = 1 091.8(万元)
第 4 年至第 7 年的应还本金 = 1 091.8 ÷ 4 = 272.95(万元)
计算结果见附表 11。

项目建设投资借款还本付息计划表(单位:万元) 附表 11

序号	名称	2	3	4	5	6	7
1	年初累计借款		1 030	1 091.8	818.85	545.9	272.95
2	本年新增借款	1 000					
3	本年应计利息	30	61.8	65.508	49.131	32.754	16.377
4	本年应还本金			272.95	272.95	272.95	272.95
5	本年应付利息			65.508	49.131	32.754	16.377

(3)计算各年固定资产折旧额、无形资产摊销额和经营成本。
项目建设投资 + 建设期利息 = 2 400 + 30 = 2 430(万元)
固定资产原值 = 2 430 − 420 = 2 010(万元)
固定资产年折旧额 = 2 010 × (1 − 5%) ÷ 10 = 190.95(万元)
无形资产摊销额 = 420 ÷ 6 = 70(万元)
项目投资总额 = 项目建设投资 + 建设期利息 + 项目流动资金
         = 2 430 + 1 086.11 = 3 516.11(万元)
其中自有资金 = 1 400 + 1 086.11 = 2 486.11(万元)
年经营成本 = 总成本费用 − 折旧费 − 摊销费 − 利息费用
计算结果见附表 12。

项目年经营成本计算(单位:万元) 附表 12

序号	名称	3	4	5	6	7	8
1	总成本费用	1 500	2 000	2 000	2 000	2 000	2 000
2	折旧费	190.95	190.95	190.95	190.95	190.95	190.95
3	摊销费	70	70	70	70	70	70
4	建设投资贷款利息	61.8	65.508	49.131	32.754	16.377	
5	经营成本	1 777.25	1 673.542	1 689.919	1 706.296	1 722.673	1 739.05

(4)编制项目投资现金流量表(附表 13)。
回收固定资产余值 = (10 − 6) × 190.95 + 2 010 × 5% = 864.3(万元)
息税前利润 = 利润总额 + 利息支出
利润总额 = 营业收入 − 营业税金及附加 − 总成本费用
调整所得税 = 息税前利润 × 所得税率
第 3 年调整所得税 = (1 750 − 105 − 1 500 + 61.8) × 33% = 68.244(万元)
第 4 年调整所得税 = (2 500 − 150 − 2 000 + 65.508) × 33% = 137.118(万元)

项目投资现金流量(单位:万元) 附表 13

序号	项目	1	2	3	4	5	6	7	8
1	现金流入	0	0	1 750	2 500	2 500	2 500	2 500	4 440.41

续上表

序号	项 目	1	2	3	4	5	6	7	8
1.1	营业收入			1 750	2 500	2 500	2 500	2 500	2 500
1.2	补贴收入								
1.3	回收固定资产余值								864.3
1.4	回收流动资金								1 076.11
2	现金流出	1 000	1 400	2 082.25	2 099.652	1 839.919	1 856.296	1 872.673	1 889.05
2.1	建设投资	1 000	1 400						
2.2	流动资金			800	276.11				
2.3	经营成本			1 177.25	1 673.542	1 689.919	1 706.296	1 722.673	1 739.05
2.4	营业税金及附加			105	150	150	150	150	150
2.5	维持运营投资								
3	所得税前净现金流量	-1 000	-1 400	-332.25	400.348	660.081	643.704	627.327	2 551.36
4	折算所得税前净现金流量	-925.9	-1 200.22	-263.740	294.256	449.251	405.662	366.045	1 378.500
5	调整所得税			68.244	137.118	131.713	126.309	120.904	115.5
6	所得税后净现金流量	-1 000	-1 400	-400.494	263.23	528.368	517.395	506.423	2 435.86
7	累计所得税后净现金流量	-1 000	-2 400	-2 800.491	-2 537.264	-2 008.896	-1 491.501	-985.078	1 450.782

(5)计算项目投资财务净现值(所得税前)、静态投资回收期(所得税后)。

评价项目可行性项目投资财务净现值(所得税前) = -925.9 - 1 200.22 - 263.740 + 294.256 + 449.251 + 405.662 + 366.045 + 1 378.500 = 503.854(万元)

静态投资回收期(所得税后) = (8 - 1) + |-985.078| ÷ 2 435.86 = 7.4(年)

因为项目投资财务净现值(所得税前) = 503.854(万元)

项目静态投资回收期(所得税后) = 7.4 年

表明项目的盈利能力超过行业基准收益水平,所以项目从该分析角度可以接受。

第 4 题

解:(1)方案的资料数据,对照评价指标及其分等标准,给各方案打分如附表 14 所示。

各设计方案对照评价指标打分结果　　　　　　　　　　　附表 14

评价指标	权重	方案与评分		
		A	B	C
投资额	0.25	90	70	60
年生产成本	0.25	60	70	90
质量水平	0.20	70	70	80
年纯收入	0.20	70	70	80
技术水平	0.10	60	70	90

利用多因素评分优选法选择最佳方案。

A 方案:$A_\text{总} = 90 \times 0.25 + 60 \times 0.25 + 70 \times 0.20 + 70 \times 0.20 + 60 \times 0.10 = 71.5$

B 方案:$B_\text{总} = 70 \times 0.25 + 70 \times 0.25 + 70 \times 0.20 + 70 \times 0.20 + 70 \times 0.10 = 70.0$

C 方案:$C_\text{总} = 60 \times 0.25 + 60 \times 0.25 + 80 \times 0.20 + 80 \times 0.20 + 90 \times 0.10 = 78.5$

根据计算结果可知,C 方案的综合评价总分最高,因此,C 设计方案为最佳方案。

(2)算费用法选择最佳方案。
A 方案：$A_总 = 1\,000 + 1\,200 \times 5 = 7\,000$（万元）
B 方案：$B_总 = 1\,100 + 1\,150 \times 5 = 6\,850$（万元）
C 方案：$C_总 = 1\,400 + 1\,050 \times 5 = 6\,650$（万元）
由计算结果可知，C 设计方案的总计算费用最低，因此，C 设计方案为最佳方案。
(3)盈亏平衡分析。
①正常生产年份每年总成本 $= 1\,400/14 + 1\,050 = 1\,150$（万元）
正常生产年份每年最大可盈利额 $= 36 \times 48 \times (1 - 6\%) - 1\,050 = 574.32$（万元）
②产量盈亏平衡点 $= \dfrac{(1\,400/14) + (1\,050 - 36 \times 25)}{48 \times (1 - 6\%) - 25} = 12.43$（万件）

单价盈亏平衡点 $= \dfrac{1\,400/14 + 1\,050}{36 \times (1 - 6\%)} = 33.98$（元）

③产量盈亏平衡点的设计生产能力利用率为 34.53%，说明盈亏能力较强；单价盈亏平衡点低于预计销售单价的比例为 29.21%，说明盈利能力和抗风险能力较强，可见，该项目是可行的。

第 5 题
解：(1)①拟建工程概算指标 = 类似工程单方造价 × 综合差异系数 k
$k = 11\% \times 2.01 + 62\% \times 1.06 + 6\% \times 1.92 + 4\% \times 1.02 + 5\% \times 1.01 + 12\% \times 0.87$
　$= 1.19$
拟建工程概算指标 $= 588 \times 1.19 = 699.72$（元/m²）
②结构差异额 $= 0.08 \times 185.48 + 0.82 \times 49.75 - (0.044 \times 153.1 + 0.842 \times 8.95)$
　　　　　　$= 41.36$（元/m²）
③修正概算指标 $= 699.72 + 41.36 = 741.08$（元/m²）
④拟建工程概算造价 = 拟建工程建筑面积 × 修正概算指标
　　　　　　　　　$= 3\,420 \times 741.08 = 2\,534\,493.60$（元）$= 253.45$（万元）
(2)计算拟建工程单位平方米建筑面积的人工费、材料费和机械费。
人工费 $= 5.08 \times 20.31 = 103.17$（元）
材料费 $= (23.8 \times 3.1 + 205 \times 0.35 + 0.05 \times 1\,400 + 0.24 \times 350) \times (1 + 45\%) = 434.32$（元）
机械费 = 定额直接费 × 8%
概算定额直接费 $= 103.17 + 434.32 + $ 定额直接费 × 8%
概算定额直接费 $= (103.17 + 434.32)/(1 - 8\%) = 584.23$（元/m²）
计算拟建工程概算指标、修正概算指标和概算造价。
概算指标 $= 584.23(1 + 20\%) = 701.08$（元/m²）
修正概算指标 $= 701.08 + 41.36 = 742.44$（元/m²）
拟建工程概算造价 $= 3\,420 \times 742.44 = 2\,539\,144.80$（元）$= 253.91$（万元）

第 6 题
解：(1)决策树是以方框和圆圈为结点，并由直线连接而成的一种像树枝形状的结构，其中方框代表决策点，圆圈代表机会点；从决策点画出的每条直线代表一个方案，叫作方案枝，从机会点画出的每条直线代表一种自然状态，叫作概率枝。
(2)解：①画出决策树，标明各方案的概率和值。

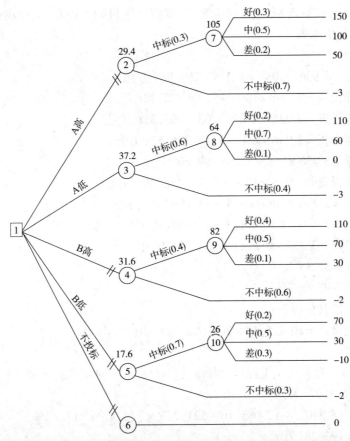

②计算图中各机会点的期望值(将计算结果标在各机会点上方)。

点⑦:$150 \times 0.3 + 100 \times 0.5 + 50 \times 0.2 = 105$(万元)

点②:$105 \times 0.3 - 3 \times 0.7 = 29.4$(万元)

点⑧:$110 \times 0.2 + 60 \times 0.7 + 0 \times 0.1 = 64$(万元)

点③:$64 \times 0.6 - 3 \times 0.4 = 37.2$(万元)

点⑨:$110 \times 0.4 + 70 \times 0.5 + 30 \times 0.1 = 82$(万元)

点④:$82 \times 0.4 - 2 \times 0.6 = 31.6$(万元)

点⑩:$70 \times 0.2 + 30 \times 0.5 - 10 \times 0.3 = 26$(万元)

点⑤:$26 \times 0.7 - 2 \times 0.3 = 17.6$(万元)

点⑥:0

③选择最优方案。

因为点③的期望值最大,故应投 A 工程低标。

第 7 题

解:(1)①应用生产能力指数法,计算拟建项目主要设备投资额 E:

$E = 2\,050 \times (2\,000/1\,250)^1 \times 1.2 = 3\,936$(万元)

②应用比例估算法,估算拟建项目静态建设投资额 C(除基本预备费外):

$C = 3\,936 \times (1 + 30\% \times 1.1 + 10\% \times 1.2 + 4\% \times 1.05 + 8\% \times 1.1 + 9\% \times 1.1 + 10\% \times 1.1 + 9\% \times 1 + 10\% \times 1.1 + 10\% \times 1.3) + 20\% \times C$

$C = 3\,936 \times 2.119/(1 - 20\%) = 8\,340.38/0.8 = 10\,425.48$(万元)

235

(2)根据所求出的项目静态建设投资额,计算拟建项目的工程费、工程建设其他费和预备费,并编制建设投资估算表。

①计算工程费:

土建工程投资 = 3 936 × 30% × 1.1 = 1 298.88(万元)

设备安装工程投资 = 3 936 × 10% × 1.2 = 472.32(万元)

工艺管道工程投资 = 3 936 × 4% × 1.05 = 165.31(万元)

给水排水工程投资 = 3 936 × 8% × 1.1 = 346.37(万元)

暖通工程投资 = 3 936 × 9% × 1.1 = 389.66(万元)

电气照明工程投资 = 3 936 × 10% × 1.1 = 432.96(万元)

附属工程投资 = 3 936 × 10% × 1.1 = 432.96(万元)

总体工程投资 = 3 936 × 10% × 1.3 = 511.68(万元)

自动化仪表投资 = 3 936 × 9% × 1 = 354.24(万元)

主要设备投资 = 3 936 万元

工程费合计:8 340.38 万元

②计算工程建设其他投资:

工程建设其他投资 = 10 425.48 × 20% = 2 085.10(万元)

③计算预备费:

基本预备费 = (工程费用 + 工程建设其他费) × 5% = (8 340.38 + 2 085.10) × 5%
　　　　　 = 521.27(万元)

价差预备费 = (8 340.38 + 2 085.10 + 521.27) × [(1 + 3%)(1 + 3%)$^{0.5}$ − 1]
　　　　　 = 496.28(万元)

预备费合计:521.27 + 496.28 = 1 017.55(万元)

④建设期贷款利息 = (年初贷款本息累计 + 本年贷款额/2) × 年利率 = [(8 340.38 + 2 085.10 + 521.27) × 50%/2] × 6% = 164.20(万元)

⑤拟建项目建设投资 = 工程费用 + 工程建设其他费 + 预备费 = 8 340.38 + 2 085.10 + 1 017.55 = 11 443.03(万元)

⑥编制拟建项目建设投资估算表,见附表15。

拟建项目建设投资估算表(单位:万元)　　　　附表15

序号	工程或费用名称	建筑工程费	安装工程费	设备购置费	其他投资	合计	占建设投资的比例(%)
1	工程费用	2 243.52	1 806.62	4 290.24		8 340.38	72.89
1.1	建筑工程费	2 243.52				2 243.52	19.61
1.1.1	土建工程费	1 298.88				1 298.88	
1.1.2	附属工程费	432.96				432.96	
1.1.3	总体工程费	511.68				511.68	
1.2	安装工程费		1 806.62			1 806.62	15.79
1.2.1	设备安装工程费		472.32			472.32	
1.2.2	工艺管道工程费		165.31			165.31	
1.2.3	给水排水工程费		346.37			346.37	

续上表

序 号	工程或费用名称	建筑工程费	安装工程费	设备购置费	其他投资	合计	占建设投资的比例（%）
1.2.4	暖通工程费		389.66			389.66	
1.2.5	电气照明工程费		432.96			432.96	
1.3	设备购置费			4 290.24		4 290.24	37.49
1.3.1	主要设备费			3 936		3 936	
1.3.2	自动化仪表费			354.24		354.24	
2	工程建设其他费				2 085.1	2 085.1	18.22
3	预备费					1 017.55	8.89
3.1	基本预备费				521.27	521.27	4.56
3.2	涨价预备费				496.28	496.28	4.33
4	建设投资合计					11 443.03	100

第8题

解：(1) 设备购置费 = 2 800 万元

建筑、安装工程费 = 2 800 × (45% + 25%) × 1.1 = 2 156（万元）

建设投资 = 2 800 + 2 156 = 5 756（万元）

(2) 建设期利息 = 2 000/2 × 6% = 60（万元）

固定资产投资 = 5 756 + 60 = 5 816（万元）

固定资产折旧额 = 5 816 × (1 - 5%)/10 = 552.52（万元）

(3) 第1年年初借款余额 = 2 000 + 60 = 2 060（万元）

等额还本 = 2 060/5 = 412（万元）

第1年利息 = 2 060 × 6% = 123.6（万元）

第1年应还本付息 412 + 123.6 = 535.6（万元）

(4) 总成本费用 = 经营成本 + 折旧 + 摊销 + 利息 = 880 + 552.52 + 123.6 = 1 556.12（万元）

税前利润 = 营业收入 - 营业税金及附加 - 总成本费用
       = 1 650 - 99 - 1 556.12 = -5.12（万元）

由于利润总额为负数，应纳税所得额为0元，不用缴纳所得税。

(5) 项目投资现金流量表见附表16。

项目投资现金流量表（单位：万元）　　　　　　　附表16

序号	期间 项目	建设期 1	运营期			
			2	3	…	11
1	现金流入		1 650	2 300	…	3 087.8
1.1	营业收入		1 650	2 300	…	2 300
1.2	回收固定资产余值				…	287.8
1.3	回收流动资金				…	500
2	现金流出	5 756	1 509.15	1 365.37	…	1 365.37
2.1	建设投资	5 756			…	

续上表

序号	项目 \ 期间	建设期 1	运营期 2	3	...	11
2.2	流动资金		500		...	
2.3	经营成本		880	1 100	...	1 100
2.4	营业税金及附加		99	138	...	138
2.5	调整所得税		30.15	127.37	...	127.37
3	税后净现金流量	-5 756	140.85	934.63	...	1 722.43

其中:融资前折旧 $= 5\ 756(1-5\%) \div 10\% = 546.82$(万元)

余值 $= 5\ 756 - 546.82 \times 10 = 287.8$(万元)

调整所得税 $= [1\ 650 - (880 + 546.82) - 99] \times 20\% = 31.05$(万元)

第9题

解:(1)详见附表17。

附表17

得分 \ 方案 \ 功能	A	B	C
F1	2	3	1
F2	3	1	2
F3	1	2	3
F4	3	2	1

(2)详见附表18。

附表18

功 能	F1	F2	F3	F4	得分	修正得分	权重
F1	×	0	1	1	2	3	0.3
F2	1	×	1	1	3	4	0.4
F3	0	0	×	0	0	1	0.1
F4	0	0	1	×	1	2	0.2
合计					6	10	

(3)①方案综合得分:

$A = 2 \times 0.3 + 3 \times 0.4 + 1 \times 0.1 + 3 \times 0.2 = 2.500$

$B = 3 \times 0.3 + 1 \times 0.4 + 2 \times 0.1 + 2 \times 0.2 = 1.900$

$C = 1 \times 0.3 + 2 \times 0.4 + 3 \times 0.1 + 1 \times 0.2 = 1.600$

三个方案合计:$2.5 + 1.9 + 1.6 = 6.000$

②C 方案功能指数 $= 1.6 \div 6 = 0.267$

C 方案成本指数 $= 6\ 900 \div (8\ 500 + 7\ 600 + 6\ 900) = 0.300$

C 方案价值指数 $= 0.267 \div 0.300 = 0.890$

因为 A 的价值指数最大,所以 A 方案是最优方案。

(4)详见附表19。

附表 19

功能	F1	F2	F3	F4	得分	权重
F1	×	2	4	3	9	0.375
F2	2	×	4	3	9	0.375
F3	0	0	×	1	1	0.042
F4	1	1	3	×	5	0.208
合计					24	1

第 10 题

解：(1)建设期第 1 年贷款利息为：$900 \times 6\% \times 1/2 = 27$(万元)

建设期第 2 年贷款利息为：$(900 + 27) \times 6\% + 900 \times 6\% \times 1/2 = 55.62 + 27 = 82.62$(万元)

项目固定资产投资为：$3\,000 + 27 + 82.62 = 3\,000 + 109.62 = 3\,109.62$(万元)

项目的年折旧额为：$3\,109.62 \times (1 - 5\%)/8 = 369.27$(万元)

(2)项目生产运营期第 1 年年初累计的贷款本息额为：$1\,800 + 109.62 = 1\,909.62$(万元)

生产运营期第 1 年、第 2 年应还的本息额均为：

$1\,909.62 \times [6\% \times (1 + 6\%)^4/(1 + 6\%)^4 - 1] = 551.10$(万元)

(3)生产运营期第 1 年偿还的利息为：$1\,909.62 \times 6\% = 114.58$(万元)

第 1 年的总成本费用为：$680 \times 80\% + 369.27 + 114.58 = 1\,027.85$(万元)

生产运营期第 2 年偿还的利息为：$1\,909.62 - (551.10 - 114.58) \times 6\% = 88.39$(万元)

第 2 年的总成本费用为：$680 + 369.27 + 88.39 = 1\,137.66$(万元)

(4)方法一：

项目生产运营期第一年税后利润为：$1\,500 \times 80\% \times (1 - 6\%) - 1\,027.85 \times (1 - 25\%) = 75.11$(万元)

可用于偿还贷款本金(含建设期利息)的资金额为：

税后利润 + 折旧 = $75.11 + 369.27 = 444.38$(万元)

第 1 年需要偿还的贷款本金(含建设期利息)为：$551.10 - 114.58 = 436.52$(万元)(或第一年需要偿还的贷款本息额为 551.10 万元)。

因为 444.38 万元 > 436.52 万元，所以满足还款要求。或者，因为 $444.38 + 114.58 = 558.96$(万元) > 551.10 万元，所以满足还款要求。

方法二：

项目生产运营期第 1 年息税前利润加折旧为：$1\,500 \times 80\% \times (1 - 6\%) - 680 \times 80\% = 584$(万元)

项目生产运营期第 1 年所得税为：$1\,500 \times 80\% \times (1 - 6\%) - 1\,027.85 \times 25\% = 25.04$(万元)

偿债备付率 = 息税前利润加折旧和摊销 - 企业所得税/当期应还本息金额 = $(584 - 25.04)/551.10 = 1.01$

因为偿债备付率大于 1，所以满足还款要求。

(5)正常年份的息税前利润 EBIT 为：

EBIT = $1\,500 \times (1 - 6\%) - 680 - 369.27 = 360.73$(万元)

或 EBIT = $1\,500 \times (1 - 6\%) - 1137.66 + 88.39 = 360.73$(万元)

总投资收益率为：EBIT/流动资金 $\times 100\%$ = $[360.73/(3\,000 + 109.62 + 300)] \times 100\%$ = 10.58%

参 考 文 献

[1] 中华人民共和国交通行业标准.JTG M20—2011 公路工程基本建设项目投资估算编制办法[S].北京:人民交通出版社,2011.

[2] 中华人民共和国交通行业标准.JTG/T M21—2011 公路工程估算指标[S].北京:人民交通出版社,2011.

[3] 黄有亮,徐向阳,谈飞,等.工程经济学[M].2版.南京:东南大学出版社,2006.

[4] 田平.公路工程经济[M].北京:人民交通出版社,2005.

[5] 黄渝祥,刑爱芳.工程经济学[M].3版.上海:同济大学出版社,2005.

[6] 李雪琳,刘辉.工程经济学[M].北京:人民交通出版社,2007.

[7] 贾春霖,李晨.技术经济学[M].3版.长沙:中南大学出版社,2004.

[8] 杨庆丰,侯聪霞.建筑工程经济[M].北京:北京大学出版社,2009.

[9] 刘娥平.现代企业财务管理[M].3版.广州:中山大学出版社,2004.

[10] 冯为民,付晓灵.工程经济学[M].北京:北京大学出版社,2006.

[11] 赵彬.工程技术经济[M].北京:高等教育出版社,2003.

[12] 赵阳,齐晓琳,孙秀伟.工程经济学[M].北京:北京理工大学出版社,2009.

[13] 中华人民共和国建设部.房地产开发项目经济评价方法[M].北京:中国计划出版社,2000.

[14] 国家发展改革委员会,建设部.建设项目经济评价方法与参数[M].3版.北京:中国计划出版社,2006.

[15] 刘新梅.工程经济学[M].北京:北京大学出版社,2009.

[16] 都沁军.工程经济学[M].北京:北京大学出版社,2012.

[17] 杨双全.工程经济学[M].武汉:武汉理工大学出版社,2009.

[18] 付晓东.《公路工程经济》复习与习题[M].北京:人民交通出版社,2007.

[19] 全国一级建造师执业资格考试用书编写委员会.建设工程经济[M].3版.北京:中国建筑工业出版社,2011.